A CIÊNCIA DA FELICIDADE

"Luiz Gaziri sintetizou de forma maravilhosa pesquisas científicas e histórias para nos apresentar um guia prático para uma vida gratificante. Ao escolher ler este livro, você está escolhendo embarcar numa jornada em direção aos mais elevados níveis de saúde e felicidade."

TAL BEN-SHAHAR, professor da disciplina de felicidade mais popular da história da Harvard University. Autor de "Seja Mais Feliz".

....

"Ler *A Ciência da Felicidade* me deixou....feliz! Luiz Gaziri teve êxito em transformar a complicação da ciência em algo acessível e empolgante. Neste livro, a interação entre dinheiro, emoções e motivação é explicada de forma clara e inteligente".

URI GNEEZY, Professor de Economia Comportamental e Estratégia na Universidade da Califórnia em San Diego.

....

"Gaziri reuniu as melhores pesquisas da psicologia contemporânea para responder a uma pergunta antiga: O que faz a vida valer a pena? Mergulhando profundamente na mais recente ciência comportamental, ele volta à superfície com um rico acúmulo de histórias e sabedoria que ajudará os leitores a se manterem focados na busca do que verdadeiramente importa. Baseando-se em entrevistas com os mais importantes cientistas e em análises meticulosas das melhores pesquisas contemporâneas em psicologia, Gaziri fornece um roteiro para navegar as seduções e pressões da vida moderna, identificando os caminhos mais confiáveis para a felicidade e o propósito. Entre as bijuterias da psicologia pop, este livro brilha como uma verdadeira pedra preciosa."

RICHARD M. RYAN, Professor na Universidade Católica da Austrália e na Universidade de Rochester, um dos cientistas motivacionais mais reconhecidos do mundo.

"A América do Sul não é conhecida como um berço da pesquisa em psicologia, entretanto, Luiz Gaziri realizou um excelente trabalho reunindo estudos científicos de várias partes do mundo, para mostrar o que é preciso para conquistar uma vida feliz e recompensadora. Seus conselhos são muito claros e precisos e eu estou orgulhoso em ver esta informação disponível para os Brasileiros e leitores de Português. Este livro pode mudar a sua vida!"

KENNON SHELDON, Professor Distinto de Ciências Psicológicas na Universidade de Missouri.

"A felicidade é o único desejo em comum que todos os humanos compartilham, entretanto, nós frequentemente a procuramos em lugares onde não conseguiremos a encontrar. Felizmente, o Professor Gaziri está aqui para ajudar a esclarecer a ciência por trás do que faz os humanos felizes."

EMMA SEPPALA, Diretora científica do Centro de Pesquisas de Compaixão e Altruísmo na Universidade de Stanford, Co-Diretora do Projeto de Inteligência Emocional na Universidade de Yale.

"A felicidade não é simplesmente algo que você herda, ela pode ser cultivada. Em *A Ciência da Felicidade*, Luiz Gaziri usou seu profundo conhecimento da ciência e pesquisa para criar um livro excelente que mostra o poder das escolhas, que pode ser usado por pessoas que estejam buscando maior propósito e bem-estar para elas mesmas, suas equipes e suas famílias."

SHAWN ACHOR, Autor Best-Seller no New York Times de "O Jeito Harvard de Ser Feliz" e "Big Potential".

"Como você toma suas decisões? Luiz Gaziri lhe dará os melhores conselhos, genialmente extraídos da ciência, em um livro que mudará sua vida – ao apoiá-lo a fazer melhores escolhas. Você também descobrirá o que sucesso realmente significa e como você pode o atingir com confiança".

GABRIELE OETTINGEN, Professora de Psicologia na Universidade de Nova York e na Universidade de Hamburgo.

"Luiz Gaziri revela os segredos científicos de como as emoções positivas podem se tornar virais e impactar nossas vidas e as das pessoas ao nosso redor. Este livro mostra como dinheiro, reconhecimento e pensamento positivo podem ser os vilões ou os heróis da nossa felicidade. Ele mudará seus objetivos de vida – para melhor".

JONAH BERGER, Professor de Marketing na Wharton School, Universidade da Pensilvânia.

"Você precisa ler este livro – sua felicidade pode depender disso! Enquanto a maioria das pessoas se esforça para viver vidas mais felizes, saudáveis e melhores, elas procuram por estes desejos nos lugares errados, levando-as a se sentirem insatisfeitas, ansiosas e preocupadas. Em *A Ciência da Felicidade*, Luiz Gaziri explica como podemos conquistar felicidade duradoura para nossas vidas através de nossas escolhas cotidianas. Estes insights irão surpreendê-lo e mudar seu modo de pensar, o que o ajudará a fazer melhores escolhas para o futuro.

GRANT DONNELLY, Professor de Marketing na Ohio State University

LUIZ GAZIRI

A Ciência da Felicidade

Escolhas surpreendentes que garantem o seu sucesso.

COPYRIGHT © 2019 BY LUIZ GAZIRI
COPYRIGHT © FARO EDITORIAL, 2019

Todos os direitos reservados.
Nenhuma parte deste livro pode ser reproduzida sob quaisquer meios existentes sem autorização por escrito do editor.

Diretor editorial **PEDRO ALMEIDA**
Coordenação editorial **CARLA SACRATO**
Preparação **TUCA FARIA**
Revisão **FRANCINE PORFÍRIO (CS EDIÇÕES)**
Capa e Diagramação **OSMANE GARCIA FILHO**
Imagens de capa **UNDREY | SHUTTERSTOCK**
Ilustrações do miolo **WIGO WIGGLES (FIVERR)**

Dados Internacionais de Catalogação na Publicação (CIP)
Angélica Ilacqua CRB-8/7057

Gaziri, Luiz
  A ciência da felicidade : escolhas surpreendentes que garantem o seu sucesso / Luiz Gaziri. — São Paulo : Faro Editorial, 2019.
    240 p.

  ISBN 978-85-9581-077-8

  1. Felicidade 2. Sucesso 3. Qualidade de vida I. Título

19-0483   CDD-158.1

Índice para catálogo sistemático:
1. Felicidade 158.1

1ª edição brasileira: 2019
Direitos de edição em língua portuguesa, para o Brasil, adquiridos por FARO EDITORIAL

Avenida Andrômeda, 885 — Sala 310
Alphaville — Barueri — SP — Brasil
CEP: 06473-000 — Tel.: +55 11 4208-0868
www.faroeditorial.com.br

*Para Mariana, Leonardo e Victoria
— minhas fontes inesgotáveis de felicidade.*

SUMÁRIO

Introdução
Mitos sobre dinheiro, reconhecimento e pensamento positivo 11

PARTE 1 – DINHEIRO
Capítulo 1 – Dinheiro, motivação e felicidade 31
Capítulo 2 – Garantindo os melhores dividendos 65
Capítulo 3 – Muito além de Maslow 85

PARTE 2 – RECONHECIMENTO
Capítulo 4 – Negativos, estressados, doentes e com medo de ficar de fora .. 109
Capítulo 5 – As vantagens das emoções positivas 115
Capítulo 6 – Reconhecimento irreconhecível 142
Capítulo 7 – O ser insubstituível 154
Capítulo 8 – O resultado de tudo 171

PARTE 3 – PENSAMENTO POSITIVO
Capítulo 9 – Ser positivo × pensar positivo 177
Capítulo 10 – A mentalidade da felicidade 191

Conclusão 207
Agradecimentos 211
Referências 215

INTRODUÇÃO

Mitos sobre dinheiro, reconhecimento e pensamento positivo

UMA EQUAÇÃO COM VARIÁVEIS DESCONHECIDAS

No final dos anos 1990, os cientistas Uri Gneezy, da Universidade da Califórnia em San Diego, e Aldo Rustichini, da Universidade de Minnesota, fizeram uma descoberta intrigante, desconhecida pela maioria das pessoas e por grande parte do mundo corporativo[1]. Eles realizaram um experimento científico acompanhando os alunos de uma escola em um tradicional Dia de Doação, em Israel. Os 180 participantes foram divididos em três grupos para coletar doações de porta em porta, sob as seguintes condições:

> **Grupo 1** – Recebeu uma pequena palestra sobre a importância do trabalho que realizaria.
> **Grupo 2** – Recebeu uma pequena palestra sobre a importância do trabalho que realizaria + a informação de que ganharia 1% do total arrecadado.
> **Grupo 3** – Recebeu uma pequena palestra sobre a importância do trabalho que realizaria + a informação de que ganharia 10% do total arrecadado.

Dadas as condições de trabalho de cada grupo, qual deles arrecadou mais dinheiro?

Antes que dê sua opinião, é importante saber o que é um Dia de Doação. Tradicionais em Israel, os Dias de Doação acontecem diversas vezes ao ano, e os recursos arrecadados são destinados a crianças com deficiências, pesquisas para câncer, entre outras causas sociais. As datas são divulgadas por meio de anúncios na televisão e demais mídias, portanto a população de todo o país já sabe com antecedência quando as coletas acontecerão e aguarda entusiasmada a visita dos estudantes — responsáveis por recolher os recursos — na esperança de que suas doações possam fazer a diferença na vida de alguém. Como podemos imaginar, nenhum esforço dos estudantes é necessário para convencer as pessoas a doarem — eles não precisam "vender" nada. Desta forma, o desempenho dos estudantes depende **exclusivamente de seus próprios esforços**: quanto mais casas visitarem, maior será a arrecadação alcançada.

É importante ressaltar que os participantes dos grupos 2 e 3 foram devidamente informados de que suas comissões, os incentivos financeiros por sua performance, viriam de recursos das universidades. Não causariam, assim, prejuízo algum aos destinatários das arrecadações; além disso, nenhum grupo sabia das condições de trabalho dos outros, a fim de preservar o experimento científico.

Se você perguntar para dez pessoas na rua qual destes grupos teve melhor performance, o que acha que a grande maioria delas iria responder?

Se você se fundamentar no modelo intuitivo que a maioria das pessoas usa na relação entre dinheiro, motivação e performance, a sua conclusão será a de que os membros do grupo 3 foram os que mais arrecadaram recursos; afinal, quanto mais alto o incentivo financeiro envolvido, maior a motivação das pessoas e a sua performance, não é mesmo? Levando em conta também que o desempenho dos estudantes dependia apenas deles mesmos, algo próximo ao comum discurso de meritocracia no ambiente corporativo, a conclusão de que o grupo 3 foi o melhor ganha um peso ainda maior, certo?

No entanto os valores arrecadados pelos grupos foram os seguintes:

Grupo 1 – US$ 238,60.

Grupo 2 – US$ 153,60.

Grupo 3 – US$ 219,30.

Surpreso com a informação de que o grupo 1, que não recebeu incentivos financeiros, apresentou uma atuação **melhor** comparado aos demais? O que causou isso? No artigo, publicado no *Quarterly Journal of Economics* em agosto de 2000, Gneezy e Rustichini relataram:

> "As conclusões principais destes estudos foram de que recompensas positivas, em particular recompensas financeiras, têm um impacto negativo na motivação interna."

Estou certo de que esses resultados são bem diferentes das previsões que você fez quando apresentei as condições de cada grupo. Parece que a equação da motivação traz variáveis desconhecidas ao público em geral e, surpreendentemente, algumas delas têm um peso maior do que o dinheiro, certo? Não há dúvida de que o dinheiro é significativo na nossa motivação em certas ocasiões — se assim não fosse, o grupo 3 não teria alcançado uma melhor performance que o grupo 2 —, porém o fato de que o grupo 1 obteve melhor resultado deve nos servir como alerta. De qualquer forma, você pode estar avaliando: caso as comissões fossem maiores do que os máximos de US$ 1,35 por dupla do grupo 2 e de US$ 13,50 por dupla do grupo 3, os participantes teriam melhor desempenho, não é? Afinal, quem se motiva com valores tão baixos? Para responder a isso, vamos ilustrar outro experimento que testou esta hipótese.

CEM VEZES MAIS = QUATRO VEZES MENOS

Em 2002, os pesquisadores Dan Ariely, da Universidade Duke, George Loewenstein, da Universidade Carnegie Mellon, Nina Mazar, da Universidade de Boston, e novamente Uri Gneezy, da Universidade da Califórnia em San Diego, realizaram um experimento ainda mais interessante na cidade de Madurai, na Índia[2]. Os participantes foram separados em três grupos para realizar seis tarefas diferentes. Os incentivos financeiros ofertados por tarefa, em rupias indianas (₹), foram os seguintes para cada grupo:

GRUPO 1

NÍVEL DE PERFORMANCE	INCENTIVO FINANCEIRO
Ruim	0,00
Bom	2,00
Muito bom	4,00

GRUPO 2

NÍVEL DE PERFORMANCE	INCENTIVO FINANCEIRO
Ruim	0,00
Bom	20,00
Muito bom	40,00

GRUPO 3

NÍVEL DE PERFORMANCE	INCENTIVO FINANCEIRO
Ruim	0,00
Bom	200,00
Muito bom	400,00

É importante dizer quanto os incentivos ofertados no nível de performance "muito bom" significavam para os participantes. Na época deste estudo, o salário mensal médio na região rural da Índia era de ₹ 495. Portanto, os participantes do grupo 3, caso atingissem o nível de performance "muito bom" nas seis tarefas, poderiam ganhar o equivalente a **cinco meses de salário**, ou seja,

₹ 2.400. Da mesma forma, os membros do grupo 2 poderiam ganhar o equivalente a **duas semanas de salário**, e os participantes do grupo 1 poderiam alcançar aproximadamente **um dia e meio de salário**. Incentivos muito motivadores, não acha?

E agora que valores extremamente agressivos de comissão foram ofertados, você imagina o que aconteceu? Por incrível que pareça, em **cinco das seis tarefas**, o grupo 3 foi o que teve o **pior** desempenho. Estatisticamente, a performance dos grupos 1 e 2 não apresentou diferença significativa, apesar de os incentivos financeiros do grupo 2 serem **dez vezes maiores** em comparação aos do grupo 1. Em média, 25,58% dos participantes do grupo 1 alcançaram o nível de performance "muito bom" nas seis tarefas, contra 22,21% do grupo 2 e apenas 6,3% do grupo 3. Esse resultado significa que a possibilidade de ganhar incentivos **100 vezes maiores** fez com que o número de participantes com desempenho "muito bom" no grupo 3 fosse **quatro vezes menor** do que no grupo 1.

Os estudos apresentados revelam uma realidade muito distinta daquela que a maioria dos indivíduos e das empresas acredita ser verdadeira sobre motivação. Neste ponto, você deve estar pensando que o dinheiro pode não motivar as pessoas da forma como acreditamos, mas, sem dúvida, produz efeitos positivos na **felicidade**. E uma das respostas para esta hipótese vem de um país avaliado como **o mais feliz do mundo**, cuja bandeira é em azul, vermelho e branco. Você consegue adivinhar que país é esse?

UMA EQUAÇÃO COM VARIÁVEIS AINDA MAIS DESCONHECIDAS

No país mais feliz do mundo, todos são tratados com respeito uns pelos outros, têm excelentes noites de sono, sorriem e dão gargalhadas diariamente. Lá, os cidadãos sempre aprendem algo interessante e dizem sentir alegria com frequência. Já mencionei as cores de sua bandeira (azul, vermelha e branca), você descobriu a qual país pertencem? Diversas opções devem ter lhe ocorrido, mas duvido muito que uma delas tenha sido o **Paraguai**!

Sim! Pelo **sétimo ano consecutivo**, o Paraguai foi ranqueado como o país com a população mais feliz do mundo, segundo o *Global Emotions Report*, do Gallup, uma das pesquisas mais importantes e respeitadas sobre a felicidade global[3]. É interessante notar que, no ranking das economias mundiais da ONU, o

Paraguai está no modesto **101º** lugar de uma lista com 211 países. Nas posições seguintes do ranking com as populações mais felizes do mundo estão Colômbia, El Salvador, Guatemala, Canadá, Costa Rica, Equador, Honduras, Islândia, Indonésia, Panamá e Uzbequistão. Muitos acreditam existir uma relação forte entre a riqueza de um país e a felicidade da sua população, porém essa em especial é, no mínimo, fraca. Os **Estados Unidos**, país com o maior PIB mundial, estão perto do **40º** lugar no ranking, semelhantes a países como Brasil, Alemanha, Luxemburgo, Áustria, Bolívia, Reino Unido, Máli e África do Sul.

Um estudo realizado por pesquisadores da Universidade Simon Fraser, da Universidade da Colúmbia Britânica e da Universidade Harvard comprova, de forma fantástica, esse equívoco da população sobre a relação entre o dinheiro e a felicidade[4]. Os cientistas pediram que indivíduos das mais variadas faixas de renda indicassem, em uma escala de 0 a 10, quão felizes eram, além de indicarem suas opiniões sobre a felicidade de outras pessoas, dentro de dez faixas de renda anuais (US$ 5 mil, US$ 10 mil, US$ 25 mil, US$ 35 mil, US$ 55 mil, US$ 90 mil, US$ 125 mil, US$ 160 mil, US$ 500 mil e US$ 1 milhão). O que o estudo revelou foi alarmante: os participantes **subestimaram** fortemente a felicidade das pessoas de baixa renda. Aqueles que ganhavam salários próximos a US$ 5 mil anuais avaliaram a sua felicidade em aproximadamente 5,5 na escala, enquanto os demais intuíram que a felicidade dessas pessoas era próxima a 2,5. Esse resultado mostra que **existe** uma relação entre rendas maiores e maior felicidade, porém de forma bastante **moderada**. É interessante notar também que, sobre aqueles com uma renda alta, os participantes acertaram corretamente ao suporem que grandes aumentos de renda (de US$ 90 mil para US$ 125 mil anuais) **não** aumentam drasticamente a felicidade. Apesar desses dados, o desejo pelo crescimento financeiro continua sendo o objetivo principal da vida de muitos.

Neste momento, imagino que você não esteja realmente surpreso com o resultado. Certamente já havia notado que dinheiro não motiva as pessoas da forma correta e não traz mais felicidade. Mas, afinal, o que as pessoas realmente querem?

O QUE AS PESSOAS QUEREM

Ao final de meus treinamentos, palestras ou aulas, nos quais apresento as consequências desconhecidas do dinheiro na motivação e felicidade das pessoas, geralmente alguém vem conversar comigo sobre esta posição. A certa altura da conversa, a conclusão não é distante do que mencionei: dinheiro realmente não motiva as pessoas; o que as pessoas querem é **reconhecimento**.

A RECOMPENSA OU O RECONHECIMENTO: O QUE FUNCIONA?

Da mesma forma que muitos acreditamos que se nos oferecessem uma grande soma de dinheiro para realizar uma tarefa teríamos um aumento na motivação e, consequentemente, uma melhor performance, nós também acreditamos que quando somos **reconhecidos** pelo nosso trabalho ficamos motivados. Na década de 1970, pesquisadores das Universidades de Stanford e de Michigan decidiram testar o impacto do reconhecimento na motivação das pessoas e, para isso, criaram um experimento científico genial[5].

Crianças de uma escola no interior do campus da Universidade de Stanford, separadas em três grupos, foram orientadas a fazer um desenho de sua preferência, sob as condições:

> **Grupo 1 –** Antes de iniciarem o desenho, as crianças foram informadas de que ganhariam um prêmio especial por seu trabalho: um diploma em seu nome com o título "Prêmio de Bom Colega", decorado com uma grande estrela dourada e um selo em alto relevo. Esse diploma posteriormente seria pendurado pela criança no "Quadro de Honra" da escola, visível para todos os alunos. Condição nomeada pelos pesquisadores como **recompensa esperada.**
>
> **Grupo 2 –** Após o término do desenho, as crianças recebiam o mesmo diploma, mas como uma **surpresa**. Esta condição foi chamada pelos pesquisadores de **recompensa inesperada**.
>
> **Grupo 3 –** Após o término do desenho, as crianças não recebiam nenhum prêmio. Esta condição foi nomeada de **controle**.

Para determinar quais seriam os participantes, duas semanas **antes** de o experimento acontecer, a equipe de pesquisadores e seus assistentes observaram o interesse de 102 crianças da escola pelo material que seria usado na pesquisa: canetinhas coloridas e folhas de papel especiais para desenho — itens não disponíveis nas suas atividades corriqueiras. Após descobrirem quais eram internamente motivadas pela atividade de desenhar, 51 crianças foram estudadas pela equipe de pesquisa, sendo que 18 delas ficaram no grupo da **recompensa esperada**, outras 18 no grupo da **recompensa inesperada** e 15 no grupo de **controle**.

Com todos os desenhos das crianças participantes em mãos, os pesquisadores convidaram três jurados — que desconheciam o propósito do estudo — para avaliarem a qualidade. Orientaram, então, que os jurados atribuíssem uma nota entre 1 (baixa qualidade) e 5 (alta qualidade) para cada desenho. As seguintes notas, em média, foram dadas para cada um dos grupos:

> **Grupo 1 –** Recompensa esperada: 2,18.
>
> **Grupo 2 –** Recompensa inesperada: 2,85.
>
> **Grupo 3 –** Controle (sem recompensa): 2,69.

A minúscula diferença decimal pode parecer insignificante a uma observação leiga, por isso convém esclarecer que, no método científico, quando os pesquisadores precisam descobrir se na relação entre valores numéricos há alguma relevância, é feita uma análise criteriosa. Nesse estudo, a análise mostrou uma diferença **estatisticamente significativa** entre as notas do grupo 1 em relação aos grupos 2 e 3. Isto é, o fato de as crianças do grupo 1 saberem com antecedência que receberiam um **reconhecimento** por seu trabalho **causou** um subsequente impacto negativo em sua performance. Tanto o grupo 2 quanto o 3, que realizaram os desenhos sob as mesmas condições (sem saberem que receberiam um prêmio), tiveram melhor desempenho na tarefa.

Se você achou esses resultados interessantes, ficará ainda mais intrigado com as semanas seguintes ao experimento. Ao analisar o comportamento das crianças dias após o estudo, os pesquisadores descobriram que, quando podiam brincar novamente com os mesmos materiais do experimento, os participantes do grupo 1 passavam **menos** tempo desenhando do que os demais grupos. Ainda, é interessante ressaltar que as crianças dos grupos 2 e 3 tiveram um pequeno **aumento** no interesse pelos materiais usados na experiência, embora não estatisticamente significativo.

Se não fossem estudos científicos confiáveis, seria muito difícil alguém acreditar na possibilidade de um reconhecimento causar piora na performance, além de um posterior desinteresse dos participantes em uma atividade — lembrando que as crianças deste estudo foram escolhidas justamente por demonstrarem anterior motivação natural em relação à tarefa. Podemos assumir que, quando realizamos uma atividade **esperando** algum reconhecimento, um fenômeno estranho acontece com a nossa motivação e, consequentemente, com a nossa performance. Entre as conclusões desses pesquisadores sobre o efeito de recompensas externas na motivação, destacamos:

> "[...] um problema central no nosso sistema educacional é a inabilidade de preservar o interesse interno em aprender e explorar, o que as crianças parecem ter logo que entram na escola. Em vez disso [...] o processo escolar parece sabotar o interesse espontâneo no processo de aprendizado [...]"

Existem outras descobertas científicas pertinentes a este caso. Certa pesquisa conduzida pela Universidade de Rochester descobriu que, quando incentivos externos são introduzidos para a realização de um trabalho, as pessoas **perdem a sua motivação interna** e, posteriormente, passam a se dedicar **menos** à tarefa do que na ausência do incentivo — o que explica a falta de interesse das crianças em desenhar nas semanas seguintes ao experimento[6]. Sendo assim, se um indivíduo trabalha **esperando** pelo reconhecimento, ele automaticamente **perde** o seu prazer em executar seus afazeres, em concluir um projeto, em conseguir progresso, em alcançar pequenas conquistas. Ele passa a trabalhar **apenas** para ganhar um elogio.

Se dinheiro e reconhecimento podem ter consequências desastrosas para a sua vida, qual outro recurso lhe resta para conquistar motivação e felicidade? Se resolver seguir os ensinamentos dos autores de autoajuda e dos palestrantes motivacionais, a única coisa que irá salvá-lo será **pensar positivo**. Afinal, quando se pensa positivo, as coisas acontecem na sua vida, não é mesmo? Esta crença é tão forte na sociedade que, hoje, é comum ouvirmos que o simples fato de desejar algo com todas as forças faz com que "o universo conspire" a seu favor. Será?

PENSAMENTOS POSITIVOS, RESULTADOS... NEM UM POUCO

Qualquer pessoa que já tenha ido a uma palestra motivacional sabe que, em algum momento, o palestrante irá relacionar o feito de conseguir alcançar seus objetivos com a capacidade de pensar positivo o suficiente. É esperado ouvir algo como: "Olhe-se no espelho e afirme que você vai atingir o seu objetivo, que irá vencer, que alcançará a sua meta na empresa, que conseguirá vender àquele cliente difícil, que conquistará aquela promoção de cargo que tanto deseja". Alguns desses profissionais ainda pedem para as pessoas imaginarem-se chegando a uma festa vestindo aquela calça que não serve mais, com o peso e as medidas que tanto almejam; ou que imaginem como serão suas vidas depois de obterem a aguardada promoção, pedindo-lhes para visualizarem a si mesmos em sua própria sala na empresa, dirigindo um carro importado e podendo comprar o que bem quiserem; ou, ainda, que pensem sobre como seu humor mudará quando finalmente conseguirem ficar com aquela pessoa que tanto amam, mas para quem ainda não tiveram a coragem de se declarar.

Longe dos palcos, essa mesma linha de pensamento está presente em outro lugar: as livrarias! Basta entrar no corredor de gênero autoajuda para ver milhares de títulos à disposição — todos tentando ensinar lições de como o pensamento positivo ou o simples fato de desejar algo com todas as suas forças pode fazer com que o "universo conspire" a seu favor, levando-o a conquistar aquilo que quer. Mas será que **falar para si mesmo** que alcançará um objetivo, ou **fantasiar** sobre como se sentirá em uma situação futura, ou **desejar algo com frequência** realmente gera resultados, facilitando a realização do que se almeja? A ciência vem estudando há anos este tema e traz respostas bem diferentes do que se propaga na autoajuda preguiçosa.

Os pesquisadores Yannis Theodorakis, Robert Weinberg e outros três colegas, que estudaram os efeitos motivacionais provocados nas pessoas apenas ao falarem algo positivo para si mesmas antes de uma tarefa, fizeram descobertas interessantíssimas[7]. Ao analisar o comportamento de atletas em quatro experimentos, Theodorakis e seus colegas revelaram que os atletas com os melhores desempenhos não eram aqueles que diziam "Eu consigo!" antes do jogo ou prova. Aliás, **nenhuma** situação na qual os participantes dos experimentos usaram frases motivacionais antes de um desafio fez com que eles fossem significativamente melhor do que os demais.

Conclusões similares foram obtidas pelos pesquisadores Ibrahim Senay e Dolores Albarracín, da Universidade de Illinois, junto com Kenji Noguchi, da

Universidade do Sul do Mississípi[8]. Numa série de experimentos, eles pediram aos participantes que resolvessem dez anagramas — atividade na qual se deve reordenar as letras de uma palavra (**CASA**, por exemplo), fazendo com que vire outra (**SACA**). Anagramas são uma das ferramentas favoritas para avaliar a performance das pessoas em tarefas envolvendo raciocínio e criatividade. Neste estudo, um grupo de indivíduos foi instruído a fazer **autoafirmações**, durante um minuto, de que **conseguiria** resolver os anagramas. Acontece que esta ação fez com que os participantes resolvessem **50% menos** anagramas em comparação com o outro grupo do estudo. Em um segundo experimento, os participantes instruídos a "pensarem positivo", escrevendo frases e palavras afirmativas, tiveram uma performance **100% inferior** em relação àqueles que escreveram outros tipos de frases e palavras.

No mundo do pensamento positivo, no entanto, ninguém fez descobertas mais significativas do que Gabriele Oettingen, professora e pesquisadora da Universidade de Nova York e da Universidade de Hamburgo. Após mais de vinte anos pesquisando o "poder do pensamento positivo", Oettingen fez descobertas que deixarão os fãs da proposta de *O Segredo* decepcionados. Em uma de suas pesquisas, Oettingen e sua colega Doris Mayer, da Universidade de Hamburgo, pediram a estudantes universitários do último ano que informassem se diariamente tinham pensamentos positivos, imagens ou fantasias sobre a sua entrada no mercado de trabalho, sobre a conclusão da sua graduação na universidade e sobre procurar e encontrar um emprego[9]. Em uma segunda etapa, os estudantes foram instruídos a escreverem sobre esses pensamentos positivos, imagens e fantasias. A terceira etapa do estudo pedia aos estudantes que reportassem com qual frequência tinham esses pensamentos e imagens positivas, dentro de uma escala de 10 pontos, variando de "Muito raramente" a "Muito frequentemente".

Oettingen e Mayer, para sua surpresa, descobriram que os estudantes que reportaram ter frequentes fantasias positivas sobre a sua entrada no mercado de trabalho receberam **menos** ofertas de emprego. Ainda mais intrigante é que, dentro desse grupo de estudantes que fantasiavam com frequência, aqueles que já estavam empregados recebiam salários **menores** do que os demais, que fantasiavam com menos frequência. Além disso, as pesquisadoras revelaram que os estudantes que imaginavam frequentemente o seu sucesso enviaram **menos** currículos do que os demais colegas que participaram desse estudo. Resultados semelhantes ocorreram quando as pesquisadoras avaliaram a probabilidade de os estudantes iniciarem um relacionamento amoroso ou declararem seu amor à pessoa pela qual estavam apaixonados — aqueles que fantasiavam mais tinham **menos** chances de terem iniciado um relacionamento ou declarado o seu amor a alguém. No mesmo sentido, estudantes que fantasiavam sobre tirar uma nota alta em determinada disciplina acabavam alcançando **piores** notas e estudando **menos** tempo. Por fim, Oettingen e Mayer descobriram que pacientes que fantasiavam positivamente sobre a sua recuperação após uma cirurgia mostravam-se com **mais** dor, com **mais** dificuldade de subir escadas, com **menos** capacidade de movimentar a parte operada do corpo, com **menos** força muscular e **menos** bem-estar. A conclusão foi de que pensar positivo, na verdade, gera resultados **contrários** aos que as pessoas desejam.

O DIFERENCIAL DESTE LIVRO

Este também é um livro sobre motivação e felicidade, porém **embasado em pesquisas científicas**. Eu já tive contato com muitas obras que prometiam desvendar os segredos do sucesso, a maioria apresentando como princípio a **ilusão** de que, caso a fórmula do **autor** para ter motivação e felicidade fosse seguida, as pessoas também as alcançariam. Uma história de sucesso é apenas **um** caso; o que alguém fez para chegar ao auge pode ser a fórmula do **fracasso** para outro indivíduo. E este livro, **totalmente fundamentado em ciência**, nunca pode se dar ao luxo de analisar apenas **um** caso, ou de usar apenas o caso **mais conveniente** para defender uma posição. Para chegar a uma conclusão confiável, a ciência deve analisar uma grande quantidade de casos do fenômeno de interesse, além de fazer inúmeras interpretações estatísticas extremamente robustas. Se a ciência defendesse sua posição usando a mesma fórmula dos autores sobre sucesso — ilustrando apenas **um** caso —, por exemplo, a medicina poderia usar o histórico de **uma** pessoa que fumou até os 95 anos, e morreu por alguma causa não relacionada ao cigarro, para concluir que **fumar não faz mal** à saúde, ou pior, que fumar faz bem à saúde, algo que, como todos sabem, não corresponde à realidade.

Analisar apenas **um** caso, ou usar o **mais conveniente**, para defender uma posição é um comportamento presente em diversos outros ambientes. Pelo fato de **um** funcionário ter conseguido excelente desempenho no trabalho seguindo as estratégias atuais da empresa, esta acredita que **todos** os outros deveriam ter o mesmo desempenho. **Uma** empresa seguiu essa estratégia e teve sucesso, por isso executivos de outras empresas acreditam que terão êxito se seguirem a **mesma** estratégia. **Uma** pessoa investiu em certos hábitos e alcançou a felicidade, por esse motivo nós acreditamos que, se criarmos os mesmos hábitos, também seremos felizes. **Um** indivíduo tomou certas decisões e se tornou milionário, então nós acreditamos que também ficaremos ricos se tomarmos as mesmas decisões. **Um** empresário de sucesso acorda todos os dias às 4h30 da manhã, daí depreendemos que teremos mais sucesso se acordarmos nesse mesmo horário. **Um** empreendedor vendeu sua *startup* por milhões usando certo método, por isso acreditamos que se usarmos o mesmo método também venderemos nossas *startups* por milhões. **Uma** pessoa emagreceu tornando-se vegana, e nós acreditamos que ficaremos mais magros se fizermos o mesmo.

> Como um profissional que vive a ciência, não posso defender em um livro uma única proposta, apoiada em um caso que ilustra aquilo que as pessoas gostariam que fosse verdade. Este seria um livro que defende a exceção.

A ciência não é perfeita — mas o método científico é, sem dúvida, a ferramenta mais confiável para nos ajudar a tomar decisões corretamente.

Muitas vezes um artigo leva anos para ser aprovado por uma revista científica de reconhecido porte. Apenas artigos irretocáveis, com grande contribuição científica, conseguem tal conquista. Para uma revista científica de alto padrão, os riscos de publicar uma descoberta que apresente algo errado e consequentemente possa causar danos para a sociedade são levados muito a sério.

Para criar este livro, selecionei artigos publicados exclusivamente pelas revistas científicas mais bem ranqueadas do mundo, que contêm estudos de pesquisadores renomadíssimos, das mais prestigiadas universidades do planeta. Nesse caminho, troquei centenas de e-mails com cientistas de vários países para me aprofundar em seus métodos e resultados. E fui ainda mais longe, literalmente. Em 2018, viajei para mais de dez cidades nos Estados Unidos para conversar com alguns desses cientistas. Visitei universidades, como Harvard, Stanford, Universidade da Carolina do Norte, Universidade de Nova York e muitas outras, com o intuito de garantir que este conteúdo fosse verdadeiramente fiel às pesquisas. Essas são algumas das descobertas que você encontrará neste livro:

- As mudanças hormonais, cognitivas e psicológicas que acontecem quando as pessoas estão felizes
- Por que 40% do seu sucesso depende apenas de suas escolhas
- Como suas escolhas influenciam sua felicidade, motivação, saúde, longevidade, produtividade, criatividade, relacionamentos e outras áreas da vida
- Por que a relação entre dinheiro, felicidade e motivação não funciona da forma como as pessoas imaginam
- As razões pelas quais a busca incessante pelo sucesso financeiro piora o seu desempenho no trabalho e aumenta a sua insatisfação com a vida
- Por que um dos segredos da felicidade é a forma como você gasta o seu dinheiro – e não o quanto você ganha
- Os motivos dos sistemas de meritocracia e incentivos financeiros nas empresas levarem aos piores resultados e o que as empresas podem fazer a respeito
- Por que a busca pelo reconhecimento é prejudicial para a sua felicidade e motivação
- O que verdadeiramente é gratidão e como utilizá-la para obter seus benefícios
- Por que os relacionamentos são o principal previsor de felicidade, como estamos os arruinando diariamente e o que devemos fazer para cultivá-los
- A surpreendente descoberta que revelou a fórmula do sucesso pessoal e profissional
- As razões pelas quais Maslow estava errado e o que realmente motiva as pessoas
- Por que sonhar grande ou sonhar pequeno não dá o mesmo trabalho e nem gera os resultados que você espera
- Por que pensar positivo reduz suas chances de atingir objetivos e qual é a ferramenta que combate este problema
- Os riscos de acreditar que o seu sucesso é determinado pelo seu dom ou Q.I. e o que fazer para se tornar um expert em qualquer atividade

Além de ensinar a aplicar diversos estudos no seu dia a dia, um dos principais objetivos deste livro é fazer com que você mude o seu entendimento sobre a palavra **sucesso**. Talvez seja importante você saber, a essa altura, quem sou e por que a abordagem deste livro buscou referências científicas para desmistificar conceitos entorno do que se pode considerar como sucesso. Eu me avalio como uma pessoa de extremo sucesso, mas não sou um milionário, superinvestidor, dono de franquias, fundador de *startup*, influenciador digital, megaexecutivo ou super-herói: sou uma pessoa como a maioria das outras. Muitos livros sobre sucesso são escritos por indivíduos que conquistaram sucesso material e financeiro, mas este é apenas **um** tipo de sucesso, além de ser o **menos** importante para a nossa felicidade. Aliás, ter sucesso não significa ter felicidade! Como você descobrirá mais adiante, apesar do aspecto financeiro, muitos milionários não são felizes. Estrelas da televisão são outro exemplo; basta olharmos as revistas de fofoca para descobrirmos que também sofrem depressão, se divorciam, engordam, reclamam por terem poucos amigos verdadeiros e chegam até a cometer suicídio.

É sempre fácil medir o sucesso através das coisas que podemos **contar**: dinheiro, investimentos, carros, roupas ou imóveis. Por muito tempo também acreditei que o sucesso fosse obtido dessa forma — principalmente enquanto estive intoxicado pelo ambiente corporativo, na minha época como executivo —, até que descobri, na literatura científica, que sua origem estava em outras coisas.

A CIÊNCIA DAS ESCOLHAS

Um artigo científico publicado pelos pesquisadores Sonja Lyubomirsky, Kennon Sheldon e David Schkade demonstrou que o sucesso está nas nossas **escolhas** diárias[10]. Essa descoberta é de fundamental importância a quem quer saber como verdadeiramente construir sua felicidade e, consequentemente, seu sucesso — além de ajudar a se livrar de objetivos de vida com efeitos negativos em sua felicidade. A pesquisa revelou que **50%** da nossa felicidade é **genética**, ou seja, imutável. Outros **10%** apresentam ligação com as **circunstâncias** atuais da vida. Isso significa que ser casado ou solteiro, ganhar mais ou menos dinheiro, ser diretor ou analista em uma empresa, ter filhos ou não, dirigir um Mercedes ou um Renault, viver em Curitiba ou em Natal e morar em uma casa ou em um apartamento produz bem menos impacto na nossa felicidade do que imaginamos. Finalmente, **40%** da nossa felicidade está nas atividades que **escolhemos** realizar no dia a dia. Esta é a melhor revelação da pesquisa, já que nos permite reconhecer que grande parte da nossa felicidade está sob o nosso controle. O artigo, publicado na *Review of General Psychology* em 2005, revela que este grande percentual da felicidade está no que os pesquisadores chamaram de *atividades intencionais*, ou seja, ações nas quais as pessoas **escolhem** se engajar, atividades que **dependem somente delas mesmas.**

Ao entender que grande parte da felicidade depende apenas das nossas ações, naturalmente ocorre o aumento de um sentimento que os psicólogos nomeiam de *lócus de controle interno*[11]. Alguém com lócus de controle interno assume a responsabilidade pelo destino da sua vida; sabe que esse destino se desdobrou por causa das escolhas que fez. Esse tipo de pessoa compreende ser quem escreve o seu futuro, de acordo com suas escolhas diárias. Por outro lado, alguém com *lócus de controle externo* atribui o seu destino a fatores que fogem do seu controle, ou seja, é uma pessoa que culpa fatores externos pelas circunstâncias passadas, atuais e futuras da existência. Como se pode concluir, pessoas com *lócus de* controle externo têm **mais dificuldade** em atingir seus objetivos, pois colocam grande parte da sua felicidade e motivação em **fatores que fogem do seu controle**. Assim, elas desistem mais facilmente dos seus projetos de vida, por acreditarem que não podem fazer nada para mudar sua trajetória, que não têm controle sobre o seu futuro.

Por mais claro que esse processo pareça para você agora, perceba que muitos **escolhem** atribuir um peso gigantesco a fatores externos, sobretudo às suas circunstâncias atuais, aquelas que correspondem a **apenas 10% da felicidade**: o quanto ganham, qual carro dirigem, onde moram, quais são seus empregos, que roupas podem vestir, qual é seu estado civil ou como está o humor dos seus chefes.

Felizmente, ter um lócus de controle interno ou externo também é uma **escolha**. Um problema central nas nossas vidas pessoais e profissionais, contudo, é basearmos nossas decisões no que os outros falam, nas orientações das revistas de negócios, nas dicas dos grandes "gurus" ou "*coaches*" corporativos, nas regras de palestrantes e livros motivacionais ou na intuição que temos sobre como as coisas funcionam, o que nos leva a **fazermos escolhas que vão contra os nossos próprios interesses**, assumindo decisões que prejudicam a nossa felicidade.

Não é por falta de trabalho, dinheiro ou dedicação que falhamos em alcançar a felicidade, e sim pelas escolhas que estamos fazendo.

Os próximos capítulos deste livro irão desvendar quais são:

- As **escolhas certas** que você deve fazer.
- Como usar o seu **dinheiro** para trazer motivação e felicidade.
- Quais bens materiais trazem felicidade e como extraí-la do que você já possui.
- Qual é o tipo de **reconhecimento** que você deve buscar para conquistar o máximo de motivação interna.
- Qual é a alternativa ao **pensamento positivo** que faz com que você realmente alcance aquilo que deseja.

A ciência nos dá a possibilidade de tomar decisões baseadas nos resultados atingidos por milhões de outras pessoas. Isso significa que basta descobrir quais foram os caminhos daqueles que obtiveram os melhores resultados e então segui-los. Ao usarmos a ciência nas decisões sobre a nossa motivação e a nossa felicidade podemos fazer as escolhas certas, aquelas que vão ao encontro dos nossos interesses. Ao usarmos a ciência como a nossa maior aliada, finalmente, poderemos fazer **escolhas felizes**.

PARTE 1

DINHEIRO

CAPÍTULO 1

Dinheiro, Motivação e Felicidade

MAIS DINHEIRO ≠ MAIS FELICIDADE

Certamente a pesquisa do Gallup indicando que, nos últimos sete anos, o Paraguai vem sendo considerado o país com a população mais feliz do mundo pegou muita gente de surpresa, mas diversos estudos científicos suportam a informação: **mais dinheiro não significa mais felicidade**. Depois de décadas de pesquisas, o economista americano Richard Easterlin, da Universidade do Sul da Califórnia, descobriu que durante determinado período de vida, dos 22 aos 78 anos de idade, apesar de a renda aumentar em certos intervalos e diminuir em outros, a felicidade das pessoas continua praticamente idêntica[1].

Por sua vez, o pesquisador David Myers, da Hope College, revelou que nos Estados Unidos, embora a renda média anual dos cidadãos tenha quase **triplicado** dos anos 1950 até 2010, a felicidade manteve-se praticamente no mesmo nível — algo que se repete na Europa, na Austrália, no Japão e na China, onde, a despeito do notável crescimento financeiro, a felicidade das pessoas continua praticamente igual[2].

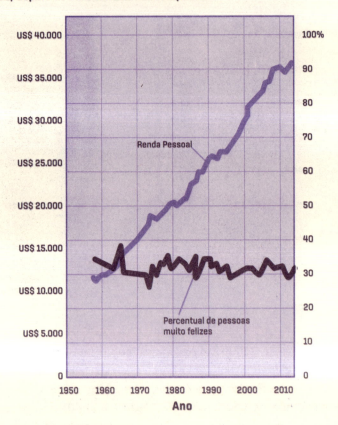

Dados retirados da pesquisa de David Myers.

Um estudo bastante conclusivo da Universidade de Illinois analisou os níveis de satisfação com a vida em 41 países (incluindo o Brasil), descobrindo haver uma correlação extremamente baixa com a riqueza. Ainda, mostrou que países onde as pessoas supervalorizam o sucesso financeiro são os que apresentam menores índices de satisfação com a vida[3].

Se essa onda toda de bonança financeira não trouxe resultados positivos para a felicidade das pessoas, certamente promoveu um crescimento significativo em outras áreas, não é? Sim, nos últimos 50 anos, os níveis de depressão aumentaram dez vezes[4], atingindo mais de 322 milhões de pessoas — as regiões das Américas e da Europa somam 27% desse número. Apenas entre 2005 e 2015, os níveis de depressão global subiram perto de 20%, de acordo com a Organização Mundial da Saúde[5]. As estatísticas mostram que o dinheiro e a evolução tecnológica não resolvem os principais problemas dos indivíduos, aliás, podem **causar** inúmeros outros. Richard Ryan, da Universidade de Rochester, e Tim Kasser, da Knox College, concluíram em seus estudos: quanto mais as pessoas colocam o sucesso financeiro como um valor central em suas vidas, mais sofrem de depressão e ansiedade, além de apresentar sinais de que suas escolhas são guiadas pelo que os outros esperam delas[6].

Esse é um ponto importante. Será que a nossa busca pelo tipo **errado** de sucesso não é a causa desse sofrimento?

A maioria dos cientistas que estudou o assunto concorda: depois de alcançarmos certo nível de vida no qual temos um teto, roupas e comida, **mais dinheiro não traz mais felicidade**[7]. Em um artigo publicado no *Proceedings of the National Academy of Sciences*, em 2010, Daniel Kahneman e Angus Deaton, da Universidade de Princeton, ganhadores do Prêmio Nobel, revelaram que a partir do momento que uma pessoa passava a ganhar US$ 75 mil anuais no EUA, aumentos em sua receita **não** causavam evolução no seu nível de felicidade diária[8]. Eles reportaram também que apenas indivíduos a receberem menos de US$ 40 mil anuais desfrutavam de um grande aumento na sua felicidade diária quando conquistavam um incremento nas suas rendas.

É claro que as populações de muitos países dificilmente chegarão a ter rendas *per capita* superiores a US$ 75 mil anuais, e que, em diversas nações, os cidadãos conseguem ter uma vida excelente com rendas muito menores. Por isso o intuito deste estudo não é determinar o **quanto** as pessoas deveriam ganhar para serem felizes, e sim revelar que o dinheiro gera felicidade até certo **limite**. Conforme concluíram os pesquisadores, "um salário maior não lhe traz felicidade, mas sim uma vida que você avalia como melhor".

O ditado de que "dinheiro não compra felicidade", portanto, nem sempre é verdadeiro; isso depende de quanto dinheiro você tem! Enquanto um morador de rua experimentaria um aumento exponencial na felicidade ao conseguir um emprego e um lugar para morar, roupas para vestir e o conforto de saber que poderá comer três vezes ao dia, um bilionário que passasse a ganhar US$ 500 mil a mais por ano permaneceria com o seu nível de felicidade inalterado. Parece que se a equação da motivação envolve variáveis desconhecidas, a equação da felicidade dispõe de variáveis ainda mais desconhecidas. Arnold Schwarzenegger, ator e ex-governador da Califórnia, ilustrou de forma brilhante esse fato em certa ocasião: "Dinheiro não faz ninguém feliz. Agora eu tenho US$ 50 milhões, mas eu era igualmente feliz quando tinha US$ 48 milhões"[9].

UMA FACE DESCONHECIDA DO DINHEIRO

Por mais contraditório que pareça, ganhar um salário maior — uma das coisas que as pessoas mais almejam na vida — não fará com que você goste mais do seu trabalho. Um experimento realizado na década de 1970, na Universidade de Rochester, convocou alunos para escreverem as manchetes do jornal universitário: um grupo trabalharia às terças-feiras, e o outro, às sextas-feiras[10]. Enquanto os grupos se reuniam para debater as manchetes do jornal, um "supervisor" cronometrava secretamente o tempo que levavam para produzir cada uma delas. Algumas semanas depois, os membros do grupo das terças-feiras foram informados de que o jornal lhes destinaria um orçamento de US$ 0,50 por manchete escrita (um valor motivador no contexto da época); porém nada a respeito deveria ser dito ao grupo de sexta-feira, já que não havia dinheiro suficiente para pagar a todos os participantes. No começo, quando a remuneração não estava sendo ofertada, ambos os grupos levavam em média 22 minutos para escrever uma manchete; mas, com o passar do tempo, o grupo das sextas-feiras (não remunerado) começou a escrever as manchetes cada vez mais rápido, reduzindo o tempo médio quase pela metade. Nesse entretempo, o grupo das terças-feiras não apresentou uma melhoria significativa em momento algum do experimento, levando em média 20 minutos para escrever cada manchete até o final do estudo. Além disso, muitos dos membros desse grupo **deixaram de aparecer nas reuniões**, ao passo que os membros do grupo de sexta-feira continuaram comparecendo para trabalhar de graça.

Nesse mesmo sentido, um experimento inédito feito por pesquisadores de universidades belgas, canadenses e inglesas mostra que essa ligação entre o dinheiro e a felicidade é ainda mais delicada do que pensamos. No caso, os participantes de um grupo responderam a um questionário no qual via-se na página ao lado uma foto de dólares canadenses, supostamente usados em "outro estudo", enquanto o segundo grupo não foi exposto a tal foto[11]. Posteriormente, os pesquisadores deram um pedaço de chocolate aos participantes e os instruíram a preencher um novo questionário logo em seguida. Por mais sortudos que os participantes desse estudo tenham sido, pois nem todo experimento proporciona o prazer de comer chocolate, observadores externos e sem conhecimento sobre o intuito do experimento cronometraram o tempo que os membros de cada grupo levaram para comer o chocolate, constatando que os participantes que foram expostos à foto do dinheiro comeram **mais rápido** em comparação ao outro grupo. Além disso, esses observadores avaliaram as expressões faciais dos membros de ambos os grupos e reportaram aos pesquisadores que o grupo exposto à foto do dinheiro demonstrou aproveitar **menos** a degustação do doce.

Nesse mesmo estudo, os pesquisadores descobriram uma correlação entre o nível de riqueza dos participantes e a habilidade de saborear experiências do dia a dia: quanto mais ricos os participantes reportavam ser, menos diziam aproveitar os pequenos prazeres da vida. De acordo com outros estudos, esse experimento também encontrou uma correlação **modesta** entre o nível de riqueza de uma pessoa e a sua felicidade[12], levando a compreender que a felicidade ligeiramente superior que as pessoas ricas possuem lhes é rapidamente tirada porque passam a apreciar menos as experiências cotidianas.

INSEGURANÇA FINANCEIRA = MENOS FELICIDADE

Se ter mais dinheiro do que o suficiente não traz felicidade, entretanto, podemos assumir que as consequências de ter pouco são avassaladoras. Em 1991, o pesquisador Ralph Catalano, da Universidade da Califórnia em Berkeley, publicou um artigo sobre existir uma forte correlação entre insegurança econômica e severas doenças psicológicas[13]. Outro estudo, desta vez publicado pela Universidade Case Western Reserve, também nos alerta haver uma relação entre a renda e a quantidade de emoções negativas reportada pelas pessoas, como tristeza, nervosismo e desesperança[14]. Quanto mais as pessoas sofrem para pagar suas contas, maior é o número de emoções negativas que dizem sentir diariamente. Não por acaso, diversas pesquisas reiteram que a falta de dinheiro, ou a discordância sobre o seu uso, é a principal causa dos divórcios[15].

A renomada psicóloga Elizabeth Dunn realizou um estudo cuja descoberta é muito especial: apesar de não aumentar a felicidade, o dinheiro **reduz a tristeza**[16]. Nesse estudo, indivíduos com rendas maiores reportaram não se sentir mais nem menos felizes em relação a pessoas com rendas menores, porém se sentiam menos tristes em comparação àquelas com rendas menores — o que mais uma vez revela que o dinheiro não é uma ferramenta efetiva para aumentar a felicidade, e sim para **diminuir a tristeza**. Outra pesquisa atestou que os momentos altamente insatisfatórios da vida estavam relacionados a um fator: a **insegurança financeira**[17].

Considerando esses dados, muitas empresas deveriam rever suas políticas salariais para garantir que seus funcionários se livrassem da perigosa insegurança financeira. Foi exatamente isso que Dan Price, CEO da Gravity Payments, fez em 2015. Hoje, o menor salário pago aos funcionários da empresa é US$ 70 mil anuais, o que lhes garante uma boa estabilidade financeira. Com essa mudança, Price viu a rotatividade de pessoal da Gravity despencar, e os lucros quase dobrarem[18].

Certamente, esse valor mínimo varia para mais ou para menos de acordo com a realidade de cada país, e justamente por isso é que deveria ser levado mais a sério. Essa mudança salarial é ainda mais urgente em áreas com a cultura de praticar salários fixos baixos e pagar grande parte da remuneração dos trabalhadores com incentivos por produtividade, como o setor de vendas. As consequências dessa prática podem ser desastrosas, como sugerem os experimentos de Dan Ariely, na Índia, e de Gneezy e Rustichini, em Israel. A ciência traz evidências de longa data sobre incentivos financeiros em tarefas que envolvem **criatividade** — como vendas — poderem surtir efeitos perversos na performance das pessoas[19]. Comissões aumentam a motivação dos vendedores **acima do limite ideal** e fazem com que prestem atenção demasiada à tarefa, além de causarem insegurança financeira constante. Aliás, é interessante notar que muitos profissionais de vendas dizem "amar" dinheiro! Mas será que esse amor é natural ou apenas causado por outros efeitos que lhes são desconhecidos? Tim Kasser mostra, através de seus estudos, que pessoas com a frequente sensação de **insegurança financeira** — algo normal na vida de um vendedor comissionado — passam a atribuir um peso maior à importância do dinheiro e de bens materiais como sinais de que "estão indo bem na vida". Aqueles sem tal insegurança colocam a posse de bens materiais e dinheiro como menos importantes em suas autoavaliações sobre quão bem-sucedidos são, o que gera grande vantagem motivacional, além de mais felicidade[20].

UM MODO (BEM) ANTIGO DE SE PENSAR

A nossa percepção equivocada sobre os incentivos financeiros causarem melhor performance provém do período após a Revolução Industrial, quando Ford e Taylor descobriram que os operários das suas fábricas produziam mais se os seus salários estivessem ligados à sua produtividade. Isso significa que a relação entre mais dinheiro e melhor performance já foi verdadeira no ambiente empresarial, em um momento no qual o trabalho das pessoas era exclusivamente **braçal** — como era o dos operários de Ford e Taylor. No século XXI, embora muitos setores de produção ainda demandem esforço físico, a natureza do trabalho em geral é bem diferente. Os desafios apresentados pelas empresas exigem habilidades **cognitivas**, como raciocínio e criatividade. A despeito dessa mudança, as "verdades" descobertas pelos líderes industriais no século XIX continuam até hoje sendo a base de decisão de muitos empresários e executivos, algo inadmissível na era abundante de informações científicas em que vivemos. As empresas gostam de se dizer inovadoras e que "pensam fora da caixa", mas, na verdade, a maioria ainda segue as mesmas estratégias defasadas.

Quando falamos do sistema de remuneração para a área comercial, a maioria das companhias opta por esta estratégia industrial, mais tarde difundida por Michael Jensen e William Meckling como a **Teoria do Agente**[21]. Essa teoria parte do princípio de que as empresas precisam dividir suas responsabilidades com os seus agentes/funcionários, de forma que, quando o resultado for positivo, devem oferecer parte dele na remuneração. Caso contrário, os funcionários não sentirão ter algum incentivo por se engajarem nos resultados da empresa.

A Teoria do Agente usa como base a premissa de que o ser humano é **preguiçoso naturalmente** e sempre **evitará o trabalho**, por isso as pessoas só sairão da zona de conforto se receberem algum **estímulo** ou **punição**. Dessa forma, a empresa pagará aos funcionários somente quando trouxerem resultado, o que é lógico no sentido econômico, mas falha gravemente em outro sentido. Infelizmente, a economia tradicional e muitos estudos da área de planejamento estratégico não levam em conta algo fundamental para o desempenho das pessoas: a parte **emocional**. O ser humano não é um robô que responde de forma previsível ao estímulo financeiro, pois a equação da motivação carrega inúmeras outras variáveis.

Em 2012, Ian Larkin, pesquisador da Universidade da Califórnia em Los Angeles (UCLA), em conjunto com Francesca Gino, renomada pesquisadora de Harvard, e Lamar Pierce, da Universidade de Washington, publicou um artigo que explora todos os riscos que a Teoria do Agente oferece para as empresas, sob uma perspectiva tanto econômica quanto psicológica[22]. Os pesquisadores demonstraram que as previsões da Teoria do Agente são falhas devido ao pagamento por performance ser **menos efetivo** do que o esperado, além de **custar mais caro** do que Jensen e Meckling consideraram. Alguns dos riscos levantados são as consequências negativas na performance dos funcionários causadas pela intensificação **da comparação** e **competição** entre eles, além do aumento na **autoconfiança**. No decorrer da leitura, você entenderá como o dinheiro provoca a sensação de independência, fazendo com que as pessoas ajam mais autoconfiantes e não peçam a opinião dos outros nas suas decisões, o que gera um grande risco para o mundo corporativo, tão dependente do trabalho em equipe.

Larkin, Gino e Pierce ainda notaram que as empresas devem buscar sistemas mais justos de pagamento se não quiserem sofrer com a redução do esforço, das habilidades e a sabotagem de seus colaboradores. Enquanto as empresas alimentam a cultura de que devem recompensar seus funcionários apenas quando trazem resultados, a ciência nos mostra que este processo funciona exatamente **de modo inverso**:

Primeiro as empresas devem dar condições psicológicas para que os funcionários tenham boa performance – garantindo um salário justo, concedendo mais autonomia nas tarefas, criando ambientes propícios aos bons relacionamentos entre os colegas e desenvolvendo seus pontos fortes – e, só então, cobrar deles os resultados.

Todos estes estudos estão em consonância com as descobertas dos mais importantes pesquisadores da área motivacional: Edward Deci e Richard Ryan, da Universidade de Rochester. Sobre a prática de oferecer incentivos financeiros para motivar os funcionários, Deci e Ryan, em parceria com Richard Koestner, da Universidade McGill, realizaram um dos estudos mais relevantes da história da motivação e chegaram a uma conclusão que desafia as práticas motivacionais de muitas empresas[23]. Em uma meta-análise de 128 pesquisas científicas, publicada no *Psychological Bulletin*, os pesquisadores concluíram:

> "Como previsto, recompensas por engajamento, conclusão [de uma tarefa] e performance minaram significativamente a motivação interna [dos participantes] [...] assim como fizeram todas as recompensas, todas as recompensas tangíveis e todas as recompensas esperadas. Recompensas por engajamento e conclusão também minaram significativamente o interesse reportado [pelas pessoas enquanto realizavam as tarefas]."

Os estudos até então apresentados nesta obra revelam que o conceito do ***Homo economicus*** — responsável por interpretar que o homem toma decisões exclusivamente para maximizar seus ganhos — finalmente está chegando à sua extinção com a evolução da ciência. Quando será que as empresas, os governos e outras instituições se atentarão a isso?

Muitas das percepções que pessoas, empresas e, inclusive, pesquisadores científicos têm sobre motivação são erradas ou desatualizadas. Por isso vamos explorar profundamente o que é motivação.

O QUE É MOTIVAÇÃO, AFINAL?

Na mais simples definição, **motivação é o que nos faz agir**. Porém explicar o que **causa** a motivação não é tarefa simples; aliás, até o momento a ciência não tem uma conclusão sobre quais fatores que a influenciam — e acredito que nunca terá. Caso chegasse o momento em que a ciência alcançasse total compreensão de como as coisas funcionam, ela deixaria de existir. Penso que o principal papel da ciência seja analisar o conhecimento disponível hoje e tentar descobrir se há algo **melhor** do que isso, algo **adicional** ao que já sabemos e, inclusive, até revelar se o que conhecemos está **errado**. A motivação é um desses casos em que constantemente existem novas contribuições — adição de descobertas, destruição da convicção anterior e construção de um novo saber.

Motivação é uma característica que não pode ser observada diretamente na natureza — como a cor dos olhos, estrutura física ou altura. Portanto, em casos como este, a ciência deve observar e medir diversas variáveis ao mesmo tempo. Faz centenas de anos que cientistas procuram entender esse fenômeno que nos faz agir, viver e trabalhar com mais dedicação, ser mais produtivos, ter mais disposição, ser mais alegres, lutar por uma causa, perseguir uma meta, buscar a sobrevivência, entre diversas outras características. Em dado momento, pesquisadores descobriram que esse fenômeno relacionava-se com as condições em que uma pessoa vivia, com o clima no seu ambiente de trabalho, com o seu estado de saúde, com o valor do salário, com a quantidade de amigos, com a qualidade da relação conjugal, com o progresso que alcançava na vida pessoal e profissional, com a liberdade de que desfrutava, com as suas metas, com a forma como queria ser vista pela sociedade, com a sua genética etc.

Esses cientistas, então, resolveram nomear tal conjunto de variáveis de **motivação**. Na linguagem científica, a motivação é um **constructo** que pode ser explicado **parcialmente** quando todas as variáveis já citadas, e outras, tiverem sido observadas e medidas. As variáveis observadas para se entender um constructo como a motivação são chamadas de **dimensões**. Se a transformássemos em uma fórmula, teríamos:

MOTIVAÇÃO = TRABALHO + AUTONOMIA + FELICIDADE + PROPÓSITO + DESENVOLVIMENTO PESSOAL + SAÚDE + METAS + MENTALIDADE + RELACIONAMENTOS + SENSAÇÃO DE COMPETÊNCIA + FAMÍLIA + DINHEIRO + RECONHECIMENTO + UMA INFINIDADE DE VARIÁVEIS CONHECIDAS E DESCONHECIDAS.

Apesar de as pessoas saberem intuitivamente que a motivação envolve diversas variáveis, muitas ainda cometem o erro de selecionar **uma** ou **poucas delas** para tentar explicar esse fenômeno gigantesco, reduzindo a complexidade desse constructo. No ambiente empresarial, muitos gestores acreditam que a motivação de seus funcionários se resume a **interesses financeiros**, portanto usam artifícios para motivá-los — comissões, bônus, participação nos lucros e prêmios em dinheiro, por exemplo. Na vida pessoal, grande parte de nós também acredita que o segredo da motivação é **acumular o máximo de dinheiro possível**, como se isso pudesse resolver qualquer problema. Esses são exemplos puros de reducionismo, a motivação humana é muito mais complexa do que uma pilha de dinheiro.

Acreditar que apenas uma variável resolverá toda a equação da motivação é uma falha grave.

Sem dúvida, nessa equação existem variáveis que têm um **peso maior do que outras**, mas isso não significa que elas podem explicar **todo** o fenômeno sozinhas.

Sobre esse assunto, a pesquisadora Nina Mazar, da Universidade de Boston, me disse que as pessoas costumam usar o reducionismo para transmitir a imagem de que são inteligentes. Por alguma razão, elas se sentem superiores quando afirmam que encontraram **a razão** pela qual certo fenômeno aconteceu. Com frequência no mundo corporativo, por exemplo, há quem tente nos convencer de que a Apple deu certo por causa de **uma estratégia** que seguiu, ou que alguém enriqueceu por causa de **uma decisão**; porém nenhum fenômeno depende de **uma única razão**. Há um mantra entoado por muitos cientistas de que a **correlação não significa causa**. O dinheiro, por exemplo, pode ter certa relação — ou correlação, na linguagem científica — com a motivação, mas não é a sua única **causa**.

Da mesma forma que a sua saúde ficará comprometida caso se alimente exclusivamente de chocolate, a sua motivação será prejudicada se você acreditar que o dinheiro pode resolver todos os seus problemas. Para uma boa saúde, seu corpo precisa de um equilíbrio entre fibras, proteínas, gorduras, água, nutrientes e vitaminas. Sua motivação funciona da mesma forma: é preciso um equilíbrio nas variáveis para obter todos os benefícios que ela lhe oferece. A sua motivação é o resultado de quanto dinheiro você possui, de como o gasta, de sua mentalidade, de quanto ajuda os outros, de quanta autonomia pode ter, da qualidade de seus relacionamentos pessoais, das metas que estabelece para a vida e de muitas outras variáveis.

POR QUE É IMPORTANTE ESTAR MOTIVADO?

Sem ação, nenhum dos seus objetivos pode ser alcançado. O que poucos sabem, no entanto, é a forma como fatores internos e externos influenciam a motivação. A motivação interna é aquela que se resume a perseguir um objetivo para satisfazer uma necessidade interior, como ser cada dia melhor naquilo que se faz. Ela é geralmente conquistada com atividades que a pessoa sente prazer em realizar e não as entende como um trabalho. Já a perigosa motivação externa é aquela que incentiva a busca de um objetivo condicionada ao recebimento de uma recompensa externa, como bens materiais, dinheiro e elogios. É importante que você saiba que os fatores motivacionais que escolhe para si mesmo podem causar resultados positivos ou negativos na sua vida. A sua motivação também é resultado das suas escolhas.

O problema dessas escolhas é que você pode acreditar que algo o motiva enquanto os estudos científicos comprovam não haver correlação entre a motivação e esses fatores externos. Em alguns momentos, um fator que você acredite ter grande peso na sua motivação pode até influenciar, mas, normalmente, o peso dele será extremamente inferior ao que imagina. Então, para obter todas as vantagens da motivação, é preciso também escolher os fatores **certos**; afinal, as pessoas podem mudar suas preferências motivacionais ao longo da vida. Essa mudança de opinião sobre os fatores que o motivam é imprescindível se o seu objetivo é ter uma vida de felicidade plena.

O fato de poder mudar não significa que as pessoas sejam inteiramente motivadas por fatores diferentes, pois grande parte da nossa motivação vem dos **mesmos** fatores. Como há uma enxurrada de "gurus motivacionais" nos dizendo que cada um é motivado por coisas diferentes, alguém pode começar a ter a perigosa impressão de que é um ser único, distinto de todos os demais deste planeta. Não é o que a ciência diz. Uma série de estudos realizados pelo pesquisador Chip Heath, da Universidade de Stanford, trouxe uma descoberta importante sobre esse tema[24]. Participantes de um programa de MBA foram solicitados a ranquear, de acordo com suas opiniões pessoais, a ordem de importância de oito fatores motivacionais para:

1. Si mesmos.
2. Seus colegas de turma.
3. Gerentes de banco.
4. Atendentes de banco.

Os itens motivacionais eram:

1. Aprender coisas novas.
2. Qualidade dos benefícios.
3. Quantidade de elogios do supervisor.
4. Realizar um trabalho que o faz se sentir bem.
5. Ter estabilidade no trabalho.
6. Alcançar algo que valha a pena.
7. Valor do salário.
8. Desenvolver competências e habilidades.

Como você pode notar, alguns desses itens são motivadores internos (aprender coisas novas, realizar um trabalho que o faz se sentir bem, alcançar algo que valha a pena, desenvolver competências e habilidades), ao passo que os demais são motivadores externos (qualidade dos benefícios, quantidade de elogios do supervisor, ter segurança no trabalho, valor do salário). Para tornar essa atividade ainda melhor, antes de os estudos iniciarem, Heath prometeu um prêmio de US$ 10,00 a todos os alunos se as suas previsões sobre o que motivava os colegas de turma, gerentes e atendentes de banco estivessem corretas em mais de 30% dos casos.

Solicitados a ranquear a importância dos oito itens para **si mesmos**, apenas 22% dos participantes incluíram um motivador externo no topo da lista, porém previram que 32% dos seus colegas de turma, 54% dos gerentes de banco e 85% dos atendentes de banco ranqueariam um motivador externo como **o mais importante** da lista. Veja que interessante: ao serem incentivados a prever como os **atendentes de banco** ranqueariam esses itens, os participantes previram que a ordem de importância dos quatro principais motivadores para esses profissionais seria o salário, a estabilidade, os benefícios e os elogios — os quatro fatores motivacionais externos! Por outro lado, os **próprios atendentes de banco** afirmaram que, para eles, os itens motivadores mais relevantes eram: o desenvolvimento de competências, alcançar algo que valha a pena, aprender coisas novas e a qualidade dos benefícios. Dos quatro principais motivadores, apenas **um** era externo. O estudo mostrou que os alunos do MBA sustentavam uma perspectiva bastante distorcida sobre o que motivava os outros. Apenas 12% dos alunos conseguiram acertar mais que 30% do que motivava os demais.

A pergunta a ser feita é: será que a maioria das pessoas não comete o mesmo erro de avaliação sobre os outros e sobre si mesma? Respeitadas pesquisas revelam que essa tendência em acreditar que nos comportamos de forma **diferente** — e melhor — da maioria é algo comum, devido ao ***viés da unicidade ou da exclusividade***[25]. Esse viés fez os alunos de Chip Heath errarem na avaliação, e o mesmo padrão se manteve quando o pesquisador fez análises similares com atendentes de um banco. As pessoas acreditam que são motivadas por fatores internos, mas que as outras, completamente diferentes delas, são motivadas por fatores **externos**. Você já deve ter ouvido alguém dizer que trabalha pelo **prazer**, mas que seus colegas só o fazem por causa do **dinheiro**! Coincidência? Ao descobrir que essa tendência estava presente em **todos** os seus quatro estudos, Chip Heath a nomeou de ***viés dos incentivos externos***.

Vamos pensar um pouco mais sobre as implicações e consequências do **viés dos incentivos externos** e do **viés da exclusividade** no nosso cotidiano e nos ambientes de trabalho. Se tivermos uma perspectiva **distorcida** sobre o que motiva os outros, poderemos facilmente tomar decisões erradas sobre como lidar com o comportamento dos nossos filhos, cônjuges, funcionários, amigos e familiares. Dentro de uma empresa, a visão equivocada de um gestor sobre o que motiva seus funcionários poderá acarretar planos de incentivos financeiros, participação nos lucros, premiações, cerimônias de reconhecimento e outras estratégias capazes de minar os resultados planejados. E como é exatamente isso o que acontece nos ambientes de trabalho, não é surpresa que uma pesquisa do Gallup tenha revelado que apenas 15% das pessoas são altamente engajadas em seus trabalhos[26].

Por causa desses estudos, e de outros similares, é que avalio como sendo uma das maiores contribuições da ciência para as nossas vidas a noção de que a "bola de cristal", fixada em nossas cabeças, apresenta grandes falhas que podem mudar nosso comportamento e nos levar para o caminho errado na estrada da motivação. Por isso é importante que a jornada para alcançar a motivação ideal seja guiada pela ciência, bem como, que nossos esforços se concentrem nas variáveis **boas da equação**, aquelas que aumentam a **motivação interna**.

A compreensão da motivação também exige saber uma informação importante: **motivação nem sempre é algo bom**. Existem fatores que nos motivam instantaneamente, ao mesmo tempo que pioram o nosso desempenho e diminuem a nossa felicidade no longo prazo. Ao direcionar esforços para as variáveis boas da motivação, além de aumentar a probabilidade em agirmos para atingir nossos desejos, poderemos receber o benefício de ter **mais felicidade** — importante frisar que *poderemos*, porque nem tudo o que motiva nos faz mais felizes.

MOTIVAÇÃO E PERFORMANCE: UMA RELAÇÃO COM DUAS REALIDADES

Você precisa de comida para viver, mas comer em excesso também é prejudicial à saúde. O mesmo vale para a motivação. Para que você tenha uma superperformance em uma tarefa, não há a necessidade de estar supermotivado. Basta que você esteja motivado na **medida certa**. Embora exista uma crença popular de que o aumento na motivação **sempre** resulta em uma melhor performance, isto nem sempre é verdade. E já existem amplos estudos a respeito.

Robert Yerkes e John Dodson fizeram um experimento no qual ratos deveriam escolher entre duas passagens no interior de uma gaiola[27]. Os pesquisadores, aleatoriamente, colocavam um cartão branco em uma das passagens e um preto na outra. Ao atravessar a passagem com o cartão branco, o rato sempre recebia uma recompensa, porém, ao atravessar a passagem com o cartão preto, recebia um choque. Os ratos foram divididos em três grupos: em um deles, os ratos que atravessavam a passagem com o cartão preto recebiam choques leves; no outro, choques intermediários; e no último grupo, choques fortes. Yerkes e Dodson descobriram que, surpreendentemente, os ratos a receberem choques **intermediários** aprendiam mais rápido a evitá-los. Choques fortes ou fracos não motivavam os ratos a mudarem seu comportamento com tanta eficiência. Em seu famoso artigo, publicado em 1908, os pesquisadores concluíram:

> "Contrariamente às nossas expectativas, este conjunto de experimentos não provou que o nível de formação de hábito aumenta com o aumento da força do estímulo elétrico [...] Em vez disso, um nível intermediário de estímulo provou-se mais favorável à aquisição de um hábito [...]"

Dessa forma, Yerkes e Dodson descobriram que a performance de uma pessoa era determinada pelo **nível de excitação**: quanto maior fosse, melhor era seu desempenho. Este estudo pode parecer não ter nada de diferente do que já sabemos; afinal, o conceito de que o aumento na motivação causa melhor performance já é altamente difundido nas empresas e na sociedade. Mas existe aqui um grande problema: este conceito está incompleto!

Yerkes e Dodson concluíram que realmente existe uma relação **positiva** entre a motivação de um indivíduo e a sua performance, **mas somente até certo ponto**. Quando o nível de motivação ultrapassa esse ponto ideal — ou "ótimo" —, a relação com a performance começa a se tornar **negativa**: quanto maior a motivação, pior é o desempenho. Um jogador de futebol **pouco empolgado** nunca conseguirá bater um pênalti com força suficiente, da mesma forma que um jogador **muito empolgado** corre o risco de chutar a bola para a torcida. Para um pênalti preciso, o jogador deve estar com o nível de motivação **ideal**. Este foi o estudo que originou a famosa **curva de Yerkes-Dodson**, ilustrada a seguir:

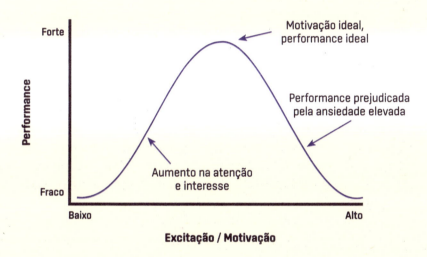

Apesar de essa descoberta ter sua origem há mais de um século, são raras as pessoas e os executivos que a conhecem. Empresas, governos e demais instituições atualmente usam e abusam das recompensas financeiras para aumentar a motivação dos seus funcionários, sem nunca entender por que essa estratégia não resulta na performance esperada. Da mesma forma, essas instituições com frequência usam mecanismos de punição severa na tentativa de melhorar o comportamento dos indivíduos, algo que inúmeros estudos científicos comprovam ser ineficiente.

Uri Gneezy e Aldo Rustichini descobriram que, em certos casos, multas e punições fazem as pessoas **aumentarem** o seu mau comportamento[28]. Parece que o fato de alguém pagar uma multa por infração produz a sensação de livrar-se da culpa, agindo como uma permissão para errar novamente. As evidências científicas de como o dinheiro e a motivação têm uma relação diferente, e muitas vezes contrária, do que as pessoas imaginam são muitas — seja quando tentamos fazê-las se comportar melhor, seja quando tentamos fazê-las deixar de se comportar mal.

O pesquisador Roy Baumeister, da Universidade de Queensland, na Austrália, em uma série de experimentos, descobriu que situações em que as pessoas sentem-se pressionadas a ter uma boa performance — quando podem ganhar dinheiro, por exemplo — fazem com que **aumentem sua atenção** à tarefa, o que causa uma **queda** no desempenho[29]. Ao pedir a um grupo para se manter atento ao movimento das mãos durante uma tarefa que envolvia habilidades motoras, Baumeister constatou que os participantes tiveram **pior** desempenho em comparação ao grupo para o qual a atenção não foi solicitada. O pesquisador também evidenciou que, ao incitar a competição dos participantes uns com os outros, o aumento na pressão fez com que **prestassem mais atenção à tarefa**, o que resultou em **pior** performance. O mesmo resultado se repetiu quando a pressão era exercida com o apoio de um possível ganho financeiro, caso os participantes tivessem uma performance acima da média — o que explica parte dos resultados dos estudos apresentados anteriormente, que usaram valores monetários como um motivador[30].

Da Universidade de Oxford, destaca-se nesse contexto um estudo que analisou Imagens de Ressonância Magnética Funcional (IRMF) para monitorar a atividade cerebral dos participantes durante determinada tarefa. A conclusão a que os pesquisadores chegaram era de que quanto mais motivados estavam os participantes, maior se tornava a atenção dos seus cérebros aos **erros** que cometiam[31]. Podemos assumir, então, que quanto mais importante um objetivo se torna, maior é a atividade cerebral na área responsável pela atenção aos erros cometidos, o que pode **distrair** da tarefa.

Não é segredo para ninguém que o dinheiro é um elemento capaz de motivar as pessoas, mas o que poucos sabem é que ele motiva **demais**, podendo levar a um pior desempenho em uma tarefa. Chegar a um nível elevadíssimo de motivação não resulta apenas na elevação da atenção; outros estudos mostram que pode fazer com que as pessoas involuntariamente pensem na tarefa, passando a tentar "controlar" movimentos que seriam "automáticos"[32]. Nesse sentido, a motivação bloqueia a criatividade, sobretudo quando incentivos financeiros estão envolvidos, e leva as pessoas a se ocuparem com pensamentos sobre como será ótimo ganhar o dinheiro, ou sobre como ficarão decepcionadas consigo mesmas caso não o ganhem, fatores que distraem da tarefa[33]. Além dessas considerações, você ainda descobrirá nesta leitura um dos piores comportamentos reforçados por incentivos financeiros: a trapaça!

Entendeu a razão de afirmarmos que nem tudo o que o motiva faz mais feliz? O dinheiro eleva a motivação, mas esse aumento demasiado causa pior performance e gera comportamentos inadequados, o que consequentemente trará **menos** felicidade.

O CÚMULO DO ACÚMULO

Apesar de a bola de cristal na sua cabeça prever que o materialismo lhe trará felicidade, diversos estudos confirmam existir uma robusta relação **negativa** entre a aquisição constante de bens materiais, o bem-estar e a satisfação com a vida[34]. Muitos cientistas revelam que uma das causas dessa relação é o crescente sentimento de insegurança experimentado pelos materialistas[35]. Isso porque o consumo para o materialista é como uma válvula de escape para a sua ansiedade, insegurança e falta de amigos. Aliás, a falta de amigos é um fator relacionado ao materialismo — estudos demonstram que os materialistas encontram dificuldade em estabelecer relações próximas e avaliam suas relações de amizade como desfavoráveis, além de passarem a se isolar socialmente[36].

Tenho vários amigos que trabalharam por longo tempo em empresas que doutrinavam os funcionários a pensarem que o acúmulo de dinheiro era o único sinal de sucesso. Lembro-me bem de duas ocasiões, quando era executivo — em épocas e empresas distintas —, em que observei circunspectos colegas de trabalho às suas mesas, ocupados com contas. Quando lhes perguntei o que estavam fazendo, ouvi a **mesma** resposta: "Calculando quando conquistarei o meu primeiro milhão". Perceba que o cálculo nunca feito por pessoas como estas é o da **felicidade** que terão quando, enfim, conquistarem esse objetivo. A sua felicidade será eterna? Ou será que, depois de obter o primeiro milhão, elas irão condicionar a sua felicidade à obtenção de dois milhões?

Um dos perigos de condicionar a sua felicidade a uma condição futura é que nossos objetivos estão em **constante mudança**. Você intui que ficará feliz quando atingir certo nível salarial, mas, assim que o atinge, estabelece como novo objetivo atingir um nível salarial ainda maior. Você intui que ficará mais feliz quando comprar uma casa melhor, mas, quando a compra, passa a almejar uma casa ainda maior em um condomínio fechado. Não por acaso, um estudo publicado em 2018, realizado pelos pesquisadores Grant Donnelly e Michael Norton, de Harvard, em conjunto com Tianyi Zheng, da Universidade de Mannheim, analisou a felicidade de 4 mil milionários e evidenciou que, de acordo com as afirmações dos participantes, eles serão perfeitamente felizes apenas quando suas fortunas aumentarem **expressivamente**[37]. Somente 13% da amostra de milionários disse ser possível alcançar a felicidade perfeita com o montante que já possuíam, ao passo que 52% diziam **precisar de aumentos entre 500% e 1.000%** para se considerarem perfeitamente felizes. Estas são as histórias que nenhum livro disposto a ensiná-lo como ser um milionário conta, não é mesmo?

Curioso para conhecer alguns detalhes dessa e de outras pesquisas na área, fui até a Escola de Negócios de Harvard conversar com Grant Donnelly, que me recebeu com muita afabilidade no Frist Faculty Commons, uma das salas para uso dos professores. Com as descobertas que ele, Norton e Zheng realizaram sobre a felicidade dos milionários rodeando meus pensamentos, perguntei a Donnelly o motivo de as pessoas confiarem tanto que o dinheiro lhes trará mais felicidade. Ele me explicou que para as pessoas é importante ter o sentimento de que estão sempre melhorando, constantemente evoluindo. O dinheiro sinaliza essa ascensão de forma simples, pois é fácil de mensurar. Porém poucos têm consciência dos males que medir o sucesso através do dinheiro traz, disse-me Donnelly.

Um desses males é a tendência de o ser humano se **comparar** com os outros[38]. No momento em que você atinge o seu objetivo de poupar um milhão, percebe que um amigo chegou a três milhões e, então, condiciona a sua felicidade ao alcance dessa quantia[39]. Ao obter três milhões, você forma novas amizades com pessoas que guardam cinco milhões na conta e, então, novamente condiciona a sua felicidade à realização desse objetivo. **Essa é uma corrida que você nunca irá ganhar!** Por que os milionários do estudo de Donnelly, Norton e Zheng não se consideram suficientemente ricos? Provavelmente porque os amigos deles têm alguns milhões **a mais** na conta. Isso é bem ilustrado no filme *Wall Street*, quando o ganancioso Gordon Geeko, interpretado por Michael Douglas, é questionado sobre a quantia que quer acumular para ficar satisfeito. A resposta dele? **"Mais!"**.

Olhando por uma perspectiva evolucionária, acumular riquezas faz muito sentido para o ser humano. Para os nossos ancestrais, manter estoque de frutas, sementes, carnes, gorduras e vegetais era fundamental para a sobrevivência. Em uma época na qual os indivíduos viviam sob a incerteza de ter o que comer, esse hábito de acumular o máximo possível de "riquezas" sem dúvida contribuiu para a prosperidade da nossa espécie. Porém, nos dias de hoje, não faz sentido algum acumularmos riquezas que **nunca teremos o prazer de consumir**.

Nós saímos de uma realidade primitiva de escassez para uma realidade moderna de abundância e, apesar de podermos ser imensamente felizes em uma vida com recursos **suficientes**, a nossa raiz primitiva continua no comando, nos direcionando a uma busca incessante pelo acúmulo. Essa busca, porém, gera um prejuízo que ainda não conseguimos estimar. Muitas pessoas têm vidas espetaculares — recebem um salário digno que paga todas as suas contas, não devem dinheiro para ninguém, têm carro, casa, boas roupas, alimentação equilibrada, momentos de lazer e bons relacionamentos — e mesmo assim, elas têm vergonha desta vida. O fato de não dirigirem o carro da moda, possuírem o modelo mais moderno de smartphone ou poderem tirar férias na Europa — definições de sucesso impostas pela sociedade — faz com que elas avaliem sua satisfação com a vida de forma equivocada. É importante que essas pessoas saibam que não existe vergonha em ter uma vida simples, humilde e honesta. Aliás, sucesso verdadeiro é escolher ter este tipo de vida, mesmo quando se têm a possibilidade de esbanjar.

A comparação social que fazemos quando o objetivo central da nossa vida é acumular dinheiro e bens não está restrita apenas àqueles que conhecemos. Em uma série de estudos, Joseph Sirgy, H. Lee Meadow e Don Rahtz concluíram que pessoas que assistem à televisão com frequência mostram-se menos satisfeitas com suas existências[40], pois passam a se comparar com os personagens de novelas, séries e filmes, avaliando suas vidas de forma menos favorável. E como a maioria dos espectadores não pode ter os carros, as roupas, os corpos, os jantares, as joias, as viagens, os amantes e as casas presentes nos programas televisivos, a sensação é de que as suas vidas não são tão boas assim, pela simples razão de estarem usando como padrão de comparação realidades que são a **exceção**.

Como consultor, costumo atender algumas empresas do mercado de luxo e, nas minhas conversas com seus funcionários, é comum ouvi-los afirmar que não estão satisfeitos com seus salários. Como você pode imaginar, funcionários de empresas desse mercado ganham valores infinitamente maiores do que a maioria da população, usam roupas de grifes consagradas e dirigem carros de marca. Mesmo assim, nada disso lhes é suficiente. Por quê? Provavelmente porque todos os dias atendem clientes que dirigem Ferraris, vestem roupas ainda mais caras do que as deles, têm casas em Áspen e gastam milhões em uma única compra. O contato frequente com pessoas que vivem a exceção faz com que a perspectiva financeira desses funcionários se baseie em uma realidade distorcida.

As mídias sociais têm forte papel em reforçar ainda mais essas comparações, o que torna mais críticas as consequências. Muitas pessoas tentam

compensar as desigualdades de padrão de vida adquirindo bens materiais que lhes concedam *status*, a fim de diminuir essas diferenças e provar a si mesmas o seu valor. Foi exatamente isso o que concluiu uma série de estudos conduzida por pesquisadores alemães: jogadores de tênis inexperientes compensavam sua baixa performance usando roupas de marcas mais caras; e estudantes de Direito, levados a perceber terem pouca experiência, compensavam a falta de qualidade de seus currículos dizendo que passaram suas últimas férias em um local de prestígio[41]. Quando isso acontece, algo mais grave atinge essas pessoas: elas gastam um valor que não possuem. E por não terem crédito que lhes permita suprir essas despesas, a situação piora exponencialmente: algumas adquirem bens falsificados para tentar ganhar e/ou manter seu *status*. Nesse momento, como se não fosse suficiente, consequências **infinitamente** mais preocupantes ocorrem — e dessa vez ilustrarei com um experimento científico.

COMPRANDO A TRAPAÇA

O ser humano tem uma relação curiosa com bens de luxo; tanto que aqueles que não podem pagar por esses itens costumam recorrer à opção de adquirir réplicas de relógios, bolsas e roupas de grife. Todos os dias, em torno de 400 mil pessoas visitam a região da rua 25 de Março, em São Paulo, à procura de falsificações de bolsas Louis Vuitton, relógios Rolex e calças Diesel. Os consumidores desses produtos, influenciados por novelas, revistas de moda e demais mídias que sustentam o consumismo, geralmente acreditam que ostentar uma marca luxuosa, mesmo que não seja original, lhes proporcionará felicidade, autoestima e, especialmente, o reconhecimento dos outros — comportamento que a psicologia denomina ***autossinalização***[42]. O objetivo de uma pessoa ao usar uma réplica é mostrar para seus amigos, colegas de trabalho e família que está **bem de vida**, que tem sucesso e bom gosto. Mas o que essa pessoa ignora é o efeito que esses itens falsificados geram em seu comportamento.

Francesca Gino e Michael Norton, da Escola de Negócios de Harvard, junto com Dan Ariely, da Universidade Duke, impressionaram-se com suas descobertas em um experimento realizado em 2010[43]. Nesse estudo, os pesquisadores compraram diversos óculos originais da grife francesa Chloé e pediram aos alunos de uma universidade para testá-los durante algum tempo. Em seguida, ainda usando os óculos, os alunos foram chamados a fazer uma série de testes nos quais estaria exposta a oportunidade de trapacear, obtendo uma vantagem financeira. O truque foi o seguinte: a um grupo foi mencionado que os óculos eram verdadeiros; a outro, que eram **falsos**; e ao grupo de controle nada foi esclarecido sobre a procedência dos óculos. Convém informar algo importante a respeito da coleta de dados: os pesquisadores desenvolveram meios de descobrir se os participantes haviam trapaceado ou não, colocando neles uma identificação imperceptível em cada teste.

Vamos aos resultados: 42% do grupo de controle — único não informado sobre a autenticidade dos óculos — e 30% das pessoas informadas de que os óculos eram verdadeiros *trapacearam*. Considerando que essa diferença não foi estatisticamente significativa, descartou-se a hipótese de que se comportariam **mais eticamente** os participantes devidamente informados sobre os óculos serem legítimos. E aqueles que usaram óculos "falsos", como se comportaram? Mais de 70% deles trapacearam! Isso significa que o simples fato de uma pessoa **se sentir falsa** ao usar um objeto falsificado faz com que mude o seu comportamento e as suas chances de agir de forma antiética aumentem. Estou certo de que nem você nem as pessoas a usarem produtos falsificados têm consciência das consequências que essa escolha traz.

DINHEIRO, INDIVIDUALISMO E DESONESTIDADE

Em novembro de 2006, a renomada revista científica *Science* publicou um artigo muito interessante. Nele, pesquisadoras da Universidade de Minnesota, Universidade Estadual da Flórida e Universidade da Colúmbia Britânica realizaram nove experimentos nos quais os participantes foram estimulados com "dinheiro" — a utilização das aspas indica que, na verdade, o "dinheiro" oferecido aos participantes **não era real**[44]. Em alguns experimentos os participantes ordenaram sequências de palavras para que se tornassem frases, sendo que os grupos estimulados com "dinheiro" recebiam palavras que os **lembravam de dinheiro**, enquanto os outros grupos ordenavam palavras neutras. As condições dos demais experimentos eram similares: os participantes eram incentivados com **dinheiro de um jogo de tabuleiro**, ou deveriam realizar uma tarefa posicionados de frente para uma parede onde estava um **quadro com desenho de notas de dinheiro**, ou eram solicitados a realizar uma tarefa em um computador cuja tela de descanso era **uma animação feita com dinheiro**, ou eram solicitados a ler em voz alta uma redação sobre **crescer tendo uma vida com dinheiro abundante**, ou ainda eram estimulados a imaginar uma **vida com**

muito dinheiro. Os outros grupos dos experimentos realizavam tarefas **sem** esse "incentivo", recebendo estímulos moderados ou neutros. O que aconteceu foi alarmante!

Nos mais diversos experimentos, estímulos com "dinheiro" fizeram os participantes demorarem mais tempo para pedir **ajuda** em uma tarefa difícil, passarem **menos** tempo ajudando e dando explicações a um colega durante o trabalho, estarem **menos** dispostos a ajudar alguém que sofreu um pequeno acidente, doarem **menos** dinheiro para estudantes bolsistas, sentarem-se **mais longe** dos colegas, escolherem experiências **individuais** em vez de experiências em que várias pessoas poderiam se divertir e, finalmente, optarem por trabalhar **sozinhos** em uma tarefa, evitando fazê-la em grupo.

No mundo corporativo, executivos gostam de adotar discursos que enfatizam como em suas empresas o **trabalho em equipe** é um dos comportamentos mais valorizados, enquanto pagam comissões, bônus, prêmios e participação nos lucros para os funcionários. Nos ambientes invadidos pelos modismos do **pagamento por performance** e da **meritocracia** — na qual os indivíduos são pagos, promovidos ou demitidos de acordo com a sua performance **individual** —, o trabalho em equipe torna-se praticamente impossível. As autoras do artigo, Kathleen Vohs, Nicole Mead e Miranda Goode, afirmaram que o dinheiro proporciona às pessoas a sensação de independência, de que podem alcançar seus objetivos sem a ajuda dos outros — o que explica, de forma mais clara, as consequências negativas das políticas de meritocracia individual. Além disso, o conceito de meritocracia dentro de uma empresa, apesar de belo no discurso, falha miseravelmente na prática. Em ambientes de trabalho cada vez mais complexos, dificilmente o desempenho de um funcionário depende apenas da sua dedicação e do seu esforço. Não que esses fatores não sejam importantes, mas hoje a performance de um funcionário depende muito mais de **fatores que fogem ao seu controle*** do que de outros que dependem exclusivamente da sua **força de vontade**. Está mais do que na hora de as empresas começarem a equilibrar seus discursos com suas ações. Mérito se conquista em grupo, não individualmente.

---

* Estado da economia, qualidade dos produtos e serviços da empresa, condições de pagamento, logística, política de crédito, avanços tecnológicos, eficiência de outros setores da empresa, clima, preço, movimentação dos concorrentes, estilo da liderança, ambiente organizacional, política de remuneração, formulação das metas, ajuda dos colegas de trabalho, entre outros fatores.

Se apenas **pensar** em dinheiro já produz comportamentos inadequados, **ver** uma grande quantidade dele resulta em consequências ainda mais graves. Pesquisadores de Harvard e da Universidade de Washington realizaram um estudo no qual, **antes** de realizar uma tarefa, um grupo de participantes visualizava um maço de notas que somavam US$ 24, e outro grupo visualizava US$ 7 mil em vários maços. O resultado foi que 85,2% das pessoas do grupo que visualizou uma grande quantidade de dinheiro trapacearam na tarefa, contra apenas 38,5% do grupo que viu uma pequena quantidade de dinheiro. Além disso, a **magnitude** das trapaças também foi diferente em ambas as condições: 80% do grupo que viu US$ 7 mil trapaceou em **alto nível**, ao passo que somente 26% do outro grupo se engajou nesse comportamento[45].

UMA BRINCADEIRA PERIGOSA

Em um estudo ainda não publicado, Paul Piff, professor da Universidade da Califórnia em Irvine, criou uma situação similar à do experimento anterior, orientando dois alunos a rivalizarem em uma partida do jogo de tabuleiro Monopoly[46]. Depois de tirar cara ou coroa, um deles ganhava US$ 2 mil na largada com um bônus adicional de US$ 200,00 a cada volta no tabuleiro, enquanto o outro recebia US$ 1 mil no início, e o bônus a cada volta era de US$ 100,00. O aluno na condição "rica" podia jogar dois dados, assim andando mais rápido no tabuleiro; o outro podia jogar apenas um dado. Para melhorar a situação, o aluno "rico" ganhava a miniatura de um Rolls-Royce para ser o seu veículo no jogo. O resultado foi que, em diversas rodadas, analisando mais de 200 pessoas, os participantes colocados na condição privilegiada agiam de forma mais agressiva do que os do outro grupo: moviam suas peças fazendo mais barulho, usavam posturas expansivas e de poder, constantemente afirmavam ao outro participante que tinham muito dinheiro e passavam a ser rudes e a desprezar os participantes "pobres", evitando o contato visual.

Essa conclusão não foi apenas dos cientistas; um grupo de pessoas sem conhecimento prévio do estudo também avaliou os jogadores "ricos" como agressivos, rudes e competitivos. Piff e seus colegas propositalmente colocaram uma tigela com *pretzels* na mesa do jogo — e sim, os participantes que mais comeram foram os "ricos". É interessante notar que mesmo sabendo estarem em uma condição "rica" por pura **sorte**, momentos depois de o jogo ter início, esses participantes mudavam o seu comportamento de forma radical — apesar de a sua riqueza ser composta por **dinheiro de brinquedo**! Da mesma forma, esses jogadores reportaram mais tarde aos pesquisadores a sua opinião de que eram merecedores do seu sucesso no jogo, demostrando orgulho de suas estratégias para vencê-lo, não levando sequer em conta a enorme vantagem que conquistaram sobre os outros jogadores por pura sorte no cara ou coroa.

Vantagens financeiras geram uma falsa percepção de **competência**, a ponto de fazer com que as pessoas se esqueçam de fatos relevantes, como o de que o jogo era claramente **manipulado** para que os participantes com benefícios vencessem. E na empresa onde você trabalha? Será que pagar incentivos financeiros para os funcionários não produz neles o mesmo sentimento de que são extremamente competentes e **não precisam dos outros** para ter sucesso? Será que pagar incentivos financeiros não promoverá nas pessoas comportamentos antissociais, em vez de pró-sociais? E quanto aos pais que dão incentivos financeiros aos filhos após uma boa nota em uma prova? Será que não estão causando nas crianças as mesmas sensações e tirando delas a motivação interna, podendo transformá-las em adultas individualistas, antissociais e capazes de trabalhar apenas para ganhar dinheiro?

Estes foram alguns dos tópicos da minha eletrizante conversa com Paul Piff nas belas instalações da Universidade da Califórnia, em Irvine.

> "Aqueles que alcançam o sucesso financeiro passam a ter mais autonomia, sentem que dependem menos dos outros e esquecem que seus resultados foram construídos com a ajuda de muita gente. Assim, eles começam a acreditar que o sucesso financeiro depende somente do esforço individual; por isso os ricos começam a assumir que aqueles que não têm dinheiro são pobres por sua própria culpa, pois não querem trabalhar", disse Piff, de forma brilhante. "Pais que têm o costume de premiar os filhos após uma boa nota, ou que permitem que eles comam uma sobremesa somente depois de terminarem a salada, mandam o recado direto de que estudar ou comer salada deve ser algo muito desagradável, já que precisam ganhar um prêmio para realizar tais tarefas", concluiu.

E este é o mesmo recado que as empresas mandam aos seus funcionários quando oferecem incentivos financeiros à realização de uma tarefa. "Este trabalho deve ser tão ruim que eles têm de me pagar um bônus para que eu o realize", devem pensar.

Em 2012, Piff já havia chocado a comunidade acadêmica com seu artigo *Higher social class predicts increased unethical behavior* (Alta classe social prevê aumento de comportamento antiético, em tradução livre), cuja fama também alcançou as manchetes de diversos veículos de comunicação[47]. Nesse artigo, Piff e um grupo de pesquisadores realizaram sete estudos para analisar as mudanças de comportamento causadas pelo dinheiro, descobrindo que indivíduos com carros de luxo apresentavam uma maior probabilidade de cortar a frente de outros motoristas em um cruzamento e menor probabilidade de dar a preferência para pedestres atravessarem a rua na faixa. Indivíduos de alta classe social também tinham maior tendência a tomar decisões antiéticas, maior chance de apanhar doces de um pote reservado a crianças, maior probabilidade de mentir e apresentar comportamentos gananciosos.

Outra descoberta importante dos pesquisadores foi que, quando indivíduos de classe social mais baixa eram incentivados a pensar na ganância como algo positivo, eles apresentavam uma tendência de trapacear tão grande quanto a dos mais ricos. Isso significa que **ambas** as classes sociais têm chances de se engajarem em comportamentos antiéticos, mas como o estudo de Piff descobriu que aqueles de classe social elevada é que apresentam uma tendência maior de serem gananciosos, as chances de eles apresentarem esses comportamentos descritos crescem significativamente.

É tentador concluir neste momento que **todos** os ricos se comportam mal e são desonestos, sobretudo porque as situações mostradas ajudam a lembrar **somente** momentos em que se sentiu maltratado por gente mais rica, porém essa não é a verdade absoluta. "Nem todos os milionários agem como idiotas", afirmou Piff durante a nossa conversa na Califórnia. Já ouvimos falar de pessoas riquíssimas com comportamentos muito positivos, portanto o principal aprendizado desse estudo é que devemos nos manter alertas aos comportamentos a que somos **conduzidos** quando dispomos de um pouco mais de dinheiro.

Os estudos realizados por Piff confirmam mais um comportamento preocupante que outros pesquisadores já haviam relatado alguns anos antes: pessoas de classe social mais elevada são **piores** em ler as emoções dos outros[48]. Os coautores desse estudo, Dacher Keltner e Michael Kraus, da Universidade da Califórnia em Berkeley, descobriram que as pessoas, em situações nas quais são levadas a se enxergarem como mais ricas, passam a ter **menos empatia** pelas demais. Os pesquisadores explicam que, quando alguém vive em uma situação menos favorecida, ele **precisa dos outros** para tomar decisões, o que aumenta a sua empatia e fortalece os seus laços sociais.

Durante nossa longa conversa, Piff me disse que os ricos começam a enxergar apenas o seu próprio mundo como a realidade, por isso sentem dificuldade em se colocar no lugar dos outros. Assim, os ricos passam a ser mais mal-educados, o que piora suas interações sociais e os afasta de seus amigos e família. No mundo corporativo não é diferente. Jamil Zaki, diretor do Laboratório de Neurociência Social da Universidade de Stanford, em uma entrevista à revista americana *Time*, afirmou que quando o emprego de um funcionário depende de sua habilidade em ler se o seu chefe está bravo, ele se torna **melhor** em ler os sentimentos do chefe[49]. Por outro lado, por causa da sensação de independência causada pelo dinheiro e poder, o chefe se torna **pior** em ler os sentimentos do funcionário — uma situação bastante comum nos ambientes de trabalho.

Dacher Keltner conhece com propriedade essa relação entre poder e empatia no trabalho. Em um dos seus estudos mais famosos, conhecido como "O experimento do cookie", Keltner formou grupos de três integrantes e aleatoriamente escolheu uma pessoa de cada um para se tornar o "chefe" dos outros dois colegas. Seu objetivo era avaliar o quão bem estavam trabalhando[50]. No meio do experimento, a equipe de Keltner entregou um prato com cinco deliciosos cookies para cada trio. Quais pessoas dos grupos se sentiam mais à vontade em pegar um **segundo cookie**? Aquelas que **receberam** o cargo de liderança! Além disso, o "chefe" também demonstrava comportamentos relacionados com a falta de empatia, como mastigar de boca aberta e espalhar migalhas de cookie sem se importar.

Infelizmente, apenas uma pequena parcela de empresas está disposta a fazer mudanças estratégicas nos estilos de incentivos que oferecem aos seus funcionários. E quando os incentivos não trazem os resultados planejados, muitas atribuem a culpa às **pessoas**, acusando-as de estarem em sua zona de conforto. A verdade é que muitas empresas deveriam começar a perceber que quem ocupa essa posição **são elas mesmas**. Afinal, se todas as empresas seguem a **mesma** estratégia de ofertar incentivos financeiros aos funcionários, estas organizações são verdadeiramente diferenciadas? Realmente "pensam fora da caixa"? Ou será que estão na sua **zona de conforto estratégico**? Ao ponderar melhor sobre as consequências causadas pelos incentivos financeiros e diminuí-los bruscamente, ou eliminá-los dos ambientes de trabalho, as empresas passarão a seguir um caminho de maior satisfação, engajamento, motivação, felicidade e, é claro, de melhores resultados.

Além de todos os malefícios provocados por ter objetivos de vida que priorizam o sucesso financeiro e material, a busca por essa modalidade de sucesso ainda ativa o **principal inimigo da nossa felicidade**. E para apresentá-lo a esse inimigo, gostaria de lhe fazer uma pergunta: você se lembra da penúltima camisa que comprou?

A ADAPTAÇÃO HEDÔNICA

Conseguiu lembrar-se da camisa ou sentiu dificuldade? Muito bem, vou lhe dar outra chance: você se lembra do penúltimo sapato que adquiriu? Aposto que essa também foi difícil, mas não se preocupe, você não é exceção! Muitos têm dificuldade em lembrar-se de suas últimas aquisições materiais. Isso se deve a um fenômeno chamado **adaptação hedônica**, a capacidade natural de o ser humano se adaptar tanto a situações positivas quanto a situações negativas[51]. A adaptação hedônica vem sendo estudada há décadas por cientistas em todo o mundo, e as descobertas realizadas a respeito desse fenômeno são de grande valor para nós.

Uma delas, feita em 1978, foi publicada em um artigo no mínimo intrigante pelos pesquisadores Ronnie Janoff-Bulman, da Universidade de Massachusetts, Phillip Brickman e Dan Coates, da Universidade Northwestern, no *Journal of Personality and Social Psychology*[52]. Com o intuito de avaliar as perspectivas de felicidade de um grupo de 22 ganhadores na loteria e de 29 vítimas de acidentes, paraplégicas ou tetraplégicas, os cientistas pediram para que cada participante indicasse, em uma escala de 0 a 5, quão felizes seriam no futuro. As vítimas de acidente alcançaram uma pontuação média de 4,32, enquanto os ganhadores na loteria atingiram uma pontuação de 4,20. Os pesquisadores também pediram aos participantes que pontuassem, dentro da mesma escala, o prazer que sentiam ao praticar atividades cotidianas: conversar com um amigo, assistir à televisão, tomar café da manhã, escutar uma piada engraçada, receber um elogio, ler uma revista e comprar roupas. As vítimas de acidente alcançaram uma pontuação de 3,48, enquanto os ganhadores na loteria tiveram uma média de 3,33. Ambas as diferenças foram **estatisticamente não significativas**, o que levou os pesquisadores à surpreendente conclusão de que **ganhar na loteria ou ficar paralítico não causa impacto algum na nossa felicidade futura**. É curioso notar que quando os pesquisadores questionaram os participantes sobre quão felizes eram no presente, a avaliação dos paralíticos foi de 2,96 — ainda acima da média em uma escala de 0 a 5.

Nessa mesma perspectiva, outros pesquisadores já descobriram que, apesar de as pessoas casadas serem significativamente mais felizes do que as solteiras, o aumento na felicidade do casal volta ao seu nível normal após alguns anos de casamento[53]. Da mesma forma, aqueles que passaram por um procedimento cirúrgico estético sentem-se mais felizes, mas por um curto período[54]. Contrariamente ao que muitos pensam, moradores de cidades mais quentes são tão felizes quanto quem vive em cidades mais frias[55]. Como é possível que a maioria das pessoas, logo após uma grande mudança nas circunstâncias de suas vidas, voltem aos seus níveis iniciais de felicidade? Graças à adaptação hedônica! É por causa dessa adaptação que a sua felicidade evolui por alguns meses ao ganhar um aumento de salário, mas tão logo você se **adapte** à nova remuneração, a sua felicidade retorna ao nível normal. É por causa dela que você compra uma peça de roupa e fica automaticamente mais feliz, mas depois de algumas semanas se **acostuma** com a nova aquisição, e a sua felicidade volta a ser como era antes. É a adaptação hedônica que faz com que, após comprar o carro dos seus sonhos e desfrutar de um prazer incrível ao dirigi-lo por alguns meses, aos poucos ele se torna apenas a forma como você chega ao trabalho. É por esse motivo que o nível de riqueza de uma pessoa não importa — ela sempre irá se adaptar ao que possui e buscará **mais.** Em um dos episódios da série *Two and a half man*, após descobrir que uma linda mulher foi traída pelo marido, o personagem Alan Harper pergunta ao irmão Charlie o motivo que leva um homem a fazer isso. A resposta de Charlie foi simples: "Para cada mulher bonita no mundo existe um homem cansado de transar com ela". A má notícia para Charlie é que a adaptação hedônica acontece também com as mulheres...

Esse fenômeno, como afirmei, ocorre tanto para eventos positivos como negativos. Perder o emprego, mudar-se para uma casa menor ou divorciar-se, depois de um tempo, passa a não ser uma situação **tão** ruim. Em casos mais extremos, como o falecimento de um ente querido ou de um cônjuge, é comum as pessoas passarem a avaliar esses eventos de forma positiva após um período — fenômeno chamado de ***crescimento pós-traumático***, algo que também ocorre em situações nas quais a pessoa esteve à beira da morte (sobreviveu a um infarto, a um câncer, a um grave acidente de carro, a um sequestro...)[56].

Experiências negativas são inevitáveis para todos nós, e essa capacidade de adaptação é a certeza de que, não importa quanto tempo demore, em algum momento iremos superar a maioria delas. É indiscutível que eventos negativos nos impactam, mas devemos saber que esse impacto dura **menos** tempo do que costumamos crer. Da mesma forma, é um equívoco acreditar que o impacto de situações positivas durará muito — nós também nos **acostumamos** a elas.

OS PREJUÍZOS DA RIQUEZA

Vejamos agora o que acontece com indivíduos muito ligados ao consumismo e ao acúmulo de dinheiro quando há a adaptação hedônica. Cientistas descobriram que pessoas com esses valores são as que reportam mais insatisfação com suas vidas, além de sofrerem mais de depressão, ansiedade e estresse[57]. Isso porque, ao supervalorizarem dinheiro, roupas, carros ou joias, as pessoas acabam se adaptando **cada vez mais rápido** a esses bens, e assim passam a precisar de mais bens para alcançar seus níveis normais de felicidade — algo denominado pelos psicólogos de **esteira hedônica**[58]. Se pessoas que se importam demasiadamente com bens de consumo se acostumam cada vez mais rápido a tê-los, passando a depender de doses **maiores** deles para alcançar o **mesmo efeito** em sua felicidade, podemos concluir que a esteira hedônica gera comportamento semelhante a usuários de drogas! Ao longo do tempo, valorizar dinheiro e bens materiais torna-se um vício difícil de largar e, além de provocar na saúde essas consequências extremamente negativas, pode levar ao endividamento — justamente a situação inversa aos desejos dessas pessoas. Não por acaso um "hedonista" é definido como alguém que se importa somente com o prazer imediato, mesmo que resulte em péssimas consequências futuras.

Portanto, saiba bem qual é o tipo de felicidade que você quer buscar para a sua vida, pois quanto mais hedonistas somos, valorizando dinheiro e bens materiais, mais rápido a esteira hedônica começa a rodar. Você pode até ter o sentimento de estar seguindo em frente, mas a sua felicidade se mantém parada no mesmo lugar!

Por mais que bens materiais e dinheiro gerem apenas felicidade momentânea, a mídia e o mundo corporativo insistem em enviar a mensagem de que você não será feliz até se tornar rico, ter a sua própria sala na empresa, ganhar prêmios, comprar o modelo mais recente de *smartphone*, adquirir o carro do ano, usar os mesmos produtos de beleza das estrelas de Hollywood ou vestir aquela roupa assinada por um estilista italiano. Isso acontece porque a mídia não está no mercado da felicidade, e sim no mercado de **vender anúncios**. Da mesma forma, grande parte do mundo corporativo está no mercado de gerar o máximo de lucro para os acionistas, conquistado através da cultura de sacrifício da felicidade presente de seus executivos a favor do sucesso financeiro e do poder no futuro.

Como pode perceber, muitos têm uma compreensão equivocada sobre o que gera motivação. O mesmo acontece com a felicidade.

O QUE É FELICIDADE?

Se a motivação nos faz **agir**, a felicidade é o **prazer** que sentimos antes, durante e/ou depois de agirmos. É a satisfação que experimentamos ao realizar uma atividade, principalmente quando mobiliza os nossos pontos fortes[59]. Quando nos achamos motivados internamente e realizamos uma atividade que demanda nossos pontos fortes, alcançamos um estado de bom humor, passamos a sentir que a vida vale a pena e a entender que o trabalho que desenvolvemos trará algum benefício maior do que conseguimos enxergar no momento. E é exatamente esse o significado da palavra "felicidade" em diversas línguas: uma combinação de bom humor, vida boa e o sentimento de propósito.

Assim como a motivação é medida por meio de inúmeras variáveis, a felicidade é um constructo. Portanto, se fôssemos transformar a felicidade em uma fórmula, teríamos:

Um dos maiores erros ao se definir a felicidade é acreditar ser apenas um **sentimento** ou o **resultado** de se alcançar um objetivo. Mais adiante você irá descobrir que a felicidade é bem diferente disso. Outro equívoco é classificar a **tristeza** como o inverso da felicidade quando, na verdade, este é a **apatia**. O sentimento de tristeza pode ser encarado como benéfico em certas situações, uma vez que pode nos motivar a realizar mudanças necessárias. Mas a **apatia**, ao contrário, nos paralisa, nos impede de agir — comportamentos gerados pela ausência de alegria no dia a dia.

A nossa jornada pela ciência da felicidade mostrará que muitas vezes você investe em atividades que, embora não sejam prazerosas no momento, são fundamentais para a construção desse sentimento no longo prazo. A essa felicidade, conquistada no longo prazo, chamamos de **felicidade eudaimônica**. O contrário dela é a **felicidade hedônica**, conquistada no curto prazo e capaz de gerar consequências extremamente negativas para a sua vida. A felicidade hedônica é alcançada facilmente ao se comer uma barra de chocolate, apostar em jogos de azar, consumir bebida alcóolica e, em casos mais extremos, usar drogas ilícitas. Mas quais seriam as verdadeiras consequências dessas ações? Por esse motivo, um dos objetivos deste livro ensiná-lo a conquistar a **felicidade eudaimônica**.

POR QUE É IMPORTANTE SER FELIZ?

É fácil entender os motivos pelos quais você deve cuidar da sua motivação diária, mas qual é a vantagem de ser feliz? Ao contrário do que muita gente pensa, a felicidade não é o **resultado** de se alcançar o sucesso, e sim uma das **causas** dele. É isso mesmo: o sucesso acontece no **futuro** para quem está feliz **agora**. **A felicidade é a causa do sucesso.**

Essa revelação advém de um trabalho realizado por Sonja Lyubomirsky, da Universidade da Califórnia em Riverside, Ed Diener, da Universidade de Illinois, e Laura King, da Universidade do Missouri — pesquisadores extremamente influentes na ciência da felicidade[60]. Este não foi um estudo qualquer, tratou-se de uma **metanálise**. Um único estudo científico pode apresentar resultados anômalos, porém, quando cientistas realizam uma metanálise, ou seja, "um estudo dos estudos", a confiabilidade das suas conclusões passa a ser muito elevada. E a conclusão a que Lyubomirsky e seus colegas chegaram após explorar 225 estudos que somavam uma amostra de mais de 275 mil pessoas foi:

> **Pessoas felizes apresentam mais chances de ter ótimas relações de amizade, excelentes relacionamentos conjugais, salários maiores, melhor desempenho no trabalho, mais criatividade, saúde, otimismo, energia e altruísmo do que aquelas que vivenciam emoções positivas com menos frequência.**

Para que você reconheça quão robusta é essa relação entre felicidade e performance no ambiente de trabalho, a referida metanálise revelou que **funcionários felizes são, em média, 31% mais produtivos, vendem 37% a mais e são três vezes mais criativos**. Pessoas felizes também acabam conquistando salários maiores no futuro, de acordo com um estudo que analisou a felicidade de calouros universitários e descobriu que sua felicidade no início da vida acadêmica apresentava uma correlação positiva com os seus salários **16 anos mais tarde**[61].

Além disso, um surpreendente estudo realizado em 2015, que analisou as conexões neurais de 461 participantes depois de responderem a diversos testes que mediam seus níveis de satisfação com a vida, renda, educação, memória e características de personalidade, concluiu que o **cérebro das pessoas com um estilo de vida e comportamentos mais positivos apresentava conexões mais fortes entre as áreas cerebrais relacionadas com a memória, linguagem, imaginação e empatia, a capacidade de entender seus sentimentos e os das outras pessoas**, o que lhes proporcionava grandes vantagens[62].

Infelizmente a crença popular é de que, para ser feliz no futuro, você deve sacrificar a sua felicidade atual — algo que fará com que você não atinja o seu objetivo principal na vida, pelo simples fato de que **o seu sucesso futuro é a consequência da sua felicidade presente**. É por causa dessa crença equivocada sobre o presente envolver sacrifícios que você começa a dedicar **menos** tempo às atividades que o deixariam mais feliz hoje e no futuro. Muitos passam grande parte do dia em um emprego que não proporciona satisfação alguma, trabalhando até tarde da noite, aguentando chefes mal preparados e colegas de trabalho tóxicos, apenas para corresponder à crença de que para ser feliz no futuro é preciso sofrer antes. O que acontece, no entanto, é que quando você sacrifica a sua felicidade no presente ou a condiciona a alguma realização, abre mão do combustível que o faria alcançar os seus objetivos com mais facilidade.

Pergunte a todos que encontrar por aí qual o objetivo principal deles na vida e, com algumas exceções, a resposta será a mesma: **"Eu quero ser feliz!"**. Tal Ben-Shahar, ex-professor da Universidade de Harvard, define a felicidade como a **moeda mais valiosa do mundo**[63]. Você quer ganhar mais dinheiro para ficar mais feliz, quer casar para ficar mais feliz, quer ser promovido para ficar mais feliz, quer ter filhos para ficar mais feliz. Mas, apesar de a felicidade ser a meta mais importante das nossas vidas, diariamente tomamos decisões que a **contrariam**.

Apesar disso, nos últimos anos, muitos começaram a se conscientizar da nossa falta de conhecimento sobre o que verdadeiramente é a felicidade e como devemos construí-la. A boa notícia é que essa busca por melhor compreender a felicidade está começando cada vez mais cedo, algo que podemos notar ao saber que a disciplina sobre a ciência da felicidade se tornou o curso mais popular de Harvard em 2006[64] e, então, o mais popular de Yale em 2018, atingindo quase

25% dos estudantes da graduação[65]. Esses alunos sentem que nem mesmo todas as suas posses são suficientes para deixá-los felizes, que algo está faltando em suas vidas, que algum direcionamento é necessário. Estranho? Nem um pouco! Muitos de nós, em algum momento, experimentaremos esse mesmo sentimento de que, apesar do que possuímos, nossas vidas não estão completas. E quanto mais cedo você tiver esse sentimento, menos tempo desperdiçará com objetivos que jogam contra o seu bem-estar e, consequentemente, mais tempo você terá para investir na sua felicidade autêntica.

Porém, do mesmo modo que nem todos os fatores que o motivam o tornam mais feliz, **nem tudo que o deixa feliz pode motivá-lo**. Saber quais fatores aumentam a sua felicidade, sem prejuízo para a sua motivação, é de crucial importância para você ter mais sucesso na vida pessoal e profissional.

Apesar de a felicidade eudaimônica e a felicidade hedônica serem completamente diferentes, elas se constroem de forma igual.

FELICIDADE DIÁRIA X FELICIDADE NA VIDA

A pesquisa de Kahneman e Deaton sobre a relação entre dinheiro e felicidade analisou os níveis de **felicidade diária** por uma simples razão. Ocorre que, tempos atrás, para descobrir o que proporcionava bem-estar aos indivíduos, o trabalho de pesquisa deveria ser realizado acompanhando-os durante anos. Atualmente, embora se tenha descoberto que melhores condições de saúde ou aumentos de renda geram bem-estar, o que começou a atrair a atenção de cientistas foi o fato de que uma boa saúde ou boa situação financeira é construída dia após dia. Levando em conta que acompanhar durante anos o bem-estar dos indivíduos custa caro para as instituições que investem em estudos científicos e que, ao contrário, acompanhar seu bem-estar **diário** custa cada vez menos, as conclusões sobre o que verdadeiramente gera felicidade e motivação na vida mudam drasticamente quando deixamos de analisar uma sequência de anos e passamos a analisar a experiência diária — o que pode revelar fatos importantes sobre as melhores decisões a tomar.

Kahneman e Deaton descobriram que, apesar de seu bem-estar aumentar ao longo dos anos com incrementos de renda, esses não melhoraram a sua experiência **diária**[66]. É curioso notar que, assim como o conceito de felicidade da maioria das pessoas é baseado em conquistas de longo prazo, elas abrem mão da sua felicidade diária por conta dessas conquistas. É comum ouvirmos indivíduos dizendo que serão felizes **quando** mudarem de bairro, **quando** ganharem na Mega-Sena, **quando** conseguirem comprar o carro de seus sonhos, **quando** forem promovidos, **quando** tiverem filhos, **quando** se casarem, **quando** receberem um aumento, **quando** emagrecerem, **quando** forem reconhecidos pelo chefe etc.

O grande problema de ligar a sua felicidade a uma conquista futura é que, geralmente, fazemos previsões imprecisas sobre como nos sentiremos após obtê-la[67]. Você acredita que alcançar certo objetivo lhe trará grande felicidade até que, ao consegui-lo, sente menos alegria do que imaginava. Outro fator que atrapalha a sua felicidade quando condicionada à realização de um objetivo é que, como já disse anteriormente, o que queremos muda constantemente. Você lembra que a comparação social faz com que a gente sempre queira mais do que possui atualmente? A felicidade condicionada ao alcance de metas de longo prazo, sendo menor do que imaginávamos, ainda dura pouco por causa da adaptação hedônica. Além disso, você sabe que essa abordagem é errada justamente porque a felicidade, na verdade, vem **antes** do sucesso.

Por esses motivos é que a verdadeira felicidade é aquela conquistada por meio de nossas ações diárias. Essas ações, felizmente, podem envolver dinheiro e bens materiais. Quer se surpreender aprendendo como? Vamos lá!

CAPÍTULO 2

Garantindo os Melhores Dividendos

O MELHOR INVESTIMENTO PARA O SEU DINHEIRO

Warren Buffett é uma pessoa feliz e motivada. Você deve estar imaginando quão óbvia é essa afirmação, pois Buffett é dono de uma fortuna de quase US$ 90 bilhões e, atualmente, é um dos homens mais ricos do mundo. Com mais de 70 anos de atuação como investidor, Buffett tem percentuais de participação significativos em empresas como Apple, Coca-Cola, American Airlines, General Motors e Kraft Heinz, sendo que apenas em 2016 ganhou US$ 16 bilhões; o que lhe garantiu um ganho mensal de US$ 1,33 bilhão.

No mercado financeiro existem diversos profissionais tentando ensinar aos investidores quais são os truques de Warren Buffett para **ganhar** tanto dinheiro com ações. Mas, como Buffett declarou em uma entrevista à rede norte-americana CNBC, em 2017, sua felicidade não vem de quanto dinheiro **ganha**, e sim de como o **gasta**[1]. Em junho de 2017, Buffett doou US$ 3,17 bilhões para a caridade — na verdade, ele assumiu o compromisso de doar 99% da sua fortuna para causas sociais[2]. "Meus bilhões não têm utilidade para mim, mas têm utilidade para outras pessoas", disse em uma entrevista para o programa PBS Newshour[3]. Nessa mesma entrevista, ainda, Buffett afirmou que se gastasse seu dinheiro comprando um iate gigantesco ou 20 casas, não seria tão feliz quanto é investindo em **outras pessoas**. Apesar de seus quase 90 anos de idade, Buffett vai todos os dias ao escritório de sua empresa, e diz que o segredo da sua saúde é a **felicidade**.

Você deve estar pensando neste exato momento: "Assim é fácil ser feliz! Afinal, 1% dessa fortuna de US$ 90 bilhões corresponde a US$ 900 milhões!". Mas será que o segredo da felicidade e longevidade de Buffett é a quantia que possui ou a quantia que doa? E será que doar dinheiro para a caridade ou gastá-lo com os outros gera felicidade, mesmo quando as pessoas têm dificuldades para pagar as próprias contas? E se esse dinheiro fizesse falta para quem o doa? Essa era a pergunta que pesquisadores de universidades do Canadá, dos Estados Unidos, da Holanda, África do Sul e Uganda queriam responder. Será que investir nos outros *sempre* traz felicidade?

Ao usar dados de uma pesquisa do Gallup, a **Gallup World Poll**, feita com mais de 200 mil pessoas em 136 países, esses cientistas descobriram uma relação positiva entre a doação de dinheiro e a felicidade em 120 países[4]. Esse aumento na felicidade das pessoas quando gastam seu dinheiro com os outros é tão significativo que corresponde à felicidade de alguém logo após receber um acréscimo de 100% no salário! Isso significa que se você quiser sentir a mesma felicidade caso seu salário dobrasse, com a diferença de que um aumento salarial causa apenas felicidade **momentânea**, basta investir em outras pessoas — um comportamento que os cientistas nomeiam de ***gasto pró-social***. Essa relação se mostrou positiva independentemente de o país ser rico ou pobre, ensinando o que não podemos esquecer: **os seres humanos foram feitos para ajudar uns aos outros**.

Em um segundo estudo realizado com 820 pessoas no Canadá e em Uganda, os pesquisadores separaram os participantes em dois grupos: em um deles, as pessoas deveriam lembrar-se de uma situação em que gastaram dinheiro **consigo mesmas**; no outro, deveriam lembrar-se de uma situação em que gastaram dinheiro com **outras pessoas**. Logo depois, todos tiveram uma medição nos seus níveis de felicidade — ou, no termo científico, seus níveis de ***bem-estar subjetivo***, que medem tanto emoções positivas quanto satisfação com a vida. O que aconteceu? Aqueles que se recordaram de situações nas quais gastaram seu dinheiro com **outras pessoas** reportaram uma felicidade **maior** em comparação aos que se lembraram de gastar seu dinheiro consigo mesmos.

É interessante notar que as lembranças das pessoas sobre como gastaram o dinheiro no Canadá e em Uganda eram totalmente diferentes. No Canadá, os participantes lembravam-se com mais frequência de eventos em que compraram, por exemplo, uma **roupa** para si mesmos ou para dar de presente a outros. Já em Uganda, as pessoas lembravam-se mais de situações em que compraram um **remédio** para si mesmas ou para um amigo. É incrível notar que, apesar das diferenças entre as formas de gastar dinheiro nos dois países, a felicidade que reportavam era sempre maior quando as pessoas se lembravam de situações em que o fizeram para os **outros** mais do que para si mesmas — mesmo quando o dinheiro gasto com os outros comprometia o **próprio bem-estar do doador**, algo relatado frequentemente pelos participantes de Uganda. Outros estudos conduzidos por esses pesquisadores com participantes da Índia e da África do Sul chegaram aos mesmos resultados: gastar dinheiro com outras pessoas é mais benéfico para a sua felicidade do que gastar consigo mesmo.

COMPAIXÃO PRÓ-SOCIAL

Em adição ao sentimento bom que ajudar os outros gera para nós mesmos, quando as pessoas nos veem ajudando, os sentimentos delas também mudam! Isto é o que Sarina Saturn, pesquisadora da Universidade Estadual do Óregon, e seus colegas descobriram ao analisar a atividade cerebral, os batimentos cardíacos e níveis de respiração de 104 pessoas que assistiram a vídeos com situações de **compaixão** ou **inspiradoras**[5]. A avaliação na respiração está relacionada com a ativação do sistema nervoso parassimpático — que nos acalma automaticamente —, e os batimentos cardíacos estão ligados à ativação do nosso sistema nervoso simpático — responsável pelos sentimentos de estresse e excitação.

Os pesquisadores imaginavam que os participantes selecionados para assistir aos vídeos com **situações de compaixão** teriam apenas o seu sistema nervoso parassimpático ativado; mas, para sua surpresa, **ambos** os sistemas se ativaram, algo que não aconteceu com os participantes que assistiram aos vídeos com situações inspiradoras. Saturn explica que quando vemos alguém ajudar outro em necessidade, primeiramente o nosso sistema nervoso simpático entra em ação — produzindo incômodo, dor e estresse —, e só depois nosso sistema nervoso parassimpático é ativado — aliviando esses sentimentos, acalmando-nos e nos proporcionando prazer ao observar a dor da pessoa ser amenizada. Esse mecanismo é o que gera em nós a motivação para ajudar alguém no futuro, afirmou Saturn.

Também reveladoras foram as descobertas de um grupo de pesquisadores de Harvard e da Universidade da Califórnia em Berkeley, em uma série de três experimentos[6]. Em um deles, os cientistas separaram os participantes de um estudo em dois grupos, para assistirem a uma breve apresentação de slides. Um dos grupos via fotos que despertavam o sentimento de **compaixão**, enquanto as fotos expostas ao segundo grupo despertavam o sentimento de **orgulho**. Após a exposição, os participantes deveriam preencher um questionário reportando o quanto se identificavam com 23 grupos diferentes de pessoas, formados por estudantes da Stanford, liberais, conservadores, celebridades, idosos, crianças órfãs, ativistas da paz, moradores de rua etc. No artigo, publicado no *Journal of Personality and Social Psychology* em 2010, os pesquisadores concluíram:

> "Os três experimentos revelam que a compaixão e o orgulho mudam o senso de similaridade em direções opostas [...] a compaixão foi associada a um senso acentuado de similaridade com os outros, em particular com aqueles em necessidade. Em contraste, o orgulho foi associado a um senso acentuado de similaridade com pessoas fortes, e um senso reduzido de similaridade com pessoas frágeis."

Um ano antes, Christopher Oveis, de Harvard, e Dacher Keltner, da Universidade da Califórnia em Berkeley, dois autores desse estudo, já haviam descoberto que o sentimento de compaixão ativa o **nervo vago**[7], considerado a via principal do sistema parassimpático — aquele justamente ativado nos participantes do estudo de Sarina Saturn. O nervo vago é imenso: alonga-se desde a cabeça até os intestinos, com ramificações para o cérebro, fígado, rins, pulmões, coração e outros órgãos. Quando ativado, passa a controlar os batimentos cardíacos, tornando-os mais lentos, aumentando a probabilidade de as pessoas terem um contato gentil e próximo com as outras.

O sistema vagal também está conectado com uma grande rede de receptores de **ocitocina**, hormônio conhecido por gerar sentimentos de amor e confiança. Em um experimento similar realizado por Oveis, Keltner e outros quatro cientistas, foram instalados nos participantes eletrodos que mediam a ativação do nervo vago. Segundo os dados, a exposição a imagens de pessoas sofrendo **acentuou** a ativação do nervo vago com mais intensidade do que a exposição a imagens de orgulho. Por causa desse e de outros estudos, o nervo vago passou a ser conhecido como o ***nervo da compaixão***. O nosso próprio organismo **fabrica** o estresse quando presenciamos alguém em sofrimento, o que ativa o sistema vagal e desperta sentimentos de **compaixão, similaridade, confiança e amor**, motivando-nos a ajudar pessoas em necessidade. Fomos feitos **mesmo** para ajudar uns aos outros.

O NOVO GÊNIO

No final das contas, parece que Warren Buffett é **ainda mais** inteligente do que imaginávamos, não é mesmo? Mais uma prova de que Buffett entende que o investimento mais valioso é a felicidade, certamente, é o fato de ele querer usufruir da sua riqueza **enquanto está vivo**. Muitos planejam destinar as suas fortunas materiais e financeiras somente após a morte; uma decisão triste, pois nunca terão o prazer de desfrutar da felicidade que o seu dinheiro pode proporcionar ao seu círculo familiar, de amizades ou a outras pessoas sem recursos mínimos para uma vida decente.

A não ser que o seu objetivo seja se tornar a **pessoa mais rica do cemitério**, gastar o seu dinheiro com outros **em vida** é um investimento que paga dividendos jamais superados por nenhuma bolsa de valores. Esta afirmação pode parecer subjetiva, pois entendo ser difícil medir a felicidade que o seu dinheiro pode trazer para outras pessoas; sendo assim, gostaria de apresentar um novo exemplo a você. Vejamos como doar o seu dinheiro pode trazer um retorno pessoal que dificilmente outros investimentos conseguem alcançar.

O economista Arthur Brooks, que estudou a variação de renda anual de 30 mil famílias americanas, descobriu um segredo que poucos agentes financeiros conhecem e de forma alguma indicariam aos seus clientes[8]: a cada US$ 1,00 que uma família **doa** para a caridade, ela ganha **US$ 3,75 a mais** no ano seguinte. Sim, um retorno de 375% ao ano! Isso significa que se você doar US$ 500,00 para causas sociais este ano, sua renda anual poderá ter um incremento de US$ 1.875,00 no próximo ano, gerando o lucro de US$ 1.375,00. Brooks descobriu, ainda, que pessoas dedicadas a doar seu **tempo** para a caridade ou **sangue** também aumentam as suas rendas futuras. Outro fato interessante apresentado por seus estudos é que os americanos doam mais dinheiro em comparação com outras nações porque são mais ricos, realmente, mas também são mais ricos **porque doam mais dinheiro**. É de grande importância para o mundo que outras nações sigam estes exemplos.

Analisando por este lado, você deve estar pensando que:

Warren Buffett = [Leonardo da Vinci + Albert Einstein][100]

E você tem razão! Cada dólar que Buffett doa pode se transformar em US$ 3,75 adicionais em sua renda no próximo ano, de modo que poderá investir cada vez mais dinheiro em outras pessoas — consequentemente aumentando sua satisfação com a vida e sua renda no próximo ano; esse ciclo só terá fim se os filhos e parentes não tiverem aprendido **nada** com Buffett.

O mundo seria muito melhor se em vez de as pessoas medirem o próprio sucesso e o dos demais pela quantidade de dinheiro **arrecadada**, passassem a medi-lo pela quantidade de dinheiro **doada**. Já pensou se os milionários e outras pessoas competissem para ver quem **doa mais dinheiro para a caridade**? Esse modelo de comparação social não seria melhor para todos? Podemos ver a ciência revelar que o verdadeiro sucesso acontece quando, além de garantir recursos para si próprio, você garante recursos para os menos favorecidos.

Mas será que nós podemos conquistar a mesma felicidade de Warren Buffett e seus parceiros bilionários sem ter fortunas como as deles para doar?

FELICIDADE ENVELOPADA

Lara Aknin, professora da Universidade Simon Fraser, no Canadá, decidiu fazer um estudo inusitado para analisar se a forma como as pessoas gastavam dinheiro causava ou não mudanças na sua felicidade[9]. Em uma manhã de verão na cidade de Vancouver, Lara foi para a rua e ofereceu a vários transeuntes um envelope contendo C$ 5,00. Alguns continham também as instruções:

> "Por favor, gaste este dinheiro hoje até as 17h comprando um presente para si mesmo ou pagando uma despesa pessoal (como aluguel ou contas)."

Outro grupo de pessoas recebeu um envelope com os mesmos C$ 5,00 dentro, porém com instruções diferentes:

> "Por favor, gaste este dinheiro hoje até as 17h comprando um presente para outra pessoa ou doando-o para a caridade."

Para um terceiro grupo, no entanto, Aknin usou algo diferente. Em vez de C$ 5,00, colocou C$ 20,00 no envelope. A instrução em alguns era "Por favor, gaste o dinheiro consigo mesmo"; em outros, "Por favor, gaste o dinheiro com outras pessoas", neste caso, deveria ser realizado um *gasto pró-social*. A pesquisadora registrou o telefone de cada participante e ainda fez uma pequena pesquisa para saber quão feliz cada pessoa estava **antes** de gastar o dinheiro do envelope.

A forma como os participantes gastaram o dinheiro foi bastante similar; muitos compraram comida ou um café do Starbucks, porém com uma grande diferença: alguns compraram para **outras** pessoas. E como essa diferença afetou a felicidade dos participantes? No final do dia, o grupo que gastou o dinheiro do envelope com **outra** pessoa mostrou-se **mais feliz** do que o grupo que gastou consigo mesmo!

É importante notar que:

1. No início do dia, os níveis de felicidade dos grupos não tinham diferença significativa.

2. Aqueles que receberam um envelope com C$ 5,00 ou C$ 20,00 não apresentaram diferença significativa na sua felicidade no final do estudo, apesar de um dos grupos ter a possibilidade de realizar um gasto pró-social **quatro vezes** maior. Isto quer dizer que a **forma** como as pessoas gastaram o dinheiro, e não a **quantidade**, era o que determinava a sua felicidade.

Agora você sabe que, mesmo gastando uma pequena quantia de dinheiro com outras pessoas, no final do dia poderá ter tanta felicidade quanto Warren Buffett. No artigo, publicado pela *Science* em 2008, Aknin e seus colegas Elizabeth Dunn e Michael Norton concluem o estudo sinalizando que, em suas pesquisas, as pessoas reportaram gastar **10 vezes** mais dinheiro **consigo mesmas** do que com os outros. Ainda, seus dados comprovaram que as pessoas têm a percepção equivocada de que gastar dinheiro consigo mesmas gera mais felicidade do que fazê-lo com os outros: mais uma confirmação de que o ser humano insiste em tomar decisões **contrárias** à sua própria felicidade, e que precisamos, cada vez mais, usar a ciência para ter uma vida melhor.

Para conquistar esse objetivo, além de doar dinheiro para a caridade, seu papel é também o de **convencer outras pessoas a doarem**. Se considerarmos as descobertas de Brooks, esta ação fará com que o número de doadores aumente, consequentemente aumentando a renda futura dessas famílias, então a renda do país, gerando empregos e movimentando a economia em um ciclo constante.

GASTOS PRÓ-SOCIAIS E PERFORMANCE DE EQUIPES

Aknin, Dunn e Norton, ainda curiosos sobre os efeitos na felicidade gerados por gastar dinheiro com os outros, em 2008, decidiram fazer um novo estudo para investigar se gastos pró-sociais causavam melhoria em outros aspectos motivacionais[10]. Dessa vez, os pesquisadores ganharam a companhia de dois colegas: Lalin Anik, da Universidade de Virgínia, e Jordi Quoidbach, da Universidade Pompeu Fabra, em Barcelona.

Para o estudo foram selecionados 88 vendedores de uma empresa farmacêutica belga, que receberam uma quantia de € 15,00 cada. Seguindo o padrão metodológico, alguns desses vendedores foram instruídos a gastar o dinheiro **consigo mesmos**, e outros, a gastá-lo com um **colega da equipe**. Após um mês, os pesquisadores revelaram que os vendedores que compraram algo para os seus **colegas** obtiveram uma melhoria **espetacular** em sua performance, ao passo que **não** houve melhoria alguma nos vendedores que gastaram o dinheiro **consigo mesmos**. Na verdade, os vendedores que ganharam o bônus pessoal retornaram apenas € 4,50 daqueles € 15,00 investidos, causando prejuízo para a empresa. Por outro lado, os vendedores que realizaram gastos pró-sociais trouxeram **€ 78,00** de retorno a cada € 15,00 investidos, gerando um lucro de € 63,00 por vendedor.

Ainda insatisfeitos, os cientistas resolveram testar o efeito de gastos pró-sociais em 11 equipes esportivas. Duas semanas depois, o resultado: as equipes nas quais os jogadores gastaram seu dinheiro com os colegas obtiveram um **percentual maior de vitórias** do que as equipes em que os jogadores gastaram o dinheiro consigo mesmos. Cada C$ 10,00 que os jogadores gastavam com seus colegas de equipe gerava um **aumento de 11% nas vitórias**, enquanto cada C$ 10,00 que gastavam consigo mesmos resultava em uma **redução de 2% nas vitórias**.

Parece que até nos ambientes mais competitivos, como vendas e esportes, incentivar as pessoas a gastarem seu dinheiro com outras resulta em ganhos interessantes. Estes estudos também mostram que o dinheiro não é sempre uma entidade do mal, pois seus efeitos na motivação e na felicidade são muito significativos se usado com o intuito de aumentar a colaboração e melhorar os relacionamentos. Infelizmente, em nossa vida pessoal e no mundo corporativo, somos incentivados a "garantir o nosso", como se a vida fosse um jogo de recursos limitados, onde alguém perde e outro ganha.

A DOAÇÃO DE DINHEIRO E O ESTRESSE

De acordo com a ciência, os benefícios de ser generoso com o nosso dinheiro são tão significativos que dividir nossa riqueza com outras pessoas pode nos proporcionar mais saúde. Em um estudo realizado por pesquisadores canadenses e holandeses, a alguns dos participantes foram entregues US$ 10 junto à informação de que podiam dividir o dinheiro da forma como quisessem com outro participante[11]. Os participantes que receberam o dinheiro foram avisados de que nunca conheceriam o outro participante, que seria obrigado a aceitar qualquer montante que eles ofertassem. Foi garantido, também, que não havia problema se não quisessem ceder sequer um tostão. Resultado: em média, os participantes doavam US$ 4,48 — pouco menos da metade do valor. Os pesquisadores descobriram que quanto menos dinheiro as pessoas davam para os outros, mais envergonhadas se sentiam. Esse fato foi comprovado quando mediram os níveis do hormônio cortisol — conhecido como o hormônio do estresse — na saliva dos participantes.

Podemos concluir, sem esforço, que quanto **mais envergonhados** os participantes se sentiam por ficarem com a maior parte do dinheiro, **maior** era o nível de cortisol em sua saliva. Isso significa que **doar** mais dinheiro — em vez de ganhar mais dinheiro — é uma das melhores armas contra o estresse. Sim, o dinheiro pode salvar a sua vida, desde que você o utilize de forma contrária ao que a sociedade, a mídia e o mundo corporativo ditam. Mais adiante, você entenderá melhor a relação do estresse com a sua saúde e com a sua felicidade.

É interessante ressaltar que Michael Norton e seus colegas descobriram que doar dinheiro para os outros não é a única forma de aumentar a felicidade; doar **tempo** para ajudar alguém também gera esse retorno, o que está em consonância com as descobertas de Arthur Brooks[12]. Mas a sua felicidade não vem apenas do investimento de seu dinheiro e tempo aos outros; escolher de forma adequada como gastá-los **consigo mesmo** também é fundamental.

COMPRANDO A FELICIDADE

Lembra quando pedi que tentasse recordar a penúltima camisa que você comprou, logo perguntando se teve dificuldade em fazê-lo? Agora, gostaria de perguntar outra coisa: você se lembra da penúltima viagem que fez? Estou certo de que se lembrar de uma viagem foi muito mais fácil, não é mesmo? Isso acontece porque, felizmente, nem todo consumismo está relacionado negativamente com a felicidade. Diversos estudos reiteram que a forma como você gasta seu dinheiro consigo mesmo também prevê a sua satisfação com a vida.

Um estudo feito pelos pesquisadores Ryan Howell e Paulina Pchelin, da Universidade Estadual de São Francisco, revelou que quando as pessoas são direcionadas a pensar em sua felicidade futura após a compra de um bem material, em geral, suas previsões são bastante condizentes com a realidade. Porém, quando levadas a prever quanto mais felizes ficariam após investir seu dinheiro em uma **experiência**, como uma viagem, duas semanas após o investimento dizem estar **106% mais felizes do que haviam previsto** — mais uma prova de que a bola de cristal humana apresenta suas falhas[13]. A pesquisadora Sonja Lyubomirsky conclui que a adaptação hedônica é mais lenta quando as pessoas consomem **experiências** ao invés de bens materiais[14].

Outra descoberta interessante é que, como geralmente as pessoas vivenciam experiências **acompanhadas**, o investimento nessas atividades fortalece os laços de amizade, companheirismo e família[15]. Experiências aumentam a felicidade de **vários indivíduos** ao mesmo tempo e se sustentam por **longos períodos**, ao passo que a maioria dos bens materiais aumenta a felicidade de apenas **uma** pessoa e dura **pouco tempo**. Experiências também são mais difíceis de cair em comparações; afinal, como medir se a sua viagem a Paris foi melhor ou pior que a do seu colega de trabalho? Mesmo que o seu colega tenha se hospedado em um hotel cinco estrelas com a esposa e visitado os restaurantes mais requintados da cidade, você pode avaliar que a sua viagem hospedado em albergues e carregando um mochilão nas costas foi **mais proveitosa** que a dele.

O consumo de experiências também é vantajoso por facilitar a **reinterpretação** dos momentos de forma mais positiva, fazendo com que a lembrança daquele seu almoço em um banco do Central Park, em Nova York, se torne uma das experiências mais gratificantes da sua vida. A reinterpretação positiva dos eventos pode fazer, inclusive, aquela dolorida ferroada de abelha que você levou durante esse almoço se tornar algo engraçado com o passar do tempo.

Apesar de os estudos da adaptação hedônica mostrarem que passamos a ter cada vez menos prazer depois de nos acostumarmos com certos bens, Sonja Lyubomirsky descobriu uma maneira de derivarmos prazer de bens materiais por mais tempo. Para isso, precisamos fazer um **esforço consciente**. Lyubomirsky enfatiza que o dono de um Porsche, por exemplo, continuará a ter prazer em usá-lo por mais tempo se o envolver na busca de experiências (como em uma longa viagem a um destino desconhecido), ou no fortalecimento de seus laços familiares (usando o carro para viajar com os filhos, emprestando-o a um parente...), ou lembrando o quão afortunado é pela possibilidade de ter esse luxuoso transporte.

Mais recentemente, os pesquisadores Sandra Matz, Joe Gladstone e David Stillwell, da Universidade de Cambridge, descobriram que bens materiais proporcionarão felicidade duradoura se combinarem com a personalidade das pessoas[16]. Analisando mais de 70 mil transações financeiras no Reino Unido, concluíram que um profissional de tecnologia, por exemplo, conquistará felicidade de longo prazo ao adquirir o modelo mais recente do MacBook ou um fone de ouvido Bose; um amante de poesia desfrutará de satisfação por meses ao comprar dezenas de livros; e uma pessoa que surfa todos os finais de semana terá motivação e felicidade a perder de vista depois de obter uma prancha nova.

Outro investimento com retornos enormes à sua felicidade é gastar seu dinheiro comprando **tempo**[17]. É isso mesmo, investir dinheiro para ter **mais tempo** de praticar as atividades que gosta e que o fazem feliz é uma ação que gera grande lucratividade. Contratar alguém para limpar a casa e cuidar das roupas, comprar refeições prontas para não precisar cozinhar ou chamar um motoboy para ir ao banco pagar uma conta é investimento fundamental para poder se dedicar mais a atividades que usam seus pontos fortes e aumentam suas emoções positivas.

Essa descoberta foi divulgada por pesquisadores da Universidade da Colúmbia Britânica, em uma série de seis estudos com mais de 4,6 mil participantes. "Ter mais tempo livre é provavelmente mais importante para a felicidade do que ter mais dinheiro", concluíram. Pessoas que escolhiam pagar mais caro para abastecer seus carros em postos de combustível mais próximos reportavam estar mais felizes do que as que preferiam dirigir distâncias maiores para economizar dinheiro. Participantes que preferiam ganhar um *voucher* de US$ 120,00 para serviços de limpeza doméstica reportavam estar mais felizes do que aqueles que preferiam ganhar um prêmio em dinheiro de US$ 50,00. O ditado popular ressalta que "tempo é dinheiro", algo verdadeiro se você levar em conta que a moeda mais valiosa que existe no mundo é a sua **felicidade**.

Portanto, quando gastar o seu dinheiro consigo mesmo, priorize experiências como viagens, jantares, peças de teatro, cinema, visitas a museus, passeios, parques de diversão; invista em itens que tenham forte ligação com a sua personalidade e, sempre que possível, compre tempo. Não se esqueça de convidar outras pessoas para desfrutar ao máximo do seu investimento em experiências. Diversos estudos comprovam que aqueles que valorizam mais experiências vivenciadas ao lado de outras pessoas são, também, mais felizes do que quem se limita a experiências solitárias.

Seu dinheiro deve ser usado para maximizar a sua felicidade, não a sua riqueza.

Uma das descobertas mais fantásticas sobre o impacto de experiências é a de que as pessoas sentem mais prazer **antecipando** e **lembrando-se** de uma experiência do que vivenciando-a[18]. Pense nas suas últimas férias, por exemplo. Depois de definir o destino da sua viagem e planejar quais passeios faria, o hotel onde se hospedaria e os restaurantes que visitaria, por um momento não parecia que você já estava no local das suas férias? Esse planejamento lhe deu prazer, não é? Mesmo depois de anos, toda vez que você vê um enfeite que comprou na viagem, desfruta de uma refeição que o fez lembrar-se de um restaurante daquele destino, assiste a um filme ambientado naquela cidade ou vê uma foto de um ponto turístico, por um instante parece que está lá novamente e, assim, seus níveis de felicidade aumentam.

Experiências causam felicidade e motivação **antes, durante e depois** de seu consumo, algo difícil de se conseguir com bens materiais ou dinheiro. Quando escolhe investir seus recursos em bens materiais, você vivencia emoções positivas por um curto período, pois logo se acostuma com o que comprou e aquele bem passa a não lhe proporcionar mais prazer algum. Por outro lado, toda vez que escolhe investir em experiências, você vivencia emoções positivas com a **antecipação**, com o **consumo** e com as **lembranças** delas, que duram **para sempre**. Pouco mais adiante, você entenderá melhor por que viver experiências positivas com frequência é de grande importância para o seu bem-estar.

Caso ocupe um cargo de liderança e, portanto, seja responsável pela felicidade daqueles que trabalham sob seu comando, é importante que **você** faça as escolhas sobre como premiar as pessoas. Um funcionário que você lidera dificilmente lembrará a ocasião em que pagou a conta de luz de casa graças ao bônus em dinheiro que recebeu da empresa, mas **nunca** esquecerá o final de semana na praia que aproveitou com a família graças ao prêmio que ganhou pelo bom desempenho no trabalho.

Se os funcionários de uma empresa tivessem o poder de escolher entre **dinheiro** e **experiências**, acha que escolheriam o quê? Será que tomariam a decisão que maximiza sua felicidade? Acredito que desta vez sua bola de cristal tenha feito a previsão correta!

PARE DE ACUMULAR, PASSE A AGRADECER

Como vimos, o ser humano apresenta uma tendência primitiva de acreditar que a felicidade está no acúmulo de riquezas. Porém, no momento histórico de abundância em que vivemos — pelo menos para boa parte da população —, essa tendência se mostra uma das maiores inimigas da felicidade, por causa da adaptação hedônica. Ao acumular cada vez mais dinheiro e bens materiais, mais **insatisfeitos** nos sentimos com a vida, pois nunca achamos que temos o bastante; e assim, a velocidade da esteira hedônica não para de evoluir. Por sorte há uma grande quantidade de estudos científicos que nos ensina como **diminuir a velocidade da esteira hedônica** para que a nossa felicidade, satisfação com a vida e saúde aumentem: além de ajudar os outros com nosso dinheiro, escolher investir em experiências, doar e comprar tempo, outro grande segredo é **pararmos de querer mais e começarmos a ser gratos por aquilo que temos!**

Desde o início dos anos 2000, os pesquisadores Robert Emmons e Michael McCullough tentam descobrir os efeitos reais que a **gratidão** proporciona ao ser humano[19]. Em uma de suas pesquisas mais importantes, realizaram três estudos durante nove semanas. Em um grupo, os participantes foram incentivados a escrever cinco acontecimentos da semana anterior pelos quais eram **gratos**; em um segundo grupo, foram incentivados a escrever sobre cinco situações **irritantes** que enfrentaram na semana anterior; e um terceiro grupo, na condição de controle, foi condicionado a escrever sobre cinco circunstâncias da semana anterior que **afetaram** suas vidas. Posteriormente, os pesquisadores pediram aos participantes que reportassem com qual intensidade sentiram **mais de 30 emoções negativas e positivas** — entre elas, interesse, desinteresse, irritação, tristeza, estresse, alegria, determinação, esperança, entusiasmo —, bem como com qual **intensidade** experimentaram sentimentos relacionados com a **gratidão**. Emmons e McCullough também mediram a quantidade de sintomas físicos reportados pelos participantes (dor de cabeça, cansaço, dor de estômago, irritações na pele, nariz congestionado, tosse, entre outros), suas reações após terem ajudado amigos ou familiares, o tempo que passaram praticando exercícios, de que forma avaliavam suas vidas durante a semana anterior e quais suas expectativas para a próxima semana. Quem imaginaria que um estudo sobre gratidão pudesse envolver tantas variáveis?

Esses cientistas descobriram que o simples fato de **lembrarem e escreverem, uma vez na semana, sobre cinco coisas pelas quais eram gratas** fez com que as pessoas envolvidas avaliassem a semana anterior de forma **mais** positiva, tivessem expectativas **mais positivas** sobre a sua próxima semana, reportassem

menos sintomas físicos, passassem **mais tempo** fazendo exercícios e expressassem **mais emoções positivas** do que negativas nas oportunidades de ajudar alguém. Quem imaginaria que este simples exercício pudesse **melhorar** tantas variáveis?

Em um segundo estudo, o grupo de controle foi substituído por outro nomeado de **comparação social**. Seus participantes foram incentivados a escreverem sobre coisas que tinham, mas outras pessoas **não**. Como nós, seres humanos, naturalmente nos comparamos uns com os outros, quando nos dedicamos a observar nossas semelhanças e diferenças com aqueles que têm **menos**, de alguma forma, passamos a nos sentir melhor e a ser mais gratos. É comum ensinarmos aos nossos filhos que devem agradecer pela comida, pelos brinquedos, pela casa, pelas roupas e pelos demais bens, pois **existem muitas pessoas que não têm nada disso**. Dessa forma, acreditamos que as nossas crianças aprenderão a valorizar o que possuem. Infelizmente, a ciência concluiu algo que decepcionará muitos pais: essa comparação não tem efeito algum no nosso bem-estar nem sequer muda o nosso comportamento!

Nesse estudo, o segundo grupo deveria escrever sobre cinco acontecimentos na semana anterior pelas quais era **grato**, e o último grupo, sobre cinco coisas que o **irritaram** na semana anterior. Sendo assim, um grupo expressou **gratidão**, o outro, **irritação**, e o terceiro realizou uma **comparação social inferior**. Um diferencial importante nesse segundo estudo foi que, em vez de escrever **uma vez por semana** sobre suas gratidões, irritações ou comparações sociais, os participantes deveriam fazê-lo **todos os dias**. O resultado: ao analisar as variáveis, em comparação com o primeiro estudo, os cientistas descobriram que houve uma diferença significativa e **ainda maior** na relação entre as emoções positivas e negativas reportadas pelos participantes nas condições de gratidão e irritação. Podemos entender que o fato de os participantes do grupo serem condicionados a lembrarem e escreverem **todos os dias** sobre coisas pelas quais eram gratos **aumentou a intensidade** das emoções positivas que sentiam.

> **Lembrar e escrever diariamente sobre as coisas pelas quais você é grato faz com que a sua felicidade aumente!**

Os pesquisadores também descobriram que aqueles condicionados à gratidão apresentavam um comportamento pró-social **maior** em comparação com os demais grupos, reportando **ajudar os outros com mais frequência**. Apesar de esses dois últimos estudos não terem encontrado benefícios na saúde das pessoas na condição de gratidão, como aconteceu no primeiro estudo, um artigo publicado em 2017 por Emmons e outros cientistas revelou que este sentimento está ligado a uma **menor quantidade de hemoglobina A1c** na corrente sanguínea, um indicador da quantidade de açúcar no organismo diretamente relacionado com o estado de saúde das pessoas[20].

Se escrever sobre as emoções positivas experimentadas durante o dia ajudam a ser mais feliz, o que você pode fazer quando vivencia alguma emoção **negativa**? Xingar? Desabafar? Escrever! James Pennebaker, pesquisador da Universidade do Texas, revela que escrever sobre os seus sentimentos mais profundos por 20 minutos, quatro **noites** seguidas (sim, o final do dia é o melhor horário para essa atividade), ajuda a **minimizar os impactos do trauma, diminuir a negatividade** e fazer com que a pessoa **siga em frente com a vida**[21]. Pennebaker revela, ainda, que **esconder** seus problemas pode levá-lo ao médico com 40% mais frequência do que pessoas que **lidam** com eles.

Uma das ferramentas que as pessoas acreditam ser efetiva para lidar com momentos traumáticos ou com a raiva — **descarregar** — se mostrou altamente **perigosa** em uma pesquisa conduzida pela Universidade de Tecnologia de Eindhoven e Universidade do Colorado[22]. Nesse estudo, os cientistas descobriram que aqueles que descarregaram sua raiva — por exemplo, **reclamando** no ambiente de trabalho — reportaram subsequente **mau humor**, além de **menos satisfação e orgulho** com o que realizaram naquele dia. O pior é que esse efeito se mostrou presente também no **dia seguinte** ao estudo. É por conclusões científicas assim que você deve **sempre** evitar seguir dicas baseadas em crenças populares.

Considerando o que vimos, um dos melhores exercícios é ter um **caderno de gratidão**, no qual **todas as noites**, antes de dormir, você escreverá cinco fatos do seu dia pelos quais é grato. Esse exercício fará com que passe a **prestar mais atenção aos pequenos momentos da sua vida** — como uma deliciosa refeição, um abraço do seu filho, um belo pôr do sol, uma conversa com seu melhor amigo — **e a apreciá-los novamente**. Dessa forma, você reprograma o seu cérebro para ter prazer mesmo com acontecimentos mundanos, que já não produziam mais efeito na sua felicidade. E para aqueles que acreditam que a felicidade é o resultado do alcance de um objetivo, a gratidão torna-se ainda mais positiva por nos levar a sermos felizes no **presente**.

O segredo da felicidade não está em chegar ao destino, e sim em aproveitar ao máximo cada passo da caminhada.

Em um trecho da divertida animação *Kung Fu Panda*, o personagem Mestre Oogway diz ao panda Po: "**Ontem** é história, **amanhã** é mistério, mas **hoje** é uma dádiva: por isso é que se chama **presente**!". Será que você está valorizando esse presente ou vive condicionando a sua felicidade ao que pode acontecer amanhã e ao que aconteceu no passado?

Vale pensar, no entanto: o segredo do sucesso não é ter comprometimento com metas de longo prazo e **resistir** aos prazeres de hoje? De acordo com o popular "Experimento do marshmallow", realizado por Walter Mischel, crianças que conseguiram **resistir** à tentação de comer **um** *marshmallow* imediatamente para poder comer **dois** *marshmallows* alguns minutos depois tiveram mais sucesso na vida[23]. O problema é que a interpretação da maioria sobre este estudo é **incompleta**! As pessoas não costumam se lembrar da ferramenta que as crianças desenvolveram por si próprias para resistir à tentação imediata: **fazer algo prazeroso enquanto esperavam**. Ao contrário do que se pensa, as crianças que tiveram sucesso na tarefa de esperar para comer dois *marshmallows* não foram as que ficaram **sofrendo** enquanto aguardavam, mas aquelas que começaram a **cantar uma música ou a se distrair com jogos imaginários**. Para atingir seus objetivos de longo prazo, essas crianças primeiramente inventaram formas saudáveis de **aproveitar o presente**. Sonhar com o modo como você ficará feliz quando conseguir vestir novamente aquela sua calça da adolescência, apesar de gerar uma motivação inicial, sustenta **menos** a sua motivação para perder peso do que ter a **consciência** de que você pode começar a emagrecer **hoje**, **comendo o quanto quiser**, se escolher não ingerir farinha de trigo, grãos, açúcares e alimentos cheios de amido — os verdadeiros vilões da obesidade[24].

> **Para atingir seus objetivos e ser feliz no futuro, você deve encontrar maneiras de se autogratificar hoje.**

Lembre-se de que a felicidade que procura é a eudaimônica, não a hedônica. Portanto, da mesma forma que as crianças do experimento de Mischel encontraram formas de **aproveitar o presente sem comer o** *marshmallow*, você também deve encontrar estratégias para que o **dia de hoje** seja seu aliado na busca pelos seus objetivos de longo prazo.

Foi exatamente essa a descoberta que as pesquisadoras Ayelet Fishbach e Kaitlin Wooley, da Universidade de Chicago, fizeram em 2017, quando publicaram um artigo demonstrando que pessoas com formas alternativas (e saudáveis) para obter uma gratificação imediata são os que apresentam **maior**

persistência na busca por objetivos de longo prazo[25]. Encontrar um amigo com quem você gosta de conversar para ser o seu parceiro de academia, perceber como o seu cérebro funciona cada dia melhor quando não come farinha de trigo e escutar música enquanto trabalha para entregar aquele relatório burocrático ao seu chefe são maneiras simples de **aproveitar o presente** durante a sua jornada para atingir objetivos mais longos.

Ser grato também é importante para conscientizá-lo de quantas coisas boas você **já tem**. Quando o seu foco é viver acumulando bens e dinheiro, naturalmente você acaba se esquecendo daquilo que já possui, tornando-se um eterno insatisfeito para quem o consumismo é uma válvula de escape a essa frustração. A gratidão **diminui a velocidade** da esteira hedônica, pois faz com que você se **lembre** das coisas que já conquistou e passe a derivar felicidade delas novamente. Por isso, faça um esforço para escrever fatos variados em seu caderno de gratidão, pois se diariamente você escrever a mesma coisa, o seu arsenal de emoções positivas será pequeno. É natural que às vezes escreva fatos repetidos, mas nesse exercício é importante orientar-se pelo ditado de que "a variedade é o tempero da vida".

O QUE AS PESSOAS "ACHAM" NÃO É O QUE FUNCIONA

Sei que, ao absorver e praticar as descobertas apresentadas até aqui, muitos dos seus amigos, familiares e principalmente colegas de trabalho lhe dirão que essa é a mentalidade de um **perdedor**, que não se importa com o dinheiro e com o sucesso. Eles dirão que o **dinheiro aumenta, sim, a felicidade** e que você deve se importar, em primeiro lugar, consigo mesmo. Também dirão que o seu pensamento é uma desculpa para **justificar** a sua falta de dinheiro atualmente.

Lembro-me de uma situação em que apresentava as inúmeras pesquisas que fiz para o meu livro anterior, *A Incrível Ciência das Vendas*, ao vice-presidente de um grande banco. Quando compartilhei estudos similares a esses, sobre a relação negativa entre dinheiro e performance no trabalho, esse executivo disse que a minha sugestão de substituir as comissões dos funcionários por salários fixos altos era um "pacto de mediocridade". Essa opinião não é nada fora do normal, agora que você sabe que, em grande parte das vezes, o que as pessoas "acham" que acontecerá depois de uma intervenção — como o corte de incentivos financeiros em vendas — nem sempre é o que **verdadeiramente acontece**.

Julia Galef, presidente do Centro de Racionalidade Aplicada, nos alerta que um dos vieses com os quais mais devemos nos preocupar ao tomarmos decisões é chamado por cientistas de *cognição motivada*[26]. Digamos que você está na dúvida sobre se comissões funcionam ou não e precisa decidir a respeito na sua empresa. Por ter passado **anos** acreditando que incentivos financeiros funcionam, por ter desenvolvido e implementado esquemas de pagamento por performances diversas vezes e porque o **seu próprio salário é baseado em comissões**, você provavelmente irá **refutar** qualquer argumento de que incentivos financeiros não são eficientes. Como as pessoas não são conscientes desse viés, deixam-no lá, intacto, influenciando opiniões e decisões **sem que sequer se deem conta**. Posso lhe mostrar quantos artigos científicos quiser sobre os malefícios dos incentivos financeiros, e você **sempre** achará uma justificativa para que seu **mundo continue do mesmo jeito** — e ainda dizem que o ser humano é racional.

Galef explica que a definição da maioria sobre o termo "racional" é semelhante a "qualquer coisa na qual eu acredito"; portanto julgamos como "irracionais" quem **não concorda** conosco. A cognição motivada também é explicada pelo fato de que o seu cérebro processa mais **rapidamente** informações que **confirmam** suas opiniões, de acordo com um artigo publicado por pesquisadores da Universidade Hebraica de Jerusalém, em 2018[27].

No mundo da ciência, um dos comportamentos mais explorados é o chamado *viés da confirmação*, que demonstra como as pessoas avaliam informações de maneira mais favorável quando estas **confirmam** seus próprios pontos de vista, e avaliam de forma desfavorável informações **contrárias** às suas crenças[28]. Uma das principais funções do nosso cérebro é poupar energia para usá-la em momentos de decisão em que a nossa vida esteja em risco, comuns para os nossos ancestrais. Por isso a evolução moldou nosso sistema neural para que se esforce ao máximo em confirmar as nossas crenças e encontrar justificativas rápidas que descartem fatos contrários. Isso porque o cérebro encara como gasto desnecessário de energia pensar **novamente** sobre algo para o qual você **já formou** uma opinião[29]. Nosso cérebro luta constantemente para que o **mundo que conhecemos continue igual**, algo que nos bloqueia para novas opiniões que poderiam, inclusive, melhorar a nossa vida.

Infelizmente, nem comprovações científicas estão livres desse julgamento que as pessoas costumam fazer. Na era da abundância de informações em que vivemos, com a mesma facilidade encontramos artigos a afirmarem que ovos fazem bem à saúde e outros a contradizerem sobre fazerem mal. Dependendo da sua crença inicial, você escolherá um lado ou outro. Até mesmo a ferramenta de busca que usamos na internet para encontrar esses artigos já está customizada de acordo com o histórico de navegação, entregando preferencialmente leituras que **confirmam** nossas opiniões.

Você acredita que dinheiro traz felicidade? Basta digitar essa questão no seu buscador para receber uma avalanche de estudos que confirmam isso. Acha que um governo de esquerda é melhor que um de direita? É só buscar na internet e você terá a "surpresa" de descobrir que todas as suas crenças são realmente verdadeiras.

Dessa forma, é fácil perceber que a cognição motivada e o viés da confirmação nos **distanciam** da racionalidade. Agora que você conhece esses fenômenos, comece a prestar atenção aos seus julgamentos: são verdadeiramente racionais ou existem outros motivos inconscientes que podem influenciá-los? É interessante também notar como esses vieses comandam as decisões da sua rede de relacionamentos. Comece a observar, e estou certo de que ficará cada vez mais alerta sobre como esse fenômeno é comum e a necessidade de evitá-lo.

Por essas falhas em nossa bola de cristal é que novas áreas da ciência vêm chamando atenção de muitos pesquisadores, pois também consideram as emoções humanas no processo decisório. Como exemplo podemos mencionar a *economia comportamental*[30], cujas contribuições têm se mostrado tão significativas para a humanidade que, em 2017 o Prêmio Nobel de Economia foi concedido ao pesquisador Richard Thaler, da Universidade de Chicago, um dos pioneiros nesse campo de estudo[31]. Outros cientistas da área também já receberam esse prêmio, como o famoso Daniel Kahneman, da Universidade de Princeton.

Uma curiosidade: alguns anos depois da minha reunião com aquele vice-presidente, o banco em que ele trabalhava vendeu suas operações no Brasil para outra instituição, justamente pela falta de lucratividade gerada por estratégias "não medíocres", desenvolvidas por executivos que reduzem a motivação humana ao dinheiro. Em um artigo nada menos do que fantástico — "Why the assholes are Winning" (Por que os idiotas estão vencendo, em tradução livre) —, o renomado pesquisador Jeffrey Pfeffer, da Universidade de Stanford, explica como a nossa visão sobre o que é **sucesso** se tornou distorcida nos últimos tempos[32]. O pesquisador enfatiza que, em 2015, apenas quatro instituições fizeram parte **ao mesmo tempo** das Empresas Mais Admiradas pelo Público e das Melhores Empresas Para se Trabalhar, listadas na revista *Fortune*, revelando que a **admiração** do público por uma empresa e a **realidade** vivida pelos funcionários da companhia são **completamente opostas**. O artigo é um alerta sobre a valorização excessiva da cultura de "resultados acima das pessoas", que vem se disseminando nos ambientes de trabalho. Nele, Pfeffer nota:

> "[...] não importa o que um indivíduo ou empresa faz para os seres humanos ou para o meio-ambiente, desde que ele/ela seja suficientemente rico e bem-sucedido. O dinheiro, na verdade, supera tudo. Além disso, como o dinheiro pode servir como um sinal de competência e valor, nenhuma quantia é suficiente. Como uma droga, dinheiro e status tornam-se viciantes."

Um dos seus maiores desafios, se você quer ser mais feliz e motivado, é justamente não dar ouvidos aos péssimos conselhos que muitos lhe darão, principalmente **contrários** aos inúmeros estudos que cientistas levaram uma vida para realizar. Estudos, aliás, que têm o poder de mudar a nossa perspectiva sobre qual caminho é o certo a ser seguido.

Surpreso ao descobrir como o dinheiro pode ter efeitos bons ou ruins na sua motivação e felicidade? Embora importante, dinheiro não é tudo. A ciência nos mostra que existem outras formas simples de conquistar motivação e felicidade verdadeiras sem usar dinheiro.

CAPÍTULO 3

Muito Além de Maslow

MOTIVAÇÃO QUE VALE (MUITO) MAIS DO QUE DINHEIRO

No primeiro capítulo, apresentei os resultados do experimento de Uri Gneezy e Aldo Rustichini com estudantes em Israel, no qual participantes de um grupo que receberam apenas uma pequena palestra sobre a importância do trabalho que realizariam arrecadaram mais dinheiro do que outros grupos, que também receberam a palestra somada à promessa de ganharem um percentual de todo o dinheiro arrecadado durante o Dia de Doação. Se a motivação fosse explicada apenas pela variável financeira, o grupo com a possibilidade de ganhar 10% do valor arrecadado teria sido o vencedor, mas, como vimos, a motivação não pode ser resumida a uma pilha de dinheiro. Pelo que você constatou nesse experimento, existem **outras variáveis** na motivação com um peso maior do que o dinheiro, e uma delas teve um papel crucial no grupo de melhor performance. Tendo recebido como incentivo **apenas uma breve palestra** sobre a importância de seu trabalho, o grupo vencedor foi apresentado ao **propósito** de sua atividade.

O propósito é uma variável que trabalha a motivação interna (ou intrínseca, na linguagem científica) das pessoas. Para que você entenda a importância do propósito na motivação, nada melhor do que apresentar um estudo realizado pelas renomadas pesquisadoras Jane Dutton, da Universidade de Michigan, e Amy Wrzesniewski, da Universidade de Yale, maiores referências nessa área[1].

Pesquisas mostram que as pessoas encaram seus trabalhos de três formas: como um **emprego**, como uma **carreira** ou como um **chamado**[2]. Aqueles que trabalham meramente em troca de um ganho financeiro são os que têm um **emprego**. Aqueles que o fazem por terem como principal objetivo crescer e avançar na hierarquia de uma empresa possuem uma **carreira**. Por outro lado, os que buscam prazer e realização têm um **chamado**. Dutton e Wrzesniewski ficaram impressionadas ao perceber que pessoas com o **mesmo cargo** encaram seus trabalhos de forma **completamente diferentes**, alcançando níveis de motivação e felicidade igualmente distintos.

A equipe de faxineiros de um hospital, por exemplo, era claramente separada entre pessoas que enxergavam seu trabalho como um emprego e outras que dele extraíam um propósito. O primeiro grupo, com uma visão limitada do seu papel, realizava as tarefas com o mínimo esforço possível e evitava ao máximo interações com os colegas e os pacientes do hospital. Esses indivíduos não gostavam do trabalho de limpeza, consideravam-no de baixo nível de especialização e não estavam dispostos a fazer esforço extra para realizar tarefas fora de sua área de atuação, engajar-se com os outros ou mudar suas tarefas. Porém outro grupo de faxineiros agia de forma diferente, realizando frequentemente tarefas que estavam fora do escopo de seu trabalho e caprichando nas interações com os colegas, visitantes, pacientes e outros membros da sua unidade.

Amy Wrzesniewski conta que, em uma das entrevistas realizadas para esse estudo, perguntou a um faxineiro: "O que você faz aqui no hospital?". Ele respondeu: **"Eu curo os pacientes"**. Wrzesniewski, então, pediu-lhe que contasse um pouco mais sobre o seu trabalho, e o zelador disse que fazia tudo ao seu alcance para ajudar os pacientes a se curarem, e parte disso era garantir que o seu trabalho proporcionasse ambientes limpos e estéreis para que eles pudessem melhorar. Esse é o exemplo de uma pessoa que faz do seu trabalho um chamado, em vez de um emprego ou uma carreira. Esse tipo de profissional consegue sentir que o alcance do seu trabalho vai **muito mais longe do que consegue enxergar no momento**, que o seu trabalho carrega um **significado**.

Os faxineiros que tinham um **emprego**, por sua vez, enxergavam o seu trabalho apenas limitado ao ato de **limpar**, não conseguindo ver o impacto do seu serviço aos pacientes, médicos, visitantes e colegas de trabalho. Esses profissionais, quando indagados sobre o que faziam no hospital, respondiam exatamente o que estava escrito na descrição dos seus cargos pelo RH.

Os zeladores do grupo com um **chamado**, por outro lado, gostavam do seu trabalho, consideravam que exigia um alto nível de especialização e faziam o possível para que a atuação das pessoas de suas unidades (enfermeiras, médicos, atendentes etc.) se desenvolvesse de forma mais tranquila. Esses são os profissionais que entendem serem capazes de fazer do mundo um lugar melhor por meio dos seus atos, algo simples e factível para qualquer pessoa, bastando querer agir. "**Faxineiro**" era o que estava escrito nos crachás de todos os profissionais estudados por Dutton e Wrzesniewski, no entanto alguns deles entendiam que a sua função era muito mais do que limpar. Enxergavam além do que estava escrito em seus crachás! **E você, o que faz em seu trabalho?**

O TRABALHO DOS SEUS SONHOS

Wrzesniewski e Dutton nos ensinam que todos podemos transformar o trabalho que **temos** na atividade dos nossos **sonhos**. Tudo começa com o **esforço** em enxergar como impactamos a vida dos clientes, da economia e das outras áreas da empresa em que trabalhamos. **Todo trabalho tem um propósito**, mas poucos conseguem enxergá-lo; prova disso é a descoberta do Gallup indicando que apenas 12% dos entrevistados acreditam que suas vidas são melhores por causa das empresas onde estão — 88% das pessoas, portanto, acreditam que as empresas onde trabalham **piora** as suas vidas[3]. O Gallup também publica o relatório *State of the Global Workplace*, que mede o engajamento de trabalhadores no mundo todo; em sua última versão, o número de trabalhadores que reportaram ser altamente envolvidos e entusiasmados com os seus trabalhos foi de apenas 15%[4].

Você já se perguntou por que o seu cargo na empresa existe? É para deixar um cliente mais feliz, auxiliar uma área da empresa a ter sucesso, fazer com que um processo seja mais ágil, ajudar a companhia a economizar ou ganhar mais dinheiro, aumentar o PIB da sua cidade e assim por diante. Além disso, todo trabalho permite que você desenvolva habilidades, torne-se melhor naquilo que faz e capacite-se a lidar com situações fora do ambiente corporativo com mais facilidade. Esse processo se chama *modelagem de trabalho*: com um esforço consciente, você modela seu trabalho para encontrar propósito, conquistando assim a motivação necessária para acordar todos os dias feliz e aumentar o seu engajamento. Isso por saber, especialmente, que o seu trabalho contribui para o seu bem-estar e o de muitas outras pessoas. A **escolha** entre enxergar o seu trabalho como um emprego, carreira ou um chamado é inteiramente sua!

Foi exatamente a essa escolha que Adam Grant, da Wharton School, induziu alguns atendentes de um *call center* de uma universidade pública[5]. Qualquer um que já tenha trabalhado em um *call center* sabe que nem o ambiente de trabalho nem o trabalho em si é agradável. A pressão é enorme, a autonomia é quase nula e a rejeição dos potenciais clientes durante as ligações é elevada. Nesse *call center*, a função dos atendentes era ligar para potenciais doadores solicitando contribuições a serem revertidas para alunos bolsistas.

Adam Grant fez com que um grupo desses atendentes conversasse pessoalmente com estudantes que receberam bolsas de estudos, enquanto outro grupo não vivenciou tal contato. Um mês após essa intervenção, os atendentes que tiveram contato pessoal com os estudantes **aumentaram em 143,67% o tempo que passaram ao telefone durante suas jornadas semanais de trabalho, além de arrecadarem 170,63% a mais na semana**. O grupo que não teve contato com os estudantes não apresentou aumentos significativos em nenhuma das variáveis. Aumentar o tempo efetivo nas ligações de 107,55 minutos por semana para 260,73 por semana (2,42 vezes a mais), além do volume de dinheiro arrecadado de US$ 185,94 para US$ 503,22 semanais (2,71 vezes a mais), só foi possível porque os atendentes em contato com os bolsistas acabaram descobrindo o verdadeiro propósito do seu ofício — eles compreenderam como seu trabalho impactava positivamente no bem-estar das pessoas beneficiadas. Um dos fatos mais surpreendentes desse estudo é que a conversa entre os bolsistas e os atendentes durou aproximadamente **cinco minutos**, o que demonstra que as pessoas podem obter essa compreensão sobre a importância dos seus trabalhos sem grande esforço nem tempo demasiado.

Similarmente, pesquisadores de Harvard e da Universidade College London descobriram que quando os cozinheiros de um restaurante podiam **enxergar os clientes**, preparavam pratos **mais saborosos**.[6] Além disso, essa pequena intervenção trouxe um aumento de 22,2% na satisfação reportada pelos clientes e reduziu o tempo de espera dos pratos em 19,2%. Ryan Buell, um dos autores do artigo, afirma que quando os funcionários enxergam o cliente, sentem-se mais apreciados, entendem que o seu trabalho carrega um significado, ficam mais satisfeitos com os seus trabalhos e aumentam a sua disposição em se esforçar. Isso significa que conversar com as pessoas impactadas pelo seu trabalho, ou apenas observá-las, mesmo que por pouco tempo, proporcionará motivação e performance dificilmente alcançadas por motivadores externos.

Voltando aos estudantes em Israel, que vimos na introdução deste livro, fica mais fácil perceber que conseguiram uma excelente performance aqueles que enxergaram o seu trabalho como uma **oportunidade para ajudar os outros**.[7] Por outro lado, tiveram um desempenho inferior os estudantes que enxergaram seu trabalho como uma **oportunidade para ganhar o máximo de**

dinheiro possível. Essa diferença motivacional foi tão clara no estudo que Gneezy e Rustichini notaram:

"Se uma pessoa é recompensada [financeiramente] por trabalhar em uma atividade interessante, sua motivação interna diminui."

O trabalho exigido dos estudantes nos Dias de Doação foi interessante, pois conseguiram sentir que o seu esforço resultaria no bem de outras pessoas. O pequeno discurso lembrando os alunos da importância do seu trabalho fez **aumentar** esse sentimento de motivação interna ainda mais, como você pôde observar na performance do primeiro grupo. Mas no momento em que o segundo e o terceiro grupos receberam o estímulo de um **motivador externo** — dinheiro — logo após o discurso, a sua motivação interna **diminuiu** e, junto com ela, os resultados. Este exemplo esclarece que a motivação por incentivos internos gera melhores resultados comparada à motivação por incentivos externos. Além disso, quando estímulos interno e externo acontecem **ao mesmo tempo**, podemos notar o externo exercer um peso maior e acabar prejudicando a performance. George Loewenstein explica que, em casos assim, a partir do momento que uma pessoa recebe incentivos financeiros para realizar um trabalho com um propósito, o possível ganho financeiro faz com que ela **deixe de se considerar como pessoa virtuosa**, o que gera uma pior performance[8].

No experimento de Lepper, Greene e Nisbett, vimos que as crianças informadas de que podiam ganhar uma recompensa pelos seus desenhos tiveram seus trabalhos avaliados como piores em comparação aos das crianças que não sabiam da recompensa[9]. Além disso, nos dias seguintes ao experimento, as crianças com a possibilidade de serem recompensadas por seus desenhos passaram menos tempo dedicando-se a eles. A oferta de uma **recompensa externa** por um trabalho que **era** interessante para essas crianças fez com que, em poucos dias, **perdessem a motivação interna para desenhar**.

São claras as consequências motivacionais alcançadas por variáveis internas, como o propósito, e por variáveis externas, como o dinheiro ou o reconhecimento. Outras pesquisas interessantes sobre estes assuntos vêm de uma série de estudos de universidades belgas e americanas, onde participantes foram designados a se envolverem em atividades de aprendizagem, exercícios físicos ou de alimentação saudável, e receberam a informação de que o processo os ajudaria a alcançar certo objetivo[10]. Para alguns participantes, os objetivos mencionados foram **ter sucesso financeiro, tornar-se fisicamente mais atraente**

e obter um status mais elevado. Para outros, os objetivos mencionados foram **ter crescimento pessoal, envolver-se com um grupo de pessoas e melhorar a saúde física.**

Nesses estudos, os resultados revelaram: quando as tarefas são relacionadas com motivadores **externos**, a performance e a persistência das pessoas são piores. Esses cientistas descobriram que, ao ligar o seu trabalho a motivadores externos, as pessoas processam as informações necessárias para completar o suas atividades de forma **mais superficial**, demonstrando dificuldade em enxergar o que fazem como um todo; desse modo, elas se envolvem no trabalho de forma **menos flexível** e têm **dificuldades em se concentrar** nele com profundidade.

Por esses e outros motivos é que você deve sempre se concentrar em aumentar o peso das variáveis boas da sua motivação. Ter **motivadores internos** direcionando as suas escolhas é fundamental para conquistar um bom desempenho no trabalho e ter uma vida feliz. Uma das formas mais fáceis de encontrar essa motivação interna no que você faz — principalmente se está iniciando essa mudança na sua maneira de pensar — é envolver a sua **família** na construção do significado do seu trabalho. Você pode, por exemplo, determinar que o propósito do seu trabalho é **garantir ao seu cônjuge mais segurança financeira, aos seus filhos a chance de estudarem em uma boa escola, à sua mãe condições de enfrentar o envelhecimento com uma saúde espetacular, aos seus netos a possibilidade de o enxergarem como um exemplo e aos seus irmãos a certeza de não sofrerem caso venham a enfrentar problemas financeiros.** Se você exerce um cargo de liderança na empresa onde trabalha, é importante que deixe claro aos membros da sua equipe que o trabalho realizado por eles proporciona, uns aos outros, **um desenvolvimento cada vez maior como profissionais e pessoas; ajuda a sociedade a ser melhor; permite que façam conexões positivas com os seus colegas de trabalho e com os clientes; além de promover um bem-estar maior para as suas famílias.**

O PROPÓSITO E A SUA SAÚDE

Ter um propósito na vida e no trabalho não é benéfico apenas para a sua motivação e felicidade. A Dra. Patricia Boyle e seus colegas do Centro Médico da Universidade Rush descobriram que **ter um propósito** diminui substancialmente as chances de se desenvolver **Alzheimer**[11]. Esse estudo, que envolveu

246 idosos, mostrou que, apesar dos danos da doença no cérebro, quem reportava ter um propósito na vida apresentava melhor função cognitiva do que os demais. Se isso não for suficiente para você compreender a importância de ter e reconhecer seu propósito, um estudo que durou 14 anos e acompanhou seis mil pessoas concluiu que **aqueles com um propósito vivem mais**[12]. Esse padrão foi encontrado entre jovens, adultos e idosos, o que surpreendeu os cientistas. Patrick Hill, da Universidade Carleton, um dos autores do artigo, reporta que ter um direcionamento para a vida pode ajudar a viver mais, independentemente de **quando** encontramos esse direcionamento.

Mas, talvez, a descoberta mais significativa sobre os efeitos de ter um direcionamento maior na sua vida seja a de que **ter um propósito muda a expressão dos seus genes.** No estudo realizado pela renomada pesquisadora Barbara Fredrickson, a quem você conhecerá com profundidade mais adiante, demonstrou-se que os genes de quem reportava ter um senso profundo de propósito na vida revelavam **menor expressão** nos níveis de inflamação e **maiores níveis** de antivírus e anticorpos[13]. É impressionante saber que até a forma como você encara o seu trabalho apresenta consequências, ativando ou desativando certos genes, aumentando ou diminuindo as suas chances de adoecer. Steven Cole, autor do artigo em parceria com Barbara Fredrickson, mencionou que surpreendentemente todos os participantes apresentavam níveis similares de emoções positivas — sentindo-se igualmente bem. Mas, apesar de o estado emocional dos dois grupos ser semelhante, seus genomas respondiam de modo completamente diferente. Em uma entrevista para o site da UCLA, Cole afirmou que **sentir-se bem** e **fazer o bem** são interpretados de forma distinta pelo nosso genoma[14].

Esse senso de propósito na vida gera a almejada *felicidade eudaimônica*, aquela duradoura, mas que nem sempre é prazerosa no momento. Quando, por exemplo, você faz parte de um projeto grande na empresa cuja conclusão trará grandes benefícios para a sua vida e a de outras pessoas, embora esteja muito cansado e o trabalho em si não seja exatamente prazeroso, é capaz de trabalhar exaustivamente até as 21h e ainda encontrar forças para, na manhã seguinte, acordar às 6h — o seu propósito faz com que você continue **motivado** e sinta um tipo **diferente** de felicidade.

É de fundamental importância que procure hoje mesmo pelo seu propósito na vida e no trabalho: a sua motivação, felicidade e saúde agradecem!

PROPÓSITO EMPRESARIAL

Não é porque as pessoas podem encontrar **sozinhas** um propósito para o seu trabalho que as empresas estão livres das suas responsabilidades em motivar os funcionários — muito pelo contrário. Pesquisadores da Universidade de Southampton, na Inglaterra, descobriram em um estudo que trabalhar em um **ambiente que possui um propósito** faz as pessoas serem 13% mais produtivas[15]. Hoje, para muitas empresas, ter um propósito deixou de ser uma forma de promoção, passando ao status de **missão**.

A fabricante sueca de escovas de dentes The Humble Co. e a americana Smile Squared, por exemplo, doam um de seus produtos para uma criança em necessidade a cada venda que fazem. A Figs, fabricante de roupas cirúrgicas para profissionais da saúde, doa um kit hospitalar a países menos favorecidos a cada kit que comercializa. Os fundadores da Warby Parker, depois de descobrirem que óculos de qualidade são extremamente caros pelo fato de **uma** companhia ser a dona ou ter a licença de fabricação da maioria das marcas que conhecemos, resolveram vender seus produtos por um preço justo, doando um par de óculos a cada par vendido. Doar bolas de futebol para crianças carentes a partir de suas vendas é o negócio da One World Play Project. A Bixbee doa mochilas escolares a crianças necessitadas a cada unidade vendida. A Better World Books já doou mais de 24 milhões de livros usando o mesmo sistema de doação através das suas vendas. Luvas, cachecóis e gorros são os produtos comercializados pela Twice as Warm, que mantém o intuito de doá-los para necessitados a cada venda. Todo sabonete que a Pacha Soap Co. vende proporciona a doação de outro para uma pessoa carente. Além disso, a empresa também constrói poços de água artesianos em comunidades sem acesso ao bem mais básico para a sobrevivência humana. "Dê uma botada na pobreza" é o slogan da Roma Boots, fundada pelo romeno Samuel Bistrian. A companhia vende botas de chuva e as doa para crianças carentes e órfãs no mesmo modelo de "uma por uma"; sua missão é doar um milhão de botas até 2020. Construir poços artesianos em comunidades carentes é o que move a Jonas Umbrellas, empresa que comercializa guarda-chuvas. A companhia escolheu a água como a sua fonte de doação porque, a cada 21 segundos, uma criança morre por problemas relacionados à falta de saneamento, e porque mais de 748 milhões de pessoas no mundo não têm acesso à água limpa e tratada. O banco americano Aspiration, além de cobrar tarifas mais baixas e oferecer fundos mais rentáveis em comparação a outros grandes bancos, doa 10% dos seus ganhos para a caridade. Mas não são apenas as pessoas que são beneficiadas por empresas com propósito, os animais também têm representantes. A Bogo Bowl, por exemplo, é uma empresa com a missão de prover comida para cães que vivem em abrigos; para tanto, ela doa um saco de ração a cada saco vendido. E se você quiser adquirir produtos como os descritos acima, e muitos outros que fazem o mundo ser mais sustentável, o e-commerce Earth Hero mantém o propósito de comercializar apenas produtos de empresas seriamente compromissadas com o nosso planeta.

O modelo de negócios seguido por muitas dessas empresas, conhecido como "um por um", encontra na Toms — fabricante de sapatos que doa um par a cada par vendido — sua pioneira. Mais tarde, a Toms começou a procurar novos problemas no mundo que poderiam ser resolvidos por meio dos negócios da companhia. Assim, começou a vender óculos escuros para ajudar pessoas carentes que não podiam comprar um par de óculos, ajudando ainda aqueles que precisavam de exames e cirurgias oftalmológicas. Hoje, a Toms também vende mochilas, bolsas e café, produtos que, respectivamente, transformam-se em aconselhamento para educadores prevenirem o *bullying* nas escolas, treinamentos para parteiras que ajudam mulheres a darem à luz com segurança em locais com escassez de médicos e oferecem água potável a comunidades menos favorecidas.

Muitas dessas empresas **nasceram** com um propósito diferente do que conhecemos sobre a maioria das companhias no mercado. Mas, vale indagar, essas empresas dão lucro? Afinal, empresas servem para obter lucro, não é? Essa é uma verdade **parcial**, pois da mesma forma que uma pessoa **morre** se não produz anticorpos, as empresas **morrem** se não dão retorno. Isso não significa que o **propósito da vida de alguém é produzir anticorpos**, assim como **não podemos afirmar que o propósito de uma empresa é apenas render lucro.**

As empresas existem, em primeiro lugar, para satisfazer uma necessidade da sociedade.

Algumas vão ainda mais longe, satisfazendo uma necessidade da sociedade e ajudando pessoas menos favorecidas a terem oportunidades. Afinal, pares de sapatos, escovas de dentes e sabonetes não são apenas produtos, e sim **plataformas** para darem condições a crianças de irem à escola, não perder dias de aula, ter maior autoestima e conquistar melhores condições de higiene e saúde. Para as empresas que cumprem o seu papel na sociedade de forma exemplar, **o lucro é apenas uma consequência**, um resultado que impulsiona a lutar com ainda mais força pelo seu propósito.

Como vimos, o dinheiro motiva as pessoas a agirem, mas aquelas que vêm trabalhar pelo dinheiro também vão embora por causa dele. Agora, aquelas que vêm trabalhar pelo **impacto** que a empresa gera na sociedade são fiéis à sua causa e dedicam-se ao máximo nas suas tarefas. Nos trabalhos que realizo com *startups*, percebo uma realidade semelhante. Muitos fundadores são obcecados pelo objetivo de fazer suas empresas se tornarem **unicórnios** e, assim, trocam a motivação interna de construir uma companhia que pode gerar um grande impacto na sociedade pela motivação financeira. Uma *startup* de sucesso não é necessariamente um unicórnio — aquela que vale mais de 1 bilhão de dólares —, e sim a que **entrega para a sociedade o valor que se propôs** construir, aquela que **resolve o problema que inspirou sua criação**.

> Ter um propósito maior do que o dinheiro é uma escolha que tanto as pessoas quanto as empresas devem fazer.

Mas os benefícios em escolher um propósito na vida e no trabalho não acabam aqui. Eles proporcionam uma vantagem ainda maior, pois atingem outro fator **fundamental** para a sua motivação.

A AUTONOMIA E O SER HUMANO

Dutton e Wrzesniewski enfatizam em seu artigo que a motivação gerada pela modelagem de trabalho é originada da necessidade de os indivíduos terem algum sentimento de controle sobre suas atividades. A partir do momento que os faxineiros enxergavam o propósito do que faziam — ajudar os pacientes a se curarem —, essa ação trazia um novo significado ao trabalho de cada um, fazendo também com que o seu sentimento de **autonomia** aumentasse. Afinal, se a função de um faxineiro é ajudar os pacientes a se curarem, está **totalmente dentro do controle deles fazer o seu melhor no trabalho para que isso aconteça**. Quando você muda a forma de pensar sobre o propósito do seu trabalho, automaticamente muda a sua sensação de liberdade, o que gera resultados muito positivos para a sua motivação. Há anos, cientistas de todo o mundo vêm encontrando evidências de que a **autonomia** é um dos pilares da motivação humana. Ela é a sensação de ter **controle** sobre os acontecimentos da sua vida, de que você dispõe de opções, de saber que há **liberdade nas suas escolhas**. A importância desse fator é tão grande em nossa motivação que a falta dele pode gerar consequências catastróficas.

Em um experimento científico que ilustra essa questão, as pesquisadoras Ellen Langer, da Universidade de Harvard, e Judith Rodin, da Universidade de Yale, separaram em dois grupos moradores de uma casa de repouso para idosos[16]. Todos os participantes do estudo ganhariam novas plantas para cuidar: aos do primeiro grupo foi informado que cuidariam **pessoalmente** de suas plantas; aos do segundo grupo, que a equipe da casa de repouso cuidaria delas. Após alguns meses cuidando pessoalmente das suas plantas, os membros do primeiro grupo reportaram estar mais felizes, foram avaliados como mais ativos pela equipe de enfermagem e passaram a dedicar mais tempo a atividades de entretenimento como assistir a filmes, participar de concursos e conversar com os companheiros. Mas as consequências não foram apenas essas: meses após o experimento, os pesquisadores se surpreenderam ao descobrir que 30% dos membros do segundo grupo haviam **morrido**, contra apenas 15% dos membros do grupo que tinha a simples **autonomia** de cuidar das suas plantas. Este exemplo, por mais trágico que seja, ilustra que a sensação de autonomia é fundamental para o ser humano.

Um dos experimentos mais barulhentos da história da ciência é uma prova adicional disso. Pesquisadores da Universidade de Nova York e da Universidade Stony Brook colocaram alunos para realizar tarefas que exigiam grande concentração, quando, de repente, sons altos e desconfortáveis começavam a tocar na sala[17]. Os alunos, com dificuldade para se concentrar, passavam a cometer erros, seus batimentos cardíacos e sua pressão sanguínea iam para as alturas e muitos começavam a suar. A alguns dos participantes, porém, foi dado acesso a **um botão** que podiam **apertar** para cessar o incômodo barulho; esses mostraram-se mais calmos e cometeram menos erros. O mais curioso, no entanto, é que **nenhum desses alunos apertou o botão**! Isso mostra que apenas o **sentimento** de possuir **algum controle** sobre o barulho já os fez automaticamente ter melhor desempenho nas atividades. A autonomia vence o estresse!

O renomado cientista Martin Seligman, da Universidade da Pensilvânia, passou grande parte da vida estudando o fenômeno *desesperança aprendida*, e fez, junto com o seu colega Steven Maier, algumas das descobertas mais significativas da história da psicologia positiva[18]. Digamos que a sua meta na empresa seja muito alta e que, mesmo se dedicando imensamente durante o mês para atingi-la, você não consegue. No segundo mês, você passa a se dedicar **ainda mais** na esperança de alcançar aquela meta, trabalhando mais horas do que o normal, mas não a atinge novamente. No terceiro mês, você coloca uma **dedicação extrema**, sacrificando o seu tempo com a família, trabalhando até tarde da noite e até nos finais de semana, mas não atinge o seu objetivo mais uma vez. No quarto mês, acontece a desesperança aprendida: **você entende que não tem controle sobre a sua meta**. A partir daí, passa a assumir que não importa a quantidade de esforço empreendido durante o mês: nunca será suficiente para atingir a sua meta. Daqui para a frente, você desiste de alcançá-la e começa a se esforçar menos, pois perdeu a esperança sobre um futuro positivo. Um dos perigos da desesperança aprendida é que, como já foi condicionado a desistir das suas metas por causa de seguidos fracassos, você não tem motivação nem mesmo para se dedicar a objetivos mais realistas, que poderiam ser alcançados.

De 1967 até o início dos anos 2000, Seligman e Maier acreditavam que a desesperança aprendida era construída depois de uma pessoa passar por um período prolongado de dificuldades. Mas no início dos anos 2000, Maier e outros cientistas começaram a fazer novas descobertas sobre o fenômeno e a analisar a desesperança aprendida por outro ângulo. Uma série de novos estudos foram realizados até que, em 2016, Maier e Seligman publicaram uma revisão de todas as suas descobertas no *Psychological Review*, surpreendentemente revelando que estavam errados sobre as causas da desesperança aprendida[19]. Os cientistas afirmaram nesse artigo que a desesperança faz parte da **configuração original** do ser humano, após ele ter passado por longos períodos de dificuldade; portanto não era **aprendida**, e sim **herdada** pela evolução da nossa espécie. Se você sente que é impossível atingir certo objetivo depois de determinado tempo tentando, a configuração original do seu cérebro faz com que **pare de tentar**, com o intuito de não gastar a energia do seu corpo desnecessariamente.

Maier e Seligman revelaram que, na verdade, as pessoas **aprendem** o sentimento **de falta de controle**, levando-as a ter desesperança e a desistir dos seus esforços. Junto a outros cientistas, eles descobriram inclusive qual é o preciso circuito cerebral ativado durante a desesperança, ao que Seligman carinhosamente nomeou de *circuito da esperança*. Além das inúmeras possibilidades que esses dados trouxeram, como o desenvolvimento de medicamentos e tratamentos mais eficazes para lidar com condições depressivas, o mais belo é a revelação de que **não é o sofrimento que leva à desesperança**, e sim o **sentimento de que você não tem controle sobre o seu destino**.

É interessante notar que, no experimento, os alunos com o sentimento de que podiam controlar o barulho continuaram calmos e tiveram uma performance melhor do que aqueles que aprenderam não ter controle algum — apesar de as condições de trabalho de ambos os grupos serem as mesmas: sob a influência de um desconfortável barulho. Esta é somente mais uma consequência do sentimento de falta de autonomia: a perda da esperança de um futuro melhor.

Desde cedo, experimentamos a necessidade de ter controle sobre as nossas decisões, de ter autonomia no que fazemos. Uma criança, depois de aprender a se alimentar sozinha, sente-se irritada se os pais tentam alimentá-la na boca ou tirar os talheres de sua mão. Da mesma forma, muita gente prefere ter o controle do volante do carro a deixar outros dirigirem; muitos fazem questão de estar presentes em todas as reuniões na empresa, no condomínio ou na escola, para ter a sensação de que controlam seus destinos. São comuns situações em que as pessoas querem que os outros executem as tarefas de acordo com o que elas mesmas fazem; além dos inúmeros casos de profissionais que afirmam com soberba que se não estiverem presentes no ambiente de trabalho seus setores não funcionam, pois vivem a ilusão de que controlam o destino das suas equipes. Ter controle sobre os nossos destinos é uma força motivacional tremenda. Nós nascemos, nos desenvolvemos e morremos querendo controlar os mais diversos aspectos das nossas existências.

A falta de autonomia causa estragos, muitas vezes irreparáveis, ao ser humano. Porém, como você pode imaginar, o sentimento de controle gera resultados extremamente positivos para as pessoas e empresas. Há um grupo de pesquisadores de universidades canadenses, americanas e chinesas cujo estudo demonstrou, por exemplo, que funcionários com sentimento de autonomia durante seu horário de almoço ficavam menos cansados no final do dia em relação àqueles que não sentiam o mesmo[20]. Em um artigo publicado em 2017, o pesquisador Daniel Wheatley, da Universidade de Birmingham, que analisou mais de 20 mil pessoas, concluiu que funcionários com autonomia reportavam maior bem-estar e satisfação no trabalho[21].

> **"Grandes níveis de controle sobre as tarefas e os horários têm o potencial de gerar benefícios significativos para o funcionário, o que ficou evidente com os níveis de bem-estar reportados"**, afirmou Wheatley.

Os dados dessa pesquisa ainda mostram que as mulheres valorizam mais as autonomias de horário e de trabalhar em casa, enquanto os homens são mais impactados pelas tarefas, pelo ritmo de trabalho e pela ordem. Nessa mesma perspectiva, Peter Warr, psicólogo organizacional e professor da Universidade Sheffield, afirmou nas suas pesquisas haver seis fatores primordiais para criar um ambiente de trabalho capaz de inspirar os funcionários[22]. Entre esses fatores existe a **oportunidade de o trabalhador ter controle pessoal**, no sentido de os funcionários precisarem de liberdade para resolver os problemas da empresa da maneira que acharem melhor, assim como para usar as suas habilidades e prever os resultados das suas ações.

Encontrar um propósito para o seu trabalho e para a sua vida são formas de **aumentar o seu sentimento de autonomia**. E o melhor é que essa busca depende apenas dos seus esforços. Porém cabe às companhias encontrar não apenas meios de despertar o sentimento de propósito nos funcionários realizando mudanças nos seus valores, mas também meios de lhes conceder mais autonomia. Os funcionários conquistam o sentimento de autonomia quando a empresa lhes concede a liberdade de escolher chegar ao escritório entre as 8h e as 10h, de almoçar no intervalo que julgarem melhor, de escolher o restaurante onde querem comer, de fazer quantas pausas quiserem, de apresentar as suas opiniões sobre assuntos estratégicos sem medo, de escolher os seus próprios benefícios, de informar quais voos e hotéis são de sua preferência em viagens, de escolher as suas próprias equipes em projetos, de se vestir da forma que mais gostam (desde que a roupa seja adequada ao segmento da empresa), de escolher as suas próprias mesas, de trabalhar no seu *home-office* alguns dias da semana ou de escolher seus períodos de férias. Pequenas intervenções dentro de uma empresa podem gerar grandes resultados.

Se você ainda não está convencido dos benefícios da autonomia no ambiente de trabalho, permita-me apresentar um último estudo, realizado em 2006 por pesquisadores da Universidade Cornell e Babson College[23]. Christopher Collins e Matthew Allen estudaram 323 pequenas empresas, que variavam em tamanho de oito a 600 empregados, e descobriram que ao criar um ambiente de autonomia para os funcionários havia maior **crescimento no faturamento** e uma **rotatividade de pessoal (*turnover*) mais baixa** em comparação com ambientes controladores. Outra descoberta dos pesquisadores foi que as companhias com o objetivo de alcançar grande crescimento acabavam se beneficiando ainda mais quando criavam ambientes de trabalho com mais autonomia, e mostravam faturamentos 12% maiores e taxas de *turnover* 14% menores do que as empresas que exerciam controle sobre os colaboradores. Mas o melhor ainda está por vir: empresas com mais de 50 funcionários eram superbeneficiadas pela autonomia, alcançando um crescimento no faturamento quase **três vezes superior** ao de empresas controladoras e uma rotatividade de pessoal 13% menor.

Collins e Allen definem que empresas com ambientes de autonomia são as que oferecem aos funcionários uma grande proporção de liberdade para monitorar a sua própria performance, confiando desde o primeiro dia que o funcionário concluirá o seu trabalho sem necessitar de supervisão direta. No sentido contrário, empresas controladoras são aquelas que monitoram de perto as atividades diárias, que atribuem aos gerentes — e não aos funcionários — o dever de controlar o andamento e as escalas de trabalho, que usam diversas regras e procedimentos explícitos para controlar as ações dos liderados. Estas breves definições nos ajudam a entender por que algumas pessoas amam os seus trabalhos, enquanto outras os detestam.

O QUE MASLOW NUNCA PROVOU

Depois de mais de 45 anos de pesquisas científicas, Richard Ryan e Edward Deci, da Universidade de Rochester, são reconhecidos pela comunidade científica como nomes das **maiores autoridades** no campo da motivação. Suas pesquisas mudaram o rumo dessa área, mas infelizmente nem todos os profissionais — incluindo professores — conhecem suas descobertas. O resultado dessa situação é notável em empresas e universidades que ainda aplicam conceitos ultrapassados para determinar como funciona a motivação humana, como a *hierarquia das necessidades de Maslow*[24].

Para a surpresa de muitos, a teoria de Maslow **não possui validade científica**, pois o psicólogo nunca coletou dados suficientes para comprovar suas observações sobre os mecanismos da motivação. Em 1976, mais de 30 anos após a publicação da teoria de Maslow, Lawrence Bridwell e Mahmoud Wahba fizeram uma revisão de todos os artigos de cientistas que a testaram até então, revelando que a análise desses estudos **não encontrou evidências** de uma hierarquia de necessidades, muito menos dos cinco níveis motivacionais propostos por Maslow[25]. A tentativa de testar a teoria de Maslow não teve êxito principalmente porque suas ideias vagas e incompletas são difíceis (ou impossíveis) de se medir[26].

Em 2016, Ken Sheldon, da Universidade do Missouri, e dois colegas publicaram um artigo que analisou a satisfação com o trabalho, o comprometimento, a segurança financeira, o bem-estar e outras características de mais de 15 mil trabalhadores russos, avaliando a proposição de Maslow de que para ativar e atingir níveis motivacionais mais elevados as pessoas deveriam primeiramente ter as suas necessidades básicas atendidas[27]. O estudo não encontrou evidências disso, porém descobriu uma fraca e estatisticamente significativa correlação entre o atendimento das necessidades básicas e maiores expressões das necessidades motivacionais elevadas. Resumindo, o artigo demonstra que as necessidades motivacionais elevadas **não são dependentes** das básicas, mas podem realmente ser **mais expressivas** quando estas foram atendidas.

O que atraiu a atenção desses pesquisadores, no entanto, foi a descoberta de que uma ordem **inversa** das necessidades pode ser mais importante: quando atendidas, as necessidades motivacionais **elevadas** podem **prover os recursos** de que as pessoas precisam para enfrentar e resolver as suas necessidades motivacionais **mais básicas**, como segurança e dinheiro. Essa conclusão só foi possível, contudo, porque o estudo de Sheldon e seus colegas substituiu as necessidades motivacionais elevadas propostas por Maslow pelas necessidades **psicológicas** comprovadas nas pesquisas de Richard Ryan e Edward Deci. Se a falta de correlação ou correlações estatisticamente fracas foram encontradas para suportar a teoria de Maslow, o mesmo não aconteceu com a teoria de Ryan e Deci, que se mostrou altamente importante para a motivação dos trabalhadores analisados.

A TEORIA DA AUTODETERMINAÇÃO

A maior contribuição de Ryan e Deci para a ciência foi a descoberta da **Teoria da Autodeterminação**, que surgiu quando os pesquisadores começaram a testar os efeitos de recompensas externas na motivação interna[28]. Em 1971, Deci publicou o artigo que originou uma série de outras pesquisas realizadas por ele em conjunto com Ryan[29]. Nesse estudo, Deci selecionou dois grupos de estudantes para resolver quebra-cabeças extremamente simples durante três dias, sob as seguintes condições:

	DIA 1	DIA 2	DIA 3
EXPERIMENTAL	SEM RECOMPENSA	COM RECOMPENSA	SEM RECOMPENSA
CONTROLE	SEM RECOMPENSA	SEM RECOMPENSA	SEM RECOMPENSA

Percebeu a diferença? Enquanto o grupo de controle realizaria a tarefa sem receber nenhuma recompensa durante os três dias, o grupo experimental não receberia recompensas no primeiro e terceiro dias, porém receberia US$ 1,00 para cada quebra-cabeça resolvido no segundo dia.

Deci cronometrou o tempo enquanto os grupos trabalhavam na tarefa. Quanto **mais tempo** cada grupo trabalhasse, **maior** seria a demonstração do quanto as pessoas estavam motivadas.

No primeiro dia, ambos os grupos mostraram uma dedicação boa na tarefa. No segundo dia, porém, o grupo experimental mostrou uma dedicação **maior** do que o grupo de controle, por causa da recompensa financeira que poderia receber. No terceiro dia, aconteceu o que Deci imaginara: ao saber que trabalhariam sem receber uma recompensa, o grupo experimental **se dedicou bem menos tempo à tarefa**, ao passo que o grupo de controle **continuou trabalhando com a mesma motivação**.

Em um novo experimento, Deci descobriu um comportamento similar quando a quantidade de alunos que participaram da terceira sessão do estudo (não remunerada) caiu expressivamente em relação à segunda sessão (remunerada), enquanto a quantidade de alunos participantes do grupo de controle **aumentou** da segunda para a terceira sessão[30]. Alguns anos a mais de pesquisa levaram Deci e Ryan concluírem que o ser humano é:

1. Naturalmente dedicado.
2. Motivado internamente.
3. Orientado a ser cada vez melhor no que faz.

Além disso, Ryan e Deci ainda demonstraram que essas características são inerentes à natureza humana, ou seja, **não precisam ser aprendidas**[31].

Neste momento pode lhe ocorrer que **você** possui essas características, mas **outras** pessoas que conhece não; desse modo, quero lembrá-lo do viés dos incentivos externos — **o que você assume sobre si mesmo é verdadeiro para as outras pessoas**! É um erro grave achar que você se comporta bem enquanto os outros se comportam mal.

Perceba que nesses experimentos os grupos de controle não precisaram de **nenhum** incentivo para trabalhar, ou até mesmo para trabalhar **mais**: eles o fizeram **naturalmente**. Isso comprova a característica de sermos naturalmente dedicados, motivados internamente e orientados a nos tornarmos cada vez melhores. Mas quando um incentivo **externo** entrou em jogo, o que aconteceu? Depois da influência de uma recompensa, os alunos **perderam** essas características!

Na congelante tarde em que estive no Meliora Hall para conversar com Ryan e Deci na Universidade de Rochester, ambos me explicaram que os incentivos financeiros minam a motivação interna, pois mudam a forma de as pessoas explicarem os motivos pelos quais estão desenvolvendo certa atividade. Quando as pessoas inicialmente estão engajadas em um trabalho prazeroso, são motivadas por um senso de **escolha e autonomia**. Nesse caso, se forem perguntadas sobre o motivo de estarem trabalhando com afinco, elas dirão algo como "porque é divertido" ou "porque eu gosto disso". Mas, uma vez que forem **remuneradas** para trabalhar nessa mesma atividade, ao serem perguntadas sobre o motivo de estarem envolvidas em uma atividade, elas responderão "pelo dinheiro" ou "para mostrar aos outros o quanto eu sou bom". Isso ocorre porque os incentivos fazem com que as pessoas **alternem os seus circuitos motivacionais** de internos para externos. Dessa forma, aqueles que são motivados por recompensas ou por reconhecimento dificilmente terão um sentimento de **satisfação plena** com a atividade que desenvolvem, pois esses motivadores externos as distraem dos aspectos divertidos, interessantes e desafiadores da tarefa.

Perceba que a motivação é **altamente influenciável pelo ambiente**, por isso é cada vez mais importante que executivos, pais e líderes em geral cuidem das suas estratégias motivacionais com o intuito de preservar as características naturais — e sensacionais — das pessoas. A partir do momento que as empresas entendem que os seus funcionários importam-se apenas consigo mesmos, evitam o trabalho, são preguiçosos, não fazem nada além do necessário, querem permanecer na zona de conforto e odeiam o ambiente onde trabalham, os gestores começam a usar estratégias para aumentar o controle, geralmente através de motivadores externos como incentivos e punições. Com isso, os gestores acabam **criando** — e não resolvendo — os problemas citados. Estratégias baseadas em incentivos e punições acabam direcionando os funcionários a mudarem seus circuitos motivacionais, o que faz com que se esforcem unicamente nas tarefas em que receberão esses incentivos e evitarão ser punidos. Assim, eles passam a enxergar seus trabalhos como um **emprego** e apresentam pior performance, resistem a mudanças, entram em conflito com seus colegas, não se esforçam mais do que o necessário, buscam primeiramente "garantir o seu" em vez de colaborar com a equipe e entram na zona de conforto.

Esse processo leva os gestores a acreditarem que as suas percepções sobre a motivação dos funcionários estão corretas, o que faz com que aumentem ainda mais o controle no ambiente de trabalho e passem a confiar cada vez mais que incentivos e punições são a única forma de mobilizá-los. No longo prazo, a insistência nessa estratégia leva a uma alta taxa de rotatividade, baixo engajamento no trabalho, aumento de processos trabalhistas e, certamente, piores resultados financeiros para a companhia. "É uma profecia autorrealizável", explicou Ryan durante nossa conversa. "As pessoas podem ter a inteligência e as habilidades necessárias para mostrar um excelente desempenho no trabalho, porém, se o ambiente não lhes permite utilizar essas características, elas perdem a motivação", completou Deci ao mencionar a importância da criação de um ambiente motivacional adequado dentro das empresas.

Ryan e Deci usam como base da sua Teoria da Autodeterminação dois modelos de motivação: a **autônoma** e a **controlada**. A **motivação autônoma** é aquela que desperta os sentimentos de **interesse, prazer e valor**. É a motivação abastecida pelo sentimento de estar realizando uma atividade por **livre escolha**, de modo que se passa a realizá-la com imensa **vontade própria**. Por outro lado, a **motivação controlada** é aquela em que a pessoa realiza uma atividade para receber uma **recompensa** ou evitar uma **punição**, ou seja, a motivação gerada pelos sentimentos de **obrigação e pressão**, na qual se trabalha **sem liberdade e vontade própria**. Ryan e Deci descobriram que quando um indivíduo realiza uma tarefa de forma **autônoma**, sua performance, seu bem-estar e engajamento são maiores do que quando a tarefa é realizada com o sentimento de controle.

Essa teoria, ainda, leva em consideração que o ser humano possui **três necessidades psicológicas** básicas e universais:

1. Competência
2. Relacionamentos
3. Autonomia

Na ausência desses fatores, as pessoas **nunca** conseguem alcançar o bem-estar e a performance ideais, além de sofrerem consequências psicológicas futuras. "Para ser feliz, uma pessoa precisa, antes de mais nada, ter as suas necessidades psicológicas atendidas", afirmou Ryan. Por fim, a teoria evidencia duas motivações autônomas, a **interna** e a **externa**. A motivação interna é aquela alcançada por uma tarefa que a pessoa considera **interessante e prazerosa**. Em contrapartida, a motivação externa é aquela em que o indivíduo realiza uma tarefa por **outro tipo de interesse**. Os cientistas demonstram, porém, que existe uma forma poderosa de transformar uma motivação externa em interna, embora exija um grande esforço por parte das pessoas. Para isso, elas devem pensar no valor que a atividade exercida produz, e integrar esse valor como parte de si mesmas[32]. É inevitável pensar nesse contexto sobre como a **modelagem de trabalho** ajuda a transformar a motivação externa em interna, ou seja, na evolução de **um emprego a um chamado**. Interessante como a autonomia e o propósito estão intimamente ligados, não é mesmo?

Eu perguntei a Ryan e Deci o motivo pelo qual, assim como outros cientistas, eram tão discretos e não empregavam grandes esforços para disseminarem as suas descobertas ao mundo corporativo, prestando consultorias a empresas, produzindo vídeos para as mídias sociais ou ministrando treinamentos. Eles me responderam que, apesar de saberem que essas ações lhes trariam um grande e imediato retorno financeiro, o seu papel era **realizar pesquisas científicas**, que andam devagar e não geram demasiado lucro, mas que no longo prazo deixam um **legado**. Eis um grande exemplo de propósito no trabalho.

DUAS FORÇAS CONFLITANTES

Uma das maiores dificuldades que enfrento desde o lançamento do meu primeiro livro, é convencer profissionais da área comercial de que **comissões geram piores resultados**. E isso é facilmente explicado pela **autonomia**. O sistema de comissionamentos cria no vendedor a ilusão de que possui total autonomia na construção do seu salário, de que os seus resultados dependem apenas de esforço. Alinhada com a crença do vendedor está a dos gerentes de vendas — os primeiros a discursarem sobre "o salário do vendedor depender somente dele mesmo". Ao mesmo tempo, a preferência dos vendedores por salários variáveis irá gerar menos felicidade em suas vidas, pois, como você descobriu em alguns estudos já mencionados, a relação entre dinheiro e motivação costuma levar a um pior desempenho, o que decerto irá gerar o sentimento de **incompetência** no vendedor — aquela necessidade motivacional básica descoberta por Ryan e Deci. Como nem os vendedores sabem por que, apesar da possibilidade de ganhar um salário alto, não conseguem ter boa performance, continuarão a atuar de acordo com a crença de que podem construir o seu próprio salário, até o momento em que não aguentarão mais sofrer com os seus fracassos e entrarão em uma espiral negativa de pensamentos.

Martin Seligman revela que, em situações nas quais vivenciamos emoções negativas seguidamente, a nossa falta de habilidade em lidar e vencer essas dificuldades pode ser explicada por três pês: **personalização, penetração e permanência**[33]. A **personalização** é o fato de a pessoa atribuir o evento negativo a **si mesma**, dizendo ser a culpada pelo que aconteceu quando, muitas vezes, a causa é algo externo. A **penetração** é a percepção da pessoa de que aquele evento negativo irá impactar **todas as áreas da sua vida**: financeira, pessoal, profissional, familiar etc. Já a **permanência** é o sentimento de que aquela situação negativa **nunca irá mudar**. É por causa desse último pê que é tão difícil lidar com a depressão, pois a mente de alguém nessa condição não é capaz de visualizar um futuro diferente do momento vivenciado, causando a sensação de que as coisas **nunca** irão melhorar e drenando as forças necessárias para sair desse estado.

Não são apenas os vendedores que sofrem com essas forças conflitantes. Toda vez que colocamos o dinheiro em primeiro lugar nas nossas vidas, por causa da sensação de liberdade que ele nos traz, deixamos em segundo plano as nossas famílias e os nossos amigos, recursos que **verdadeiramente** nos aproximariam da felicidade e motivação que precisamos para ter sucesso. Queremos a sensação de autonomia do dinheiro, mas não sabemos das consequências negativas que esse sentimento produz em nós.

Nas nossas escolhas diárias, nós também acreditamos que quanto mais opções de restaurantes, livros, roupas, cosméticos, celulares, carros ou frutas tivermos, mais felizes viveremos por causa da sensação de **autonomia** que ter escolhas proporciona. Todavia, pesquisadores como Sheena Iyengar e Barry Schwartz afirmam que justamente o contrário é verdadeiro: quanto **menos** opções tivermos, mais satisfeitos — e felizes — ficaremos com o que escolhemos[34]. Você na certa já foi a um restaurante com um cardápio muito extenso, o que o fez demorar 30 minutos para escolher a sua refeição e, quando seu prato foi servido, disse: "Por que escolhi isso? Aquele outro deve ser bem mais gostoso!". Iyengar explica nas suas pesquisas que quanto maior a variedade de produtos a que nos expomos, maior é a chance de logo em seguida nos **arrependermos** do que escolhemos, o que causa um sentimento de tristeza. Muita autonomia pode ser algo **bom para a nossa motivação no curto prazo, mas ruim para a nossa felicidade**.

Em casos como o dos vendedores, devemos deixar de lado o nosso sentimento de autonomia no curto prazo para pensar nos benefícios de **longo prazo** que as nossas escolhas nos trazem. Um vendedor com um salário fixo alto pode até perder a sua sensação de autonomia na construção do seu próprio salário, mas **ganha** na sensação de autonomia de poder **programar** a aquisição de um imóvel, por exemplo, sem a insegurança de não saber se conseguirá pagar a próxima prestação devido aos altos e baixos da comissão. Este modelo de remuneração permite ao vendedor saber que, independentemente do seu resultado de curto prazo, ganhará um salário bom, capaz de motivá-lo no **longo prazo**. Ganhar um salário fixo alto também deixa o vendedor mais feliz, pois, como você deve lembrar, ter segurança financeira reduz a quantidade de emoções negativas que as pessoas vivenciam.

As pesquisas de Ryan e Deci têm um valor inestimável para a sociedade, principalmente por revelarem que, para podermos obter uma boa performance e experimentar o sentimento de competência, o **tipo** de motivação é mais importante do que a **quantidade** dela. São claras as evidências de que a autonomia é uma necessidade motivacional básica no ser humano, e que uma das formas de alcançá-la é buscar um **propósito** para o que fazemos. Mas para entender completamente a motivação, ainda precisamos explorar a importância da competência e dos relacionamentos.

PARTE 2

RECONHECIMENTO

CAPÍTULO 4

Negativos, Estressados, Doentes e Com Medo de Ficar de Fora

NATURALMENTE NEGATIVOS

Imagine que você está na selva. Faz três dias que não come absolutamente nada, portanto está faminto. Em uma de suas caminhadas matinais você encontra uma macieira, e nela há apenas **uma** maçã. A antecipação de uma experiência positiva já faz com que você comece a salivar, imaginando o prazer de comer a fruta; então você dá um pulo e alcança aquela inestimável maçã. Quando está prestes a dar a primeira mordida, o barulho vindo de uma árvore ao seu lado o interrompe. O que fazer? Para tomar uma decisão, é preciso considerar sua emoção positiva — "Esta maçã deve ser uma delícia e estou morrendo de fome!" — e sua emoção negativa — "O barulho na árvore pode ser um tigre querendo me devorar!". Qual delas escolheria?

Saiba que essa situação era bastante comum na vida dos nossos antepassados, afinal, vivíamos na selva disputando comida com todos os outros animais. Assim, tomar decisões **rápidas** era crucial para a sobrevivência e continuidade da nossa espécie.

Em um momento como este, devido ao sentimento de **ameaça** que a situação apresentaria, ocorreria o aumento do hormônio cortisol no seu organismo. O cortisol ativa um mecanismo de resposta chamado ***lutar ou correr***[1]. Quando uma grande quantidade desse hormônio ingressa na corrente sanguínea e a inunda de glicose, seu sangue migra da parte superior dos tecidos para os **músculos**[2], provendo energia imediata para o seu corpo enfrentar uma situação de ameaça ou estresse — **lutar ou correr**. Na possibilidade de o barulho na árvore ter vindo de um tigre, a sua reação imediata decerto será fugir para não ser devorado[3]. Dificilmente o seu cérebro agiria de forma **racional** para enfrentar essa nova ameaça[4]. Se assim fosse, enquanto você pesa se o barulho na árvore é de um roedor ou pássaro, **o tigre** já **o atacou!**

Um dos efeitos do cortisol é justamente esse: ajudar-nos a tomar uma decisão rápida, que aumente nossas chances de sobrevivência[5]. É por esse motivo que uma elevação de cortisol no sangue pode desligar parcialmente uma parte do cérebro chamada córtex pré-frontal[6] — responsável pelo planejamento, pela projeção do futuro, pela linguagem e pelo pensamento racional — e ativar uma parte neural primitiva chamada **amídala**, cuja função é tomar decisões para garantir que você continue vivo: **largue essa maçã e saia correndo!**[7]. Esse hormônio também pode aumentar a velocidade dos seus batimentos cardíacos, direcionando mais sangue aos seus maiores músculos (uma preparação para lutar ou correr) e fazendo com que respire mais rápido. Consequentemente, ocorre uma redução na quantidade de oxigênio no cérebro para atender os demais órgãos e músculos, o que piora seu funcionamento.

Você certamente já vivenciou os efeitos do cortisol em alguma discussão com alguém. Quando os ânimos começam a esquentar, as pessoas passam a gritar umas com as outras, dizendo, muitas vezes, coisas que não deveriam. Em brigas de casais, por exemplo, é muito comum as pessoas ficarem sem se falar durante horas logo após um conflito. Se você já vivenciou uma situação como esta, sem dúvida sabe que, no final, sempre acontece a mesma coisa: algum tempo depois, mais calmos, os envolvidos se lembram do que **deveriam** ter falado no momento da briga para vencê-la. Mas por que você não se lembrou desses argumentos durante a discussão? Porque seus níveis de cortisol estavam elevados, e a parte "racional" do seu cérebro — o córtex pré-frontal — se achava parcialmente desligada, por isso **não conseguiu encontrar bons argumentos nem ser criativo**.

> **Emoções negativas podem desligar parcialmente uma parte do cérebro responsável pela criatividade, fazendo com que você vislumbre menos possibilidades. Emoções negativas reduzem a sua visão do mundo.**

Em um primeiro momento esse mecanismo pode não lhe parecer benéfico ao ser humano, mas ocorre justamente o contrário: se a nossa espécie teve a capacidade de tomar as decisões que nos fizeram hoje estar no topo da cadeia alimentar, foi porque esse mecanismo que libera cortisol nas situações em que precisamos de energia rápida existe. Atualmente são raros os casos de pessoas que vivem nas mesmas condições dos nossos antepassados, porém sofremos outras ameaças mais brandas, como perder o emprego e não saber se conseguiremos pagar as nossas contas no final do mês ou termos o carro roubado. Apesar da enorme diferença na severidade e quantidade de ameaças vividas pelo homem das cavernas e o moderno, o seu mecanismo primitivo de defesa continua funcionando como se ainda vivesse na selva. Pelo fato de que milhões de anos atrás nós, seres humanos, tínhamos que nos manter 100% atentos ao que poderia acontecer de **errado** — pisar em uma cobra, ter uma pantera à espreita sobre uma árvore, ouvir algum barulho estranho nas proximidades —, somos **naturalmente negativos**.

Até hoje, continuamos mais atentos às coisas negativas presentes em nosso ambiente do que às positivas, um fenômeno que a ciência chama de ***viés da negatividade***[8]. Alguns estudos reiteram essa afirmativa ao mostrar que, em média de três ou quatro para uma, o número de emoções consideradas negativas é maior em comparação ao de emoções positivas[9]. Ao receber o boletim de um filho, por exemplo, quais são as notas que chamam mais atenção dos pais, as boas ou ruins? Ao dar ou receber um *feedback*, a conversa é mais positiva ou negativa? Ao navegar em um site de notícias, quais manchetes chamam mais a atenção da maioria, as positivas ou as negativas? Nas empresas não é diferente: existe o plano A, mas também o plano B, C e D, para o caso de o primeiro não se estabelecer. Geralmente, em casos assim, as empresas sabem como executar os planos B, C e D, mas não têm ideia do que farão se o plano A der certo.

UM VÍRUS NO SOFTWARE DO SEU CÉREBRO

O cérebro humano foi **programado** pela evolução para **procurar** coisas negativas com mais frequência do que coisas positivas. É por isso que aquela sua tia que só fala sobre desgraça — e todo mundo tem na família alguém assim — não possui uma índole **ruim**: ela é simplesmente uma **pessoa**, negativa como qualquer outra. Lembro-me de quando me preparava para dar uma palestra para mais de quinhentas pessoas e o projetor do local teve um problema, atrasando bastante o evento. Nesse entretempo, saí do teatro e fui conversar com quem participaria da palestra. Um rapaz começou a puxar assunto e, em menos de cinco minutos, me contou a respeito de um amigo que se chocou contra uma carreta e morreu, de uma onda de assaltos em um município próximo a Curitiba, de políticos corruptos e, obviamente, de como o equipamento da palestra era ruim. Eu podia **escolher** permanecer mais tempo ali, conversando com ele, mas, na primeira oportunidade, fui até outro participante. Esse rapaz também era simplesmente uma **pessoa**. Estou certo de que você já passou por situações semelhantes e, em muitos casos, enfrenta acontecimentos similares todos os dias! Sim, o mundo está cheio de seres humanos, negativos por natureza.

Um dos grandes problemas do hormônio cortisol é o seu tempo de metabolização no organismo: ocorre **lentamente**[10]. É por isso que quando temos um momento negativo em nosso relacionamento conjugal, ou quando lemos uma notícia negativa em um site, ficamos **o dia todo** nos lembrando desses acontecimentos. Emoções negativas entram no nosso corpo e provocam efeitos de longa duração. Lembra-se de que o cortisol desliga parcialmente a parte do cérebro responsável pela criatividade e argumentação? É por esse motivo que você só se recorda das coisas que deveria ter dito em um conflito **muito tempo depois** de ter acontecido. Pequenas cargas de cortisol não causam grandes problemas à saúde e, na verdade, até fazem com que você aja! Pela manhã, por exemplo, o seu nível de cortisol é mais alto justamente para provê-lo da energia que o fará se levantar logo da cama e começar as suas atividades. O problema se dá quando essas cargas do hormônio do estresse aumentam na sua frequência e intensidade — vale dizer que o estresse está relacionado a várias condições que causam morte prematura[11].

Em um estudo que analisou o impacto do estresse em 1.552 irmãs gêmeas, por exemplo, revelou-se que quando uma das irmãs sofre mais com o estresse, seus telômeros — as "tampas" de DNA que protegem as extremidades dos nossos cromossomos — aparentam ser **sete anos mais velhos**[12]. À medida que envelhecemos, as nossas células antigas vão morrendo e cedendo lugar a novas; a cada vez que elas se dividem para formar outras, nós perdemos uma porção de telômeros, por isso eles encurtam com o passar dos anos. O encurtamento dos telômeros está associado à morte prematura e a uma maior chance de infarto. Além disso, essa redução dos telômeros faz com que as nossas células novas se formem sem as informações genéticas completas, o que as leva a envelhecer e morrer mais rapidamente. Sem os telômeros, perdemos a capacidade de produzir células saudáveis. O estresse, portanto, reduz o tempo de sobrevivência das nossas células, consequentemente encurtando os nossos telômeros em um ritmo **maior** do que o normal. Lembremos do estudo de Michael Norton, de Harvard, que orientou as pessoas dividirem o seu dinheiro com um estranho e descobriu que aquelas dedicadas a fazer divisões mais justas apresentaram menores níveis de cortisol. Agora ficou ainda mais clara para você a importância da generosidade?

Saber que verdadeiramente existe uma relação entre o nível de estresse de uma pessoa e o aceleramento do seu envelhecimento, como outros estudos também demonstram, é fundamental para que você descubra quais **escolhas** deve fazer na vida[13]. Essas escolhas, inclusive, podem futuramente formatar seu cérebro de uma maneira diferente, livrando-o do vírus da negatividade, naturalmente instalado na nossa configuração original.

DERROTANDO O MEDO DE PERDER

Os perigos do *viés da negatividade* se mostram evidentes não apenas quando conversamos com nossos familiares e colegas de trabalho, mas principalmente quando ligamos a televisão, sintonizamos rádios de notícias e acessamos os grandes portais na Internet. Esse desejo evolucionário de **procurar** coisas negativas, contudo, vem com um preço. Em 2015, os pesquisadores Michelle Gielan, da Universidade da Pensilvânia, e Shawn Achor, de Harvard, realizaram uma parceria com o jornal americano *HuffPost* para estudar o impacto que notícias negativas têm na vida das pessoas[14]. Os pesquisadores constataram que assistir a apenas **três minutos** de notícias negativas no período da manhã fez com que os participantes aumentassem em 27% suas chances de dizer que o seu dia foi ruim.

Além de fazer mal às pessoas, diferentemente do que a mídia "acha", notícias negativas não agradam espectadores ou leitores. Uma pesquisa feita por uma das maiores autoridades mundiais no estudo do marketing boca a boca, Jonah Berger, da Wharton School, em parceria com a sua colega Katherine Milkman, chegou à conclusão de que artigos com notícias negativas eram **menos compartilhados** do que outros tipos de artigo[15]. Mais uma pesquisa revelou, ainda, que produtos anunciados junto a notícias negativas reduziam bruscamente a probabilidade de as pessoas o adquirirem[16].

Michelle Gielan lidera um movimento chamado *jornalismo transformativo*, que luta pela redução de notícias sensacionalistas e negativas, justamente pelo péssimo impacto que elas causam na vida das pessoas. Acredito que todos os brasileiros ficariam orgulhosos em ter um movimento similar no nosso país, inundado por programas que focam o negativo. Gielan afirma que o jornalismo parece estar na adolescência, fazendo tudo o que é possível para chamar a atenção.

Com todos os avanços na tecnologia nos últimos anos, que facilitaram nosso consumo de notícias, muitos simplesmente não conseguem largar o vício de acompanhar as novidades a cada poucos minutos. Esse vício vem preocupando pesquisadores em todo o mundo, recebendo inclusive um nome: **FOMO** (*Fear of missing out*)[17]. O "medo de fica de fora" e não ter conhecimento sobre alguma notícia importante, ou FOMO, é um grande vilão para o bem-estar, sem falar para a produtividade no trabalho. A notícia boa é que existem estratégias para combater esse medo, bastando fazer as escolhas certas. Uma delas é deixar o seu celular longe do ambiente de trabalho, idealmente em outro cômodo, de modo a diminuir o impulso de apanhá-lo a cada instante. No mercado também existem inúmeros aplicativos que podem ser usados para bloquear o acesso à Internet pelo período que quiser, isso para enfrentar a tentação de entrar nos sites de notícias. Você também pode desligar todas aquelas notificações automáticas que deixam o celular piscando mais do que uma árvore de Natal. No começo, como qualquer outra mudança, esse hábito será difícil de se formar, mas, com o passar do tempo, não usar seu celular ou navegar sem propósito na Internet se tornará um comportamento natural para você.

Não se preocupe: se alguma coisa muito importante acontecer no mundo, você ficará sabendo! Aliás, a não ser que seja jornalista, não precisa ser o primeiro a saber!

Porém, convém dizer, o maior prejuízo que esse mecanismo de ficar ligado a acontecimentos negativos traz é um perigoso **desequilíbrio** entre as emoções positivas e negativas. Na verdade, a maioria de nós expressa **menos** emoções **positivas** do que o necessário para ter uma **vida boa**. Vamos descobrir a importância disso?

CAPÍTULO 5

As vantagens das emoções positivas

Diferentemente das emoções negativas, que liberam cortisol, **emoções positivas** têm outro efeito no seu corpo. Vários tipos de emoções positivas causam a liberação de **ocitocina**, conhecida como o hormônio da felicidade. A ocitocina diminui os nossos batimentos cardíacos e faz com que mais oxigênio entre no cérebro, aumentando também a nossa capacidade de **confiar, colaborar** e nos **relacionar** com os outros[1]. O hormônio da felicidade, ainda, faz com que emoções negativas tenham um impacto menor no nosso bem-estar, pois reduz a reação da amídala e ajuda a regular as emoções, evitando que saiam de controle[2]. Além disso, a ocitocina **aumenta a nossa atenção aos fatos positivos** que ocorrem em nosso dia a dia.

Esse hormônio, no entanto, apresenta uma pequena falha: seu tempo de metabolização é **curto**[3]. Ao contrário do cortisol, metabolizado de forma lenta, a ocitocina é metabolizada com rapidez no nosso organismo, de modo a tornar ainda mais engraçado o ditado "alegria de pobre dura pouco" — algo apenas parcialmente verdadeiro, já que a ocitocina do rico tem o mesmo comportamento.

Ao perceber a diferença entre a ação do cortisol e da ocitocina no seu corpo, a que conclusão você chega? Sim, para ser **feliz** deve ter emoções positivas com **muito mais frequência** do que negativas. No entanto, se as emoções negativas foram importantes para a sobrevivência da nossa espécie, qual foi o papel das positivas? O que elas proporcionam além das mudanças hormonais?

Esta era a pergunta que a renomada pesquisadora Barbara Fredrickson, da Universidade da Carolina do Norte, queria responder. E depois de décadas de pesquisas, ela fez algumas das descobertas mais significativas da história da psicologia positiva até então, uma delas em parceria com Christine Branigan, em um experimento com 104 pessoas[4]. Nele, alguns participantes foram levados a sentir **serenidade** ou **admiração** (emoções positivas), enquanto outros foram levados a sentir **raiva** ou **medo** (emoções negativas). O grupo de controle foi levado a uma condição emocional neutra. Em seguida, as pesquisadoras solicitaram uma atividade aos participantes: **de acordo com o que você está sentindo, organize uma lista do que quer fazer agora.** Resultado: o grupo que vivenciou **emoções positivas** fez listas **mais longas** em comparação aos demais — a positividade aumentou suas possibilidades visíveis. Vivenciar emoções positivas **ampliou a motivação** dos participantes, já que queriam agir mais do que o restante das pessoas.

Nesse mesmo estudo, Fredrickson e Branigan apresentaram algumas imagens e pediram aos participantes que informassem qual delas, da parte inferior, mais se assemelhava à figura superior.

Veja, a imagem inferior direita parece ser formada por quadrados. No entanto, a imagem inferior esquerda assemelha-se com a figura **como um todo** — o conjunto de quadrados a formar um triângulo. Será que todos os participantes conseguem chegar a essa conclusão, de que a imagem superior é um triângulo formado por quadrados? Será que todas as pessoas são capazes de enxergar as imagens como um todo e relacioná-las?

As cientistas descobriram que essa visão do todo dependia do estado emocional do indivíduo no momento do experimento. Ao apresentarem diversas imagens similares à do triângulo de quadrados aos participantes, e pedirem para que assinalassem as suas semelhanças com outras figuras, aqueles injetados com positividade **antes** da tarefa demonstraram maior probabilidade de fazer associações usando as figuras como um todo — seu campo de visão havia **aumentado**. Aqueles injetados com neutralidade ou negatividade não conseguiram ver as relações das figuras como um todo — seu campo de visão havia **diminuído**.

Em um novo estudo, Fredrickson colocou sensores faciais nos participantes para acompanhar os sinais elétricos de dois músculos: o **zigomático**, responsável por levantar os cantos dos lábios quando sorrimos, e o **orbicular do olho**, que forma o "pé de galinha" nos cantos externos dos olhos quando o sorriso é **verdadeiro**[5]. Os sensores conseguiam acompanhar até mesmo sinais elétricos extremamente leves, capturados muito antes de ganharem força para criar qualquer expressão facial. Fredrickson e seus colegas descobriram, que **a ativação conjunta desses músculos prevê uma maior atenção futura dos participantes em testes**. Algo incrível acontece quando se está sorrindo — você fica mais motivado, percebe mais possibilidades, consegue visualizar as coisas como um todo e fica mais atento posteriormente.

Essas pesquisas ganharam fama e, com isso, outros cientistas tentaram replicá-las em seus laboratórios. Da Universidade Brandeis, por exemplo, um grupo de pesquisadores colocou os participantes de um estudo para ver grupos de imagens em um computador enquanto uma câmera sofisticadíssima acompanhava o movimento de seus olhos sessenta vezes por segundo[6]. Antes de o experimento começar, um grupo de participantes recebia um pequeno pacote com chocolates — uma forma de despertar **emoção positiva** —, enquanto o outro grupo não tinha a mesma sorte. Obviamente, os pesquisadores instruíam o grupo de sortudos a comer seus chocolates apenas ao final do estudo, um comando que todos obedeceram. O conjunto ao qual os participantes eram expostos sempre consistia em uma imagem central e outras duas periféricas. Ao acompanhar os movimentos oculares de ambos os grupos, os cientistas confirmaram que os olhos dos participantes do grupo que ganhou os chocolates se **movimentavam mais** do que os do outro grupo. Além disso, os participantes influenciados pela positividade fixavam o olhar por **mais tempo** nas figuras periféricas. **Emoções positivas expandem a nossa visão** do mundo, fazem com que **enxerguemos mais detalhes, revelam-nos mais possibilidades.**

Cientistas da Universidade de Toronto realizaram um estudo similar a este, no qual, além de acompanharem a visão periférica dos participantes, aplicaram um teste para medir a sua criatividade[7]. Depois de saber dos resultados dos estudos anteriores, não será surpresa para você a informação de que o grupo levado a sentir emoções positivas antes das tarefas demonstrou ter uma **maior visão periférica, além de maior criatividade.**

Na década de 1990, pesquisadores da Universidade Cornell descobriram que médicos que recebiam um saquinho com doces **antes** de uma consulta chegavam a **diagnósticos melhores**, com **menor** probabilidade de ficarem fixados nas suas ideias iniciais — lembre-se disso na sua próxima visita a um médico ou a um dentista[8].

Quer mais? Um grupo de cientistas da Universidade da Califórnia em Berkeley chegou à conclusão de que **gerentes que eram positivos** tomavam decisões mais precisas e cuidadosas, além de serem mais efetivos nos relacionamentos com os seus liderados[9]. Outro estudo realizado por pesquisadores da Universidade Estadual da Califórnia, Universidade de Michigan e Universidade de Toronto sinalizou que gerentes positivos transmitiam a sua positividade para as equipes, acarretando uma **colaboração maior** entre os membros do time, bem como uma redução nos esforços necessários para completar os seus trabalhos[10].

Outra descoberta fantástica de Barbara Fredrickson aconteceu quando fez um grupo vivenciar emoções positivas durante cinco semanas seguidas. Com o decorrer das semanas, a positividade dos participantes **aumentou**; eles passaram a ser **ainda mais abertos e a enxergar ainda mais possibilidades**[11]. E qual é a relevância disso? A importância aparece de forma clara quando essas pessoas passam por **dificuldades**. Tomadas pela positividade, elas chegam a **mais soluções** para resolver os seus problemas, as suas mentes estão **mais abertas**, o que as ajuda a lidar melhor com as suas dificuldades e a enfrentá-las com mais facilidade; além disso, outros estudos da pesquisadora descobriram que indivíduos positivos se **recuperam mais rapidamente de momentos traumáticos**[12]. Por outro lado, uma pessoa infectada por emoções negativas não consegue encontrar soluções para os seus problemas, o que agrava ainda mais a sua situação.

Você se lembra dos três pês descobertos por Martin Seligman?[13] O último deles é a **permanência**, ou seja, o sentimento de que uma pessoa a enfrentar emoções negativas frequentes passa a ter de que a situação negativa **nunca irá melhorar**. Agora fica claro o motivo pelo qual esse sentimento de permanência acontece? **Um indivíduo, quando inundado pelo negativismo, enxerga poucas possibilidades** e, se não tiver um "estoque" de emoções positivas, não terá a força necessária para sair de um momento ruim. Muitas vezes, em casos como este, a única opção que o deprimido encontra é o suicídio. Perceba que o negativismo alimenta **ainda mais** negativismo na sua vida. Mas, felizmente, o positivismo também alimenta a si mesmo. **Qual desses alimentos você vai escolher?**

Os benefícios da positividade não foram todos mencionados. Diversos outros estudos científicos comprovam que ao viverem emoções positivas frequentemente, as pessoas são **mais satisfeitas com as suas vidas**[14], têm melhores relacionamentos **amorosos e de amizade**[15], **aproveitam mais o presente**[16], **gostam mais de si mesmas**[17], têm sinais menores de depressão, são mais otimistas, entendem melhor o propósito **das suas vidas, constroem melhores hábitos mentais, têm interações sociais de mais qualidade**[18], **demonstram mais resiliência**[19], apresentam menores níveis de hormônios relacionados ao estresse[20], têm sistemas imunológicos melhores[21], **sofrem menos de pressão alta**[22], têm menos dores[23], **menor probabilidade de ficarem gripados**[24], **dormem melhor**[25], apresentam menor chance de ter **hipertensão, diabetes**[26], **infarto**[27] e, não surpreendentemente, vivem mais. Não por acaso, em um famoso estudo que analisou o conteúdo dos diários de 180 freiras católicas, os pesquisadores da Universidade do Kentucky descobriram que aquelas que expressavam **grandes quantidades de emoções positivas** em seus registros viviam em média **10,7 anos a mais** que as demais, alcançando **93,5** anos de idade[28].

EXPANSÃO E CONSTRUÇÃO

Depois de coletar tantas evidências científicas sobre os benefícios das emoções positivas, Fredrickson nomeou as suas descobertas como **Teoria da Expansão e Construção**[29]. Emoções positivas têm uma função maior do que apenas nos deixar felizes, pois **expandem** nossas mentes, deixam-nos mais atentos, fazem com que enxerguemos novas possibilidades, tornando-nos mais criativos e abertos a novas ideias. Com o passar do tempo, essa carga frequente de emoções positivas nos ajuda a **construir** habilidades físicas, intelectuais, sociais e psicológicas, aumentando a nossa resiliência, diminuindo o impacto dos momentos negativos pelos quais passamos, melhorando as nossas relações e nos permitindo ter mais saúde. Além de todas essas descobertas, as pesquisas de Barbara Fredrickson ainda demonstram que as emoções positivas desempenharam um papel evolucionário fundamental para nossa espécie, uma vez que as habilidades por elas construídas **aumentaram as nossas chances de sobrevivência** e nos ajudaram a chegar onde estamos hoje.

Emoções positivas funcionam como uma "musculação" para o cérebro, deixando-o cada dia mais forte.

Toda vez que gasta seu dinheiro com os outros, que lembra e escreve sobre as coisas pelas quais é grato ou demonstra reconhecimento por alguém que o ajudou, o que está fazendo nada mais é que **aumentar a sua carga de emoções positivas na vida**, o que possibilita uma série de mudanças interessantes na construção da pessoa que você será no futuro. Lembra-se do estudo que Jane Dutton e Amy Wrzesniewski fizeram com uma equipe de limpeza em um hospital?[30] Os faxineiros que encaravam os seus trabalhos como um **chamado** e eram caprichosos nas suas interações com a equipe do hospital, pacientes e visitantes, consequentemente aumentavam a sua carga de emoções positivas e, portanto, conseguiam **ver o impacto das suas atividades como um todo**. Por outro lado, aqueles que evitavam interagir com os outros e não reconheciam um propósito no seu trabalho enxergavam a tarefa que executavam de forma **limitada**, resumida a limpar.

Muita gente acredita que a felicidade é um estado alcançado por emoções positivas grandes, mas isso não é verdade. Como vimos por meio dos estudos de Barbara Fredrickson, **pequenas** emoções positivas são suficientes para aumentar e sustentar a felicidade. Obviamente, um único e pequeno momento positivo não é capaz de mudar a sua vida, mas o lento e frequente acúmulo de emoções positivas faz uma grande diferença. E quais são as emoções positivas que trazem todos esses benefícios? As evidências de Barbara Fredrickson apontam: **alegria, gratidão, serenidade, interesse, esperança, orgulho, diversão, inspiração, fascínio e amor**.

Depois de conhecer os estudos de Fredrickson, muita gente chega à conclusão de que um dos segredos da felicidade é **aumentar** as emoções positivas e **zerar** as negativas, mas essa percepção, além de ser errada, é perigosa. Você pode até não **escolher** vivenciar emoções negativas, mas certamente as **elas irão escolhê-lo** em algum momento do dia. Lembre-se de que as emoções negativas são **inevitáveis** — ninguém está livre de discutir com o cônjuge, de ser maltratado por um cliente ou por um colega de trabalho, de levar uma bronca desnecessária do chefe, de ser surpreendido com o xingamento de um motorista nervoso ou de ser assaltado. Muitas vezes as emoções negativas nos ajudam a tomar decisões que geram consequências **positivas** para as nossas vidas, como o divórcio em uma relação abusiva. Emoções negativas são necessárias não apenas para a nossa felicidade, mas também para a nossa motivação, pois nos fazem agir! Mais adiante, você entenderá com mais profundidade a grande importância do **negativismo** no alcance dos seus objetivos. Portanto, a **combinação** entre emoções **positivas e negativas** é algo fundamental na construção da felicidade.

Algumas páginas atrás, mencionei que a maioria das pessoas não apresenta o equilíbrio adequado entre as suas emoções positivas e negativas, levando-as a ter vidas **menos** felizes. Mas qual é o equilíbrio adequado entre essas emoções? Existe alguma fórmula mágica? A grande notícia é que, sim, há algo **melhor** do que isso: **uma fórmula matemática que funciona como mágica!** Essa fórmula é provavelmente a descoberta mais significativa da carreira de Barbara Fredrickson — e certamente uma das mais importantes da história da psicologia positiva.

A PROPORÇÃO DA FELICIDADE

No começo de 2003, Barbara Fredrickson recebeu um e-mail do consultor chileno Marcial Losada, no qual ele afirmava ter desenvolvido um modelo matemático baseado na Teoria da Expansão e Construção. Naquela época, depois de uma longa carreira na indústria, Losada já estava aposentado e não tinha grande experiência como pesquisador científico, o que intrigou Fredrickson e fez com que a sua resposta ao e-mail dele demorasse mais do que o normal. Persistente, Losada enviou a Fredrickson um artigo que vinha escrevendo, o qual despertou o interesse imediato da pesquisadora e tornou inevitável a primeira reunião entre os dois. Após algumas horas explicando a dinâmica dos seus modelos matemáticos, Losada garantiu a Fredrickson poder encontrar a proporção **exata** entre momentos positivos e negativos que distinguiria as **equipes corporativas** capazes de **prosperar** daquelas que **fracassariam** nos negócios. Sentindo que uma descoberta dessa magnitude poderia trazer grandes benefícios à sociedade, Fredrickson conseguiu uma licença acadêmica que lhe permitiu mergulhar profundamente no mundo dos sistemas dinâmicos, ao qual foi introduzida por Losada — e o que ambos descobriram juntos foi nada menos do que **incrível**.

O trabalho de Losada, durante os seus anos na indústria, consistiu no estudo das características que diferenciavam as equipes de sucesso daquelas com baixa performance. Para isso, Losada precisava obter dados de como essas equipes se comportavam nos mais variados momentos decisórios do cotidiano. Assim, Losada construiu uma sala-laboratório especial, onde **60** equipes corporativas se reuniram para desenvolver os seus planejamentos estratégicos. Na visão dos executivos, essa sala não tinha nada de especial, mas, atrás de um vidro-espelho, a equipe treinada de Losada codificava o teor de **todas** as frases verbalizadas por cada participante dessas longas horas de conversa[31]. Foram codificadas três modelos de frases:

1. Positivas ou negativas.
2. Focadas nas pessoas presentes ou em outras pessoas fora do grupo.
3. Baseadas em perguntas ou na defesa dos seus pontos de vista.

Qual o teor das conversas nessas três dimensões? Positivo ou negativo? Analisando posteriormente os dados de lucratividade, satisfação dos clientes e avaliações dos superiores, colegas e subordinados, a equipe de Losada conseguira identificar quais desses 60 times poderiam ser considerados como de **alta performance**, quais seriam considerados como de **baixa performance** e quais apresentariam alta performance em alguns indicadores, porém baixa em outros, resultando em um **desempenho médio**. Foi nesse momento que a beleza do sistema matemático complexo de Losada apareceu. As equipes consideradas como de alta performance apresentavam uma proporção entre momentos positivos e negativos próxima de **6:1**, enquanto as equipes de baixa performance apresentavam proporções menores do que **1:1**. Times médios demonstravam um balanço próximo a **2:1**.

As interações entre os membros dos grupos de alta performance apresentavam frequências maiores de **frases positivas e encorajadoras**; de **conversas focadas na equipe**, na pessoa que estava com a palavra ou na empresa; e do **uso de perguntas** para explorar e investigar os argumentos dos seus membros. Por outro lado, os grupos de baixa performance apresentavam interações com grande frequência de **frases negativas, sarcásticas e cínicas**; mais direcionadas para pessoas de **fora do grupo**, demonstrando uma **falta de sintonia** entre os membros; e, além disso, os seus participantes usavam frequentemente a **defesa dos seus pontos de vista** nos momentos de argumentação. Nas suas consultorias, Losada observou que o simples fato de encorajar as pessoas a construírem melhores interações e instruir os líderes a darem feedbacks mais positivos aos seus subordinados fez com que a performance de equipes tivesse uma melhoria **superior a 40%** — um resultado espetacular em uma época na qual as empresas já estavam satisfeitas com aumentos bem inferiores a esse na produtividade dos seus funcionários[32].

Modelos matemáticos complexos como o desenvolvido por Losada — neste caso, um sistema dinâmico não linear — têm um ponto interessante em comum: quando os dados temporais são plotados em um gráfico, a imagem de uma **borboleta** começa a ser criada, revelando toda a complexidade das variáveis — processo a que os cientistas chamam de **caos do sistema**. Esse caos continua até certa altura, quando as variáveis finalmente entram em sintonia e trazem equilíbrio e previsibilidade ao sistema caótico. Algo particular desse modelo de sistema é que pequenas mudanças em **uma** das variáveis podem ter efeitos gigantescos no **destino** do sistema com o passar do tempo. Por causa desses estudos é que surgiu o termo *efeito borboleta*. "O bater de asas de uma borboleta no Brasil pode causar um furacão no Texas?" foi o título do famoso artigo publicado por Edward Lorenz, professor do Instituto de Tecnologia de Massachusetts (MIT, na sigla em inglês), quando descobriu a dinâmica dos sistemas não lineares estudando as condições climáticas[33].

Usando o sistema desenvolvido por Lorenz, Marcial Losada constatou no seu estudo que o balanço entre os momentos positivos e negativos durante as reuniões determinava se essa equipe teria performance alta, média ou baixa. O tamanho da borboleta no gráfico está diretamente condicionado à performance das equipes: com alta performance apresentavam borboletas altas e largas; já as médias, apresentavam borboletas menores e mais estreitas; nas equipes de baixa performance, porém, os dados não formavam a imagem de uma borboleta, e sim de uma espécie de círculo que diminuía de tamanho com o passar do tempo, o que demonstrava um sistema "morto".

EQUIPES DE ALTA PERFORMANCE

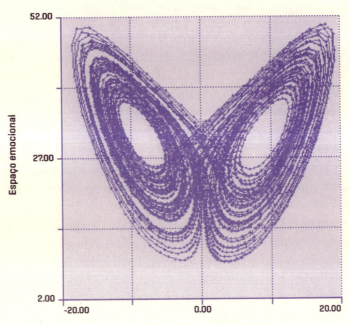

EQUIPES DE MÉDIA PERFORMANCE

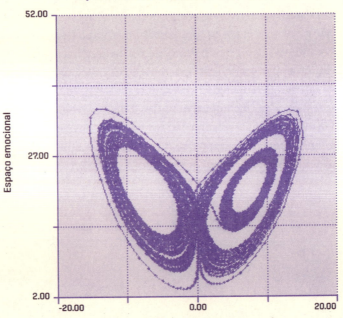

EQUIPES DE BAIXA PERFORMANCE

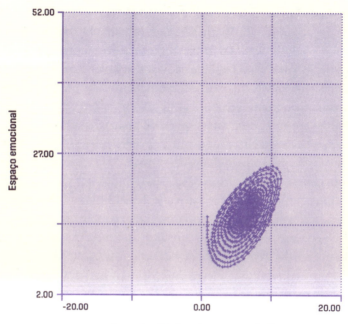

EQUIPES PLOTADAS EM CONJUNTO

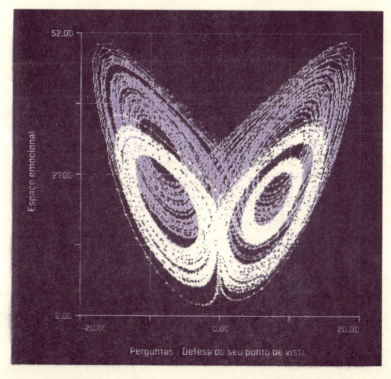

O que Losada queria descobrir era a proporção **exata** entre momentos positivos e negativos que formaria a imagem de uma borboleta como a apresentada pelas equipes de alta performance. Se a proporção entre momentos positivos e negativos de uma equipe estivesse **acima** desse número, ela apresentaria alta performance. Abaixo dele, as equipes teriam performances médias ou baixas, que formariam uma borboleta menor ou um círculo que diminuiria de tamanho até acabar em uma espécie de ponto. Resumindo, Losada queria saber o **ponto exato** entre momentos positivos e negativos que faria uma equipe transitar de média para alta performance.

Losada chegou ao número 2,9013. Isto significa que para **cada** momento negativo, uma equipe deveria ter **acima de 2,9013** momentos positivos para alcançar boa performance. Essa proporção ficou conhecida como a **Linha de Losada**. Não por acaso, o estudo do consultor apontava que as proporções das equipes de alta, média e baixa performances eram aproximadamente 6:1 (acima de 2,9013:1), 2:1 e 1:1 (ambas abaixo de 2,9013:1). Barbara Fredrickson ficou encantada com esses resultados e, com o valor em mente, quis testar essa **proporção da positividade**. Losada encontrou a proporção ideal do sucesso estudando **equipes**, Fredrickson perguntou a si mesma se essa fórmula funcionaria para estudar o sucesso de **indivíduos**.

Fredrickson usou dois grupos de indivíduos para testar a sua hipótese[34]. Primeiramente, cada membro desses grupos deveria responder a um questionário que atestava **"saúde mental de sucesso"**, uma condição **rara**, alcançada por apenas 20% das pessoas[35]. Posteriormente, todos os participantes deveriam reportar as suas experiências emocionais diárias durante quatro semanas. Quantas emoções positivas e negativas cada pessoa teve durante o dia? Conforme citei anteriormente, a força das emoções negativas é maior do que a das emoções positivas — o **viés da negatividade**[36] —, mas, apesar dessa diferença e de o homem ser naturalmente negativo, a maioria de nós tem mais emoções positivas do que negativas em sua vida[37]. Descartando aqueles com uma saúde mental pobre, **sentir-se mal é algo raro para o ser humano**. Essa característica de termos mais momentos positivos do que negativos na vida é conhecida como *desequilíbrio da positividade*.

Voltando ao teste de Fredrickson, depois de um mês coletando dados, ela enfim podia analisar se a proporção da positividade em ambos os grupos tinha alguma relação com o estado de saúde mental de cada indivíduo. Será que a Linha de Losada se mostraria consistente com indivíduos?

O universo obedece a algumas leis e, por mais complexo que ele seja, essas leis acabam sendo extremamente simples. Uma delas é: duas moléculas de hidrogênio combinadas com uma de oxigênio (H2O) sofrem uma alteração no seu estado físico de acordo com a temperatura. Uma minúscula alteração de temperatura transforma H2O em água ou gelo. Não seria ousadia dizer que o **sucesso** também obedece a uma lei similar e extremamente simples. Em um dos grupos analisados por Fredrickson, as pessoas com **boa saúde mental** apresentavam uma proporção entre emoções positivas e negativas de **3,2:1**, enquanto as demais apresentavam uma proporção de **2,3:1**. No outro grupo, porém, pessoas com boa saúde mental tinham um balanço de **3,4:1**, ao passo que as demais alcançavam em média **2,1:1**. Quando citei que a maioria não vivencia emoções positivas **suficientes** para alcançar o sucesso, estava usando esse estudo como base — nas duas amostras de Fredrickson, a **grande maioria das pessoas apresentou uma proporção aproximada de 2:1**[38].

Fredrickson e Losada não foram os únicos pesquisadores a descobrirem uma proporção ideal para o sucesso de grupos e indivíduos. O premiado pesquisador John Gottman, que estuda relacionamentos amorosos há mais de 40 anos, descobriu que a forma como um casal interage no dia a dia prevê a longevidade do relacionamento[39]. As pesquisas de Gottman revelam que **relacionamentos conjugais de sucesso** têm proporções de positividade perto de **5:1**, e casamentos insatisfatórios, por sua vez, apresentam proporções **menores do que 1:1**. Essa proporção nas interações é tão importante que Gottman descobriu que ela prevê com uma confiabilidade de 94% se pessoas recém-casadas ficarão juntas ou se divorciarão nos próximos dez anos da relação.

Por sua vez, o psicólogo Robert Schwartz, da Universidade de Pittsburgh, ao tratar 66 pacientes com depressão, descobriu que alcançavam uma proporção de positividade de **4,3:1** aqueles que apresentavam **excelentes** sinais de melhora em seus quadros[40]. Aqueles que demonstravam sinais **médios** de melhora tinham uma proporção de **2,3:1**. E os pacientes que **não apresentavam** sinais de melhora nos seus estados de depressão tinham proporções próximas a **0,7:1** — valor que apresenta grande sintonia com outros estudos a demonstrarem que, geralmente, os níveis de positividade dos deprimidos são **menores** do que 1:1. A descoberta de que a felicidade é a **causa** do sucesso faz mais sentido agora?

Um dos fenômenos mais interessantes que ocorrem conosco é que quando fechamos um negócio, por exemplo, geralmente começamos a fechar vários outros na sequência. "Quando uma coisa dá certo, parece que tudo conspira a favor", costuma-se dizer. Você pode até acreditar que isso é um tipo de força maior, mas esse é simplesmente o reflexo das emoções positivas. Ao fechar um negócio, você recebe uma carga de emoções positivas que lhe possibilitam ser mais criativo, interagir melhor, ver as coisas como um todo, enxergar mais possibilidades, estar mais motivado, ser mais resiliente e negociar com mais calma nas futuras oportunidades. É por causa dessa carga inicial de positividade que você passa a ter uma melhor performance e acaba fechando novos negócios ou realizando outras conquistas em um curto período. Essa "fase boa" poderá continuar até a sua proporção entre momentos positivos e negativos cair para menos de 2,9013:1. Então, que tal caprichar para deixar sua proporção sempre maior do que isso?

Apesar da grande consistência de que existem proporções de positividade que funcionam como leis da natureza, seja em equipes, casais ou indivíduos, Barbara Fredrickson **nunca defendeu um número mágico**. "A ciência nunca está completa", afirmou em uma conversa que tivemos na agradável cidade de Chapel Hill. De qualquer forma, Fredrickson afirma que a descoberta mais importante dela e de outros cientistas até então é a de que, para termos sucesso nas mais diversas áreas da vida, **precisamos vivenciar momentos positivos com muito mais frequência do que negativos**.

ESCOLHENDO EMOÇÕES POSITIVAS

Os benefícios de ter emoções positivas com frequência são muitos; mesmo assim, muita gente **escolhe** sentir emoções negativas ou não enxerga as oportunidades de aumentar a carga de positividade no decorrer do dia. Espero que você não seja assim! Quanto você se **esforça** para ter momentos positivos durante o seu dia?

> Você escuta as histórias engraçadas que os seus filhos contam durante o café da manhã ou prefere enfiar a cabeça no celular para ler sobre a última desgraça que aconteceu no mundo enquanto dormia? Ao dirigir para o trabalho você escuta uma emissora de notícias negativas ou uma música que o deixa sorridente? Quando chega ao escritório, escolhe ficar naquela rodinha de pessoas que só reclamam da empresa ou prefere conversar com um colega que sempre eleva o seu astral? Escolhe cumprimentar todos os colegas de trabalho que passam por você no corredor ou inclina a cabeça para baixo, fingindo estar lidando com algo importante no celular? Quando senta à sua mesa do escritório, acessa sites de notícias sensacionalistas ou prefere assistir a um vídeo de humor para começar o dia feliz? Lembra-se de agradecer os esforços que o seu cônjuge fez para organizar o dia

da sua família ou só enxerga os esforços que você mesmo fez? Você gasta o seu dinheiro com experiências e para ajudar os outros ou prefere comprar aquela camisa que está na moda? Você surpreende os seus amigos e familiares com pequenos presentes ou acha que isso é desperdício de dinheiro? Agradece de forma pessoal aquele seu colega de trabalho que lhe enviou as informações que você tanto precisava para entregar um relatório ou pensa que ele não fez nada mais do que a obrigação? Você acha que sempre deve estar fazendo algo ou reserva um tempo no seu dia para ter um momento de serenidade e "não fazer nada"? Você está sempre se desafiando para aprender coisas novas ou acha que já sabe tudo, pois, afinal, ocupa um cargo de liderança na empresa? Você para e pensa na evolução que teve durante anos para chegar onde chegou ou fica pensando no futuro e remoendo o passado? Você acredita que o seu esforço individual pode fazer o seu país ser melhor ou acha que as coisas nunca irão mudar? Você se encontra de vez em quando com os seus amigos de infância para relembrar as peripécias que aprontavam ou avalia que cada hora com eles é uma hora perdida de trabalho? Você se esforça para se reunir com a sua família nos finais de semana ou acha que isso serve apenas para bagunçar a sua casa? Você se dedica para ver quantas pessoas boas existem no mundo ou só presta atenção àquelas que roubam, mentem e trapaceiam? Você assiste a filmes que o deixam inspirado a mudar algumas coisas na sua vida ou escolhe assistir a filmes violentos que trazem a mensagem de que ninguém presta neste mundo? Você visita lugares que o fascinam com as suas belezas ou prefere ficar trancado no seu apartamento assistindo à televisão? Você tenta aumentar a força do seu relacionamento conjugal todos os dias ou a rotina já fez com que você não expresse nem um bom-dia para o seu cônjuge? Você escolhe fazer um carinho no seu cônjuge nos momentos em que estão juntos ou prefere sentar-se em outro canto da casa e fazer as "suas coisas"? Você beija, abraça e diz que ama os seus filhos antes de sair de casa ou avalia que esses momentos irão apenas fazer com que você chegue atrasado ao escritório?

Vimos apenas **algumas** das escolhas positivas que você pode fazer para aumentar o seu nível de positividade durante o dia. Elas são simples, mas exigem **esforço**. E esse esforço não impacta somente a **sua** vida — a sua responsabilidade em escolher emoções positivas é **muito maior** do que você imagina.

TRANSMITINDO AS SUAS EMOÇÕES E OS SEUS COMPORTAMENTOS

Certo dia, em uma festa de aniversário, notei algo peculiar. A uma das mesas estavam sentadas apenas mulheres loiras; a outra, apenas morenas. Mais adiante, viam-se sentadas diversas pessoas obesas. Algumas mesas reuniam grupos de gente sorridente; outras, grupos de pessoas com expressões de raiva. Sei que isso parece mais o começo de uma piada, mas, na verdade, é o resultado de um fenômeno chamado *contágio social*.

Nos anos 1990, o médico Nicholas Christakis atendia pessoas à beira da morte e podia sentir na pele o impacto que o falecimento de um ente querido tinha no restante da família. Esse impacto o levou a pesquisar um fenômeno chamado *efeito da viuvez*, algo que todos nós já presenciamos: o **falecimento de alguém que ficou viúvo**, pouco tempo depois de o cônjuge ter morrido[41]. Certa ocasião, Christakis recebeu uma ligação que mudou para sempre o curso das suas pesquisas. Logo após ter saído de uma visita à casa de uma senhora idosa em fase terminal, **o melhor amigo do genro dessa senhora** (é um pouco complicado mesmo) ligou para Christakis relatando estar preocupado. A **filha** daquela senhora, por estar extremamente exausta cuidando de mãe à beira da morte, **transmitiu** essa exaustão para o **marido**, que acabou adoecendo, o que consequentemente preocupou o seu **melhor amigo**. Foi então que Christakis descobriu que o efeito de perder — ou estar à beira de perder — um ente querido não parava apenas na família, mas seguia um caminho que impactava **outras pessoas** que, muitas vezes, **nem conheciam aquele que falecera**. Christakis nomeou esse fenômeno como **contágio social**[42].

Depois de alguns anos e milhões de dólares investidos em pesquisas, Nicholas Christakis, hoje professor da Yale University, ficou surpreso ao descobrir que eu e você somos **diretamente influenciados** pelo comportamento de pessoas que não conhecemos ou iremos conhecer. O pesquisador descobriu que, quando uma pessoa se torna obesa, existe grande possibilidade não apenas de os **amigos** se tornarem obesos, mas também de os **amigos dos amigos** desta pessoa ganharem peso extra. Os estudos de Christakis em parceria com James Fowler, mostram que as pessoas engordam ou emagrecem, ficam felizes ou tristes, ganham mais ou menos dinheiro, fumam ou largam o cigarro, **todas juntas**, em um movimento sincronizado. Isso significa que o comportamento de outras pessoas influencia não apenas o seu próprio comportamento, mas também que **o seu comportamento influencia o comportamento de outras pessoas**.

O ser humano tem uma falsa noção de que controla o seu próprio destino, mas a verdade é que somos o **reflexo** das pessoas com as quais convivemos, e também das pessoas com as quais os nossos amigos e familiares convivem, e assim por diante. Inclusive, um estudo publicado em 2010 no prestigiado jornal científico *Science* obteve evidências de que grupos têm uma **inteligência coletiva**. Esta inteligência coletiva não apresenta relação alguma com o nível individual de QI de cada pessoa, mas tem uma correlação com a **sensibilidade social** dos seus membros. Grupos nos quais o QI de cada pessoa está dentro da média, porém a **inteligência coletiva** é alta, superam grupos de pessoas com Qis altos em que a inteligência coletiva é menor[43].

O fenômeno do contágio social é tão forte na nossa vida que, se **um amigo** seu fuma, a probabilidade de você vir a fumar aumenta assustadores 61%. Mesmo se quem fuma é o **amigo de um amigo** seu, a probabilidade de você começar a fumar aumenta 29%. E, para piorar, se o **amigo do amigo do seu amigo** fuma, existe a probabilidade de 11% de você passar a ter o mesmo comportamento[44]. Todos nós somos influenciados **fortemente** por até três graus de separação nas nossas redes sociais. Assustador, não é mesmo? Nem tanto! A vantagem deste contágio social é que **você pode usá-lo para o bem**. O seu **comportamento** é mais importante do que você imagina.

Fowler e Christakis notaram que quando as pessoas viviam próximas de alguém feliz, a felicidade das mesmas aumentava[45]. Na verdade, quanto **mais próximas** as pessoas viviam de alguém feliz, maior era a sua felicidade. Os pesquisadores relataram que este aumento na felicidade das pessoas ao conviverem com alguém feliz é mais significativa do que um aumento de **US$ 10.000,00** em suas rendas anuais. Sim, a felicidade paga dividendos superiores àqueles que você pode presenciar no momento. Se estiver em dúvida sobre o tipo de capital que deve investir para aumentar a sua felicidade, a ciência nos mostra que um dos mais seguros é o seu **capital social**. Outro estudo similar, publicado por um pesquisador da Universidade de Londres em 2007, descobriu que melhorar o nível de seus relacionamentos pode aumentar a sua felicidade de forma equivalente a uma renda de **£ 85.000,00** anuais[46]. O estudo ainda aponta para algo que você já está ciente: aumentos **reais** na renda compram pouca felicidade.

Muitas pessoas acreditam erroneamente que a felicidade relacionada às interações se constrói através de conversas **intensas**, enquanto a ciência nos mostra que isso ocorre com a **frequência**. Ed Diener — um dos fundadores da psicologia positiva — e alguns colegas notaram que, com o passar do tempo, ficamos mais felizes quando temos **diversas** interações positivas durante o nosso dia a dia ao invés de poucas interações de alta intensidade[47]. Passar o dia inteiro conversando com o seu melhor amigo irá trazer **menos** felicidade do que se você tivesse **trinta** interações positivas, mesmo que pequenas, durante este dia.

Você deve se recordar do estudo de Jane Dutton e Amy Wrzesniewski com zeladores de hospital, onde uma das escolhas daqueles que queriam aumentar seu senso de propósito no trabalho foi **caprichar nas interações** com os pacientes, visitantes e colegas de forma que estas interações pudessem **abrilhantar o dia deles**[48]. Extrair mais satisfação no seu trabalho é outro benefício das interações na motivação e na felicidade, além de ser uma prova adicional de que a **frequência** é mais importante do que a **intensidade**. Anteriormente, apresentei um estudo feito por pesquisadores canadenses, americanos e chineses sobre funcionários de uma empresa que sentiam menos cansaço no final do dia quando tinham autonomia no horário de almoço. Adivinhe qual era uma das atividades que eles praticavam durante o horário de almoço para ter este benefício... **Interações** sociais com os colegas de trabalho![49] John Trougakos, um dos autores do estudo, revelou que usar o horário de almoço em atividades **solitárias**, como o **relaxamento**, acabava fazendo o funcionário sentir-se **mais cansado** no final do dia, por mais contraditória que a informação possa parecer.

INTERAÇÕES QUE VALEM OURO

Um dos seus principais papéis neste contágio social é garantir que **todas** as pessoas com as quais você venha a ter qualquer interação saiam com um **sorriso no rosto**. É preciso que você tenha consciência de que **o seu comportamento é importantíssimo para a sua felicidade**, bem como para a das demais pessoas no mundo. Suas interações são uma das ferramentas mais efetivas para que você **vivencie, acumule e espalhe emoções positivas**. Falando nisso, como estão as suas interações atualmente? Você capricha em **todas** as suas interações, **todos** os dias, ou só nas que têm alguma importância pessoal? Você aproveita as oportunidades de interação que aparecem à sua frente ou prefere mergulhar no seu *smartphone*, dando aos outros o sinal de que **não existem**?

> Reconhecer às pessoas também é reconhecer que elas existem!

Muitos acabam se tornando "invisíveis" para nós durante a correria diária, e com isso perdemos chances valiosas a cada minuto. Como são as suas interações com o frentista do posto, o caixa do supermercado, o manobrista do estacionamento, o professor do seu filho, o garçom do restaurante, o jardineiro, o subordinado na empresa, o estagiário, a equipe de limpeza do seu escritório e a sua diarista? Essas pessoas **existem** para você? A atitude de investir alguns **segundos** sendo gentil com elas, reconhecendo que **existem**, pode gerar uma transformação de uma magnitude inimaginável. As pessoas "invisíveis" podem estar sofrendo com um filho doente, ter acabado de levar uma bronca desnecessária dos seus chefes, ter sido maltratadas injustamente por um cliente, ter problemas conjugais, estar devendo para o banco um dinheiro que não conseguem pagar ou passando por um momento difícil com o falecimento recente de um ente querido. Para muitos, receber **um** tratamento simpático durante o dia é algo raro. Uma breve interação cordial pode alegrar imensamente o dia de alguém e, inclusive, fazer com que ele **encontre soluções** para resolver os seus problemas por acumular uma **emoção positiva**.

Na minha rotina intensa de viagens para dar palestras, workshops e consultorias, é comum presenciar nos aeroportos as pessoas deixando **passar em branco** inúmeras oportunidades que aumentariam as suas cargas de emoções positivas e as fariam ter um dia mais feliz e produtivo. Dentro do avião, muita gente prefere enfiar a cabeça no *smartphone* a interagir com o passageiro ao lado. As pessoas preferem cuidar da própria bagagem a ajudar outros passageiros a tirar ou colocar suas malas nos compartimentos superiores. Preferem desembarcar o mais rápido possível em vez de serem gentis deixando outros passarem à sua frente. Essas pequenas ações de gentileza, esses **micromomentos de felicidade** que você pode gerar, podem mais tarde se tornar o **combustível** que o fará ter uma **grande ideia** para um novo projeto em sua empresa, para encontrar a **solução** a uma negociação difícil que vem se arrastando por meses ou para **superar** um momento pessoal delicado.

E esses benefícios não atingem apenas você — cada pessoa tocada pela sua gentileza também pode alcançar resultados similares. Esse é o tipo de comportamento ganha-ganha! Lembre-se de que viver emoções positivas ajuda na expansão e construção do seu cérebro. Além disso, de acordo com as descobertas do efeito do contágio, todas as interações podem lhe proporcionar uma felicidade gigantesca, que será **transmitida** para pessoas a quem você nunca conhecerá. Quando faz **cada interação valer**, você fica mais feliz, a pessoa que interagiu com você fica mais feliz, a próxima pessoa com quem ela interagirá também ficará mais feliz, a próxima pessoa com quem você conversar também ficará mais feliz, e assim esse contágio se espalha, possivelmente, retornando para você mesmo! Lembrando que uma interação não consiste apenas em uma

conversa; o simples fato de cruzar com uma pessoa e cumprimentá-la com um **olhar** ou **com um movimento de cabeça** já conta como uma interação.

O MAIOR INIMIGO DAS INTERAÇÕES

Ele está em todos os lugares: no seu bolso, em cima da mesa, em suportes, no banco do carro, nas mãos do seu filho. Essa "praga" aumenta em quantidade a cada dia, sendo cada vez mais visível em qualquer ambiente. Apesar de não ter capacidade de reprodução, prolifera-se numa velocidade impressionante, e talvez você até o esteja usando para ler este livro. Sim, refiro-me à maior "praga" do mundo moderno: o *smartphone*. Quantas vezes você já presenciou pessoas a uma mesa de refeições que **não estão conversando** umas com as outras porque interagem com **outras** através do celular? E quantas vezes já se deu conta de que **você mesmo faz isso**? Quantas vezes já se deu conta das **oportunidades que perde** de aumentar as suas emoções positivas e transmitir felicidade interagindo **pessoalmente** com seus amigos, familiares e colegas de trabalho, porque **escolhe** trocar mensagens no celular com **outros** enquanto está com eles?

Se você quiser ser feliz e motivado, uma dica preciosa é usar o seu celular **o menos possível**. Esteja **verdadeiramente** com quem você está conversando! Existe algo mais chato do que conversar com uma pessoa que não larga o celular? Qual é a mensagem indireta que essa companhia manda para você? "Pode ser que eu receba uma **piadinha** por WhatsApp que seja **mais importante** do que a nossa conversa". Não esqueça que essa também é a mensagem que **você** manda aos outros quando o seu celular está visível durante uma conversa. O estudo "The iPhone Effect", realizado pela Virginia Tech, revela que a mera **presença** visível de um telefone celular durante uma interação arruína a qualidade dela[50].

Não me leve a mal: eu também acho que os *smartphones* são uma invenção incrível. Mas o que a ciência comprova é que são ainda mais incríveis quando nós os utilizamos nos momentos em que estamos **sozinhos**!

A CULTURA INDUSTRIAL DA INFELICIDADE

Quando você acredita que o segredo do sucesso é trabalhar incansavelmente para acumular o máximo de dinheiro que conseguir, essa escolha o faz se afastar dos seus amigos e familiares, bem como ter menos convívio social. Assim, você passa a ter **poucas interações** durante o dia, a sua felicidade diminui e, junto com ela, a probabilidade de alcançar o sucesso. "A riqueza aumenta a distância entre as pessoas", afirmou Paul Piff durante a nossa conversa. "Quando começam a ganhar mais dinheiro, elas compram casas maiores em terrenos mais amplos e ficam mais distantes dos seus vizinhos. Nessa casa, os cômodos são maiores, cada um tem o seu quarto, cada um tem o seu carro. Esses fatores diminuem as interações sociais e fazem com que as pessoas se tornem cada vez mais individualistas", concluiu o cientista.

Quanto mais tempo você passa correndo **solitariamente** atrás de objetivos, **mais longe** fica de atingi-los. É por esse motivo que se você perguntar a qualquer cientista dessa área qual é o principal previsor da felicidade, ele responderá que são os **relacionamentos**. Lembre que Edward Deci e Richard Ryan descobriram que os **relacionamentos** são uma das necessidades motivacionais básicas e universais do ser humano — sem o sentimento de que amamos ou somos amados pelos outros, de que nos importamos com as pessoas e de que somos importantes para elas, ou de que pertencemos a um grupo, **perdemos** grande parte da nossa motivação. O problema é que, na corrida pelo dinheiro, nós sempre achamos que podemos deixar os relacionamentos **para depois**.

Em muitas empresas existe a cultura de fazer com que o empregado permaneça até tarde da noite no escritório, por se acreditar que isso aumentará a produtividade. Essa cultura, no entanto, faz com que os funcionários se afastem dos seus familiares e amigos, o que resulta em algo **contrário** ao objetivo das empresas. Muitos funcionários também **escolhem** ficar até tarde no escritório em uma tentativa de demonstrar aos seus colegas e superiores que são ocupados e comprometidos, uma opção que joga **contra** o seu próprio sucesso. Esse tipo de cultura organizacional, incorporada na vida de muitos executivos, assume que as pessoas são máquinas realizando um trabalho braçal. Em uma linha de produção existe uma relação **direta** entre a **quantidade de horas** trabalhadas e a **produtividade**, mas no escritório essa relação simplesmente **não existe** para a maioria dos funcionários. No escritório, o trabalho é de natureza **criativa**, portanto alguém que trabalhou **oito horas** pode ter o mesmo resultado no final do dia em comparação a outro que trabalhou apenas **três**. Na fábrica, onde o trabalho é braçal, um funcionário com uma carga de três horas dificilmente terá a mesma produtividade que outro de oito horas. Apesar de estarmos no século XXI, muitas empresas ainda desenvolvem ambientes baseados no século XIX.

Outro exemplo da presença dessa cultura industrial nos escritórios é que muitas empresas criam ambientes que **não incentivam** a interação entre os funcionários — as pessoas são **proibidas** de conversar entre si, e durante os turnos em que algumas estão almoçando, outras estão **trabalhando**. Mais uma vez, o objetivo de aumentar a produtividade não será alcançado pela **falta de interações** e de **emoções positivas** no ambiente de trabalho.

Outra decisão infeliz que muitas companhias tomam: ao notar que duas pessoas que se sentam próximas estão se tornando amigas, elas as **separam**; afinal, trabalho é trabalho, certo? O que essas empresas e esses líderes não sabem é que as amizades têm um papel **importantíssimo** na produtividade. Pesquisadores da Universidade do Oeste de Ontário, no Canadá, revelaram que quando estamos próximos de pessoas com quem nos damos bem, ficamos mais bem-humorados e somos mais criativos[51]. Tom Rath, pesquisador do Gallup, após analisar mais de 15 milhões de entrevistas, descobriu que a importância das amizades no ambiente de trabalho é muito maior do que imaginamos[52]. Rath e sua equipe revelaram que ter melhores amigos na empresa eleva em **sete vezes o engajamento** no trabalho.

O psicólogo James Pennebaker, pesquisador da Universidade do Texas, explica que **relacionamentos criam eficiência e aceleram o cumprimento de metas**[53]. Ao explicar algo a alguém com quem temos **pouco** convívio, costumamos levar um bom tempo — e a outra pessoa também demora a entender. Mas quando precisamos dar a mesma explicação a um **amigo**, levamos **menos** tempo — e ele demora menos para entender. Quanto mais próximos somos de alguém, maior a probabilidade de nos entendermos e nos comunicarmos com **rapidez**, o que gera uma enorme **eficiência**. E um novo estudo comprova isso de forma inquestionável.

Em um artigo publicado em 2018, na renomada revista científica *Nature*, Carolyn Parkinson, da UCLA, e a dupla de pesquisadores Adam Kleinbaum e Thalia Wheatley, da Dartmouth College, revelaram que os cérebros de pessoas amigas funcionam de forma incrivelmente **similar**[54]. Usando dados obtidos por imagens de ressonância magnética funcional (IRMF), ao observar a atividade cerebral dos participantes enquanto assistiam a uma série de vídeos, descobriram que quanto maior a relação de amizade entre eles, **maior era a similaridade de suas reações neurais** aos vídeos. Muitos outros estudos demonstram termos uma preferência natural em escolher amigos de acordo com as nossas similaridades (idade, raça, sexo, hobbies, nomes etc.)[55], mas essa descoberta revela pela primeira vez que nós os escolhemos também por outro fator até então invisível — **a forma similar de interpretar e reagir aos acontecimentos do dia a dia.**

Um estudo realizado por pesquisadores australianos que analisou 1.477 idosos demonstra um benefício extra causado pelas amizades: maior **longevidade**[56]. Aqueles com um grande número de amigos viviam 22% a mais em comparação aos que tinham poucos relacionamentos. Para a surpresa de muitos, o grupo de cientistas ainda descobriu que as relações com familiares e crianças tinham um **baixíssimo impacto** na longevidade — ter **muitos amigos** superava **todas** as outras dimensões relacionadas com a longevidade dos idosos. Uma metanálise de 150 estudos, realizada por cientistas da Universidade Brigham Young e Universidade da Carolina do Norte, analisou dados sobre as chances de mortalidade de 308.849 pessoas e confirma esses dados: aqueles com boas relações de amizade **aumentam** as suas chances de sobrevivência em 50%[57]. De acordo com os pesquisadores, ter **poucas** relações de amizade impacta a longevidade das pessoas de forma muito similar a **fumar 15 cigarros por dia**; é mais danoso para a saúde do que ser **obeso** ou do que **não praticar atividades físicas**.

Na nossa conversa, Richard Ryan me disse que os relacionamentos são uma das ferramentas mais efetivas para desenvolvermos consciência e ficarmos mais atentos às nossas escolhas na vida. A sinceridade na opinião de um amigo faz com que sejamos menos influenciados pelas forças e pelos valores externos que podem moldar a motivação e a felicidade de forma negativa. Amigos nos ajudam a escapar das armadilhas da vida e nos trazem novamente para a realidade.

Por esses motivos é que as empresas devem **incentivar as amizades no ambiente de trabalho**, mudando o *design* dos seus escritórios, instituindo intervalos curtos durante a jornada para que as pessoas possam **conversar**, realizando **festas**, **confraternizações** e outras ações que permitam aos funcionários **interagirem** mais. Quanto maior o número de iniciativas de uma companhia para aumentar as interações e amizades entre os funcionários, **melhores** serão os seus resultados.

Kim Cameron, professora da Universidade de Michigan, realizou uma pesquisa inédita no campo das interações. Ela e seus colegas mapearam os funcionários de uma empresa de acordo com a sua *energia relacional*, ou seja, por **quanto** cada funcionário energizava, motivava e revigorava os outros com as suas interações, em vez de deixá-los exaustos ou esgotados com as suas conversas[58]. O que observaram foi altamente surpreendente: o nível de energia relacional **previa** a performance da equipe com **quatro vezes** mais precisão do que a de redes baseadas em influência ou informação. Isso esclarece que proporcionar um impacto positivo na vida dos seus colegas de trabalho através das suas interações coloca a sua equipe em um caminho mais preciso no alcance dos objetivos do que tentar **influenciá-la a fazer aquilo que você quer usando a sua autoridade ou outros meios**. No final, parece que aquele bate-papo do pessoal no escritório ao redor do galão de água mineral carrega uma importância gigantesca, não é? Além disso, esse grupo de cientistas descobriu que os funcionários alcançam melhor desempenho, são mais engajados, mais satisfeitos com o seu trabalho e têm maior bem-estar nos seus lares quando são **liderados** por alguém que gera uma **energia positiva**.

As consequências do efeito do contágio e das interações na sua felicidade e motivação mostram como a natureza é verdadeiramente fantástica. O ser humano expressa poderes mais incríveis do que imaginamos. O que poucos sabem é que, alguns anos atrás, um grupo de cientistas italianos descobriu um **superpoder** que todos nós possuímos — e ele o convencerá com ainda mais força do quão importante é o seu comportamento.

NEURÔNIOS DA IMITAÇÃO

Em um belo dia de verão em 1991, no laboratório da Universidade de Parma, um macaco, com uma série de fios ligados à região F5 — uma área do cérebro relacionada com o planejamento e alguns movimentos corporais —, sentado em uma cadeira especial, aguardava um grupo de cientistas retornar do almoço. Toda vez que o macaco segurava, manipulava ou movimentava um objeto, alguns neurônios do seu cérebro se tornavam ativos, e então um monitor emitia um som: **bip, bip, bip**. Certo aluno da universidade retornou do seu almoço com uma das obras-primas da culinária italiana: um sorvete. O rapaz se preparava para o início do trabalho, deliciando-se com o seu sorvete, quando ouviu um som: **bip, bip, bip**. Ele rapidamente olhou para o macaco, mas o animal estava parado. Dando de ombros, o aluno continuou com seus afazeres e, quando tornou a colocar o sorvete na boca, o som: **bip, bip, bip**. Perplexo, olhando fixo para o macaco, o assistente mais uma vez levou o sorvete à boca: **bip, bip, bip**, soou o monitor. Mas o macaco continuava imóvel.

O que esse assistente presenciou foi uma das maiores descobertas da neurologia já realizadas: um conjunto de células do nosso cérebro chamado **neurônios espelho**[59]. Os neurônios espelho fazem com que "treinemos" certas ações simplesmente ao **observar** outras pessoas realizando-as, como se quem estivesse realizando essas ações **fôssemos nós mesmos**. Ao assistir a um jogo de futebol, por exemplo, você não usa somente a sua área visual para acompanhar o que acontece no campo: as áreas do seu cérebro relacionadas com os movimentos de corrida, chutes, dribles e cabeçadas estão **todas ativadas**, como se fosse **você** lá no gramado. Por esse motivo é que os neurônios espelho do macaco na Universidade de Parma se ativaram meramente ao **observar** o assistente levar o sorvete à boca, o que fez com que as áreas do seu cérebro responsáveis por esse movimento se tornassem ativas e "treinassem" o mesmo movimento.

Nossos ancestrais obtiveram grandes benefícios por causa dos neurônios espelho, principalmente porque **aprender** a realizar um movimento simplesmente **observando-o** facilitou uma série de ações diárias, como usar ferramentas, colher frutas e caçar animais. Esses neurônios também tiveram um papel importante no desenvolvimento da comunicação, pois naquela época não existia linguagem: a comunicação acontecia através de gestos[60]. Os neurônios espelho, ainda, carregaram uma função fundamental no compartilhamento das emoções: se um dos nossos ancestrais observasse uma expressão de medo no rosto de um dos seus companheiros, por exemplo, os seus neurônios espelho se tornariam ativos e o ajudariam a se preparar para uma possível situação de ameaça, uma vez que isso poderia sinalizar a presença de um predador que estava fora da sua linha de visão[61].

Atualmente, os cientistas da área revelam que os neurônios espelho ampliaram as suas funções, passando a ser também responsáveis pela **empatia** do ser humano[62]. Quando observamos alguém feliz, os nossos neurônios espelho se tornam ativos e nos levam a querer **sentir** o que aquela pessoa está sentindo. Quando percebemos que alguém está irritado, os nossos neurônios trabalham para que tenhamos a mesma emoção. É por causa dos neurônios espelho que, por exemplo, em uma sala de aula, quando um aluno espirra, automaticamente outros começam a espirrar. Ou quando um aluno boceja, outros sentem vontade de bocejar. Por causa dos neurônios espelho é que ao observar a expressão de medo de um personagem em um filme de terror, sem perceber, você **copia** a mesma expressão facial dele e começa a **sentir medo**, apesar de não estar **vivendo** a situação retratada e de ter a **consciência** de que **nada** do que se passa na tela é real.

Os neurônios espelho têm a função de fazer você se colocar na pele da outra pessoa, mesmo que por um momento, tornando os nossos relacionamentos sejam melhores. Lembra-se do estudo de Sarina Saturn no qual pessoas que presenciaram situações de sofrimento tiveram uma ativação no sistema nervoso simpático, responsável pelos sentimentos de **dor** e **estresse**?[63] E o de Dacher Keltner e Christopher Oveis, que descobriram como a exposição de imagens de pessoas sofrendo ativava o nervo vago, despertando o sentimento de **compaixão**?[64] Coincidência?

Um experimento realizado por pesquisadores da Universidade de Nova York mostra que as nossas emoções não se espalham apenas quando interagimos face a face com alguém, mas também quando somos expostos a palavras que carregam certas emoções[65]. Nesse estudo, os participantes recebiam uma sequência de palavras e precisavam ordená-las para que formassem uma frase com sentido gramatical. Um dos grupos recebia palavras **rudes** para ordenar (agressivamente, incomodar, invadir, interromper), enquanto os outros recebiam palavras **educadas** (respeitar, honrar, pacientemente, educadamente) ou palavras **neutras** (exercitar, ocasionalmente, rapidamente, normalmente). Ao receber uma sequência de palavras como: **ELES A INCOMODAR VEEM SEMPRE,** o participante deveria ordená-las na frase: **ELES SEMPRE A VEEM INCOMODAR.** Instruídos a entregarem as suas tarefas concluídas ao pesquisador em outra sala, as coisas começam a ficar interessantes.

Ao chegarem à sala onde o pesquisador se encontrava, todos os participantes enfrentavam a mesma situação: o pesquisador conversava com outro aluno, que parecia estar enfrentando dificuldades para entender a tarefa. Na verdade, esse "outro aluno" fazia parte do grupo de pesquisadores que imediatamente começava a interação ao notar a chegada de um dos participantes. A intenção era cronometrar o tempo que levaria para o participante **interromper** a conversa. Será que o teor das palavras ordenadas teria algum efeito no tempo até ocorrer a interrupção? Como você pode imaginar, 65% dos alunos que ordenaram palavras rudes interromperam a conversa, em uma média de 326 segundos. Os participantes do grupo que ordenou palavras neutras interromperam a conversa em uma média de 519 segundos, sendo que apenas 48% deles apresentaram esse comportamento. Já os participantes expostos a palavras educadas interromperam em uma média de 558 segundos, e apenas 17% deles tiveram esse comportamento. Perceba que o teor das palavras que você escreve em e-mails e outras mensagens influencia diretamente o comportamento das pessoas que as leem, mas não é só isso. Os tipos de palavras a que **você se expõe** também influenciam seu comportamento futuro. Por acaso você anda lendo o jornal pela manhã? E acessando sites com notícias negativas? Cuidado!

Em se tratando das interações, devemos ter consciência de que **os nossos sentimentos se espalham para outras pessoas.** Quando você se esforça para sorrir, capricha nas suas interações e começa uma conversa dizendo algo positivo para o outro, os neurônios espelho dele se tornam ativos e existe uma grande possibilidade **de ele sorrir, ser simpático e responder algo igualmente positivo.** Lembre-se: ele quer **sentir** aquilo que **você** está sentindo.

No mesmo artigo em que o experimento das palavras desordenadas foi apresentado, os cientistas da Universidade de Nova York concluíram que podemos mudar o comportamento de outras pessoas simplesmente **expressando o que queremos que seja copiado**. Essa descoberta, alinhada com a ativação dos neurônios espelho, comprova que se o teor inicial da sua conversa for positiva existe uma probabilidade muito grande de a outra pessoa copiar o seu comportamento. Da mesma forma, se você interage demonstrando sinais de **irritação ou tristeza**, percebendo o que você está sentindo, essa pessoa pode copiar a **mesma expressão** e, embora ela nem sinta irritação **ainda**, logo poderá passar a sentir, por mais incrível que esse fenômeno pareça.

No entanto, já que o ser humano é negativo por natureza, muita gente acredita que não importa se uma conversa começa de forma positiva, o outro irá expressar algo negativo durante a interação, e provavelmente isso de fato acontecerá. Porém, em uma interação entre uma pessoa positiva e outra negativa, quem você acredita ser capaz de vencer? Tudo nos leva a crer que a natureza humana, negativa, venha a prevalecer, mas dois pesquisadores da Universidade da Califórnia descobriram que vence a batalha em uma interação **quem mais expressa as suas emoções ao outro**[66]. Quanto mais positivismo você expõe, mais você ativa os neurônios espelho do outro, aumentando as chances de ele vir a expressar algo positivo. Lembre-se de que o **contrário** também é verdadeiro. Portanto, sempre que você estiver interagindo com uma pessoa negativa, procure expressar coisas positivas com frequência, fazendo a pessoa enxergar o outro lado da situação. Assim, existe uma grande possibilidade de esse indivíduo mudar de comportamento e passar a se expressar de forma mais positiva.

Uma mudança no seu comportamento tem o poder de fazer com que o comportamento dos outros também mude.

Só não se esqueça de que ser positivo **não é ser um sonhador** ou uma **Poliana** que esbanja um otimismo cansativo e fora da realidade. Ser positivo é ser otimista quanto a um futuro excelente, porém **realista**.

Os efeitos do contágio social e do sistema de neurônios espelho são fascinantes. E as implicações desses fenômenos no dia a dia também podem ser sentidas quando ativamos uma das necessidades motivacionais básicas do ser humano: o reconhecimento.

CAPÍTULO 6

Reconhecimento Irreconhecível

RECONHECIMENTO AO INVERSO

No início do livro você conheceu o estudo feito por Mark Lepper e seus colegas, no qual crianças que poderiam receber um grande **reconhecimento** por seus trabalhos acabaram produzindo desenhos que foram **mal avaliados** por um grupo de jurados e, posteriormente, **perderam o interesse** pela atividade de desenhar[1]. Você também conheceu os experimentos de Dan Ariely em conjunto com outros pesquisadores, nos quais um grupo que poderia receber **cinco meses** de salário teve um desempenho **pior** em comparação a outros grupos que não tiveram um incentivo tão generoso[2]. Inúmeros outros estudos demonstram que ao trabalharmos com a possibilidade de receber um reconhecimento material, as consequências para a nossa performance acabam sendo **catastróficas**. Então o reconhecimento não motiva as pessoas? Muito pelo contrário.

Em um artigo publicado no *Journal of Personality and Social Psychology*, em 2009, a brilhante dupla de pesquisadores Adam Grant e Francesca Gino descobriu que o simples fato de **agradecer** a uma pessoa por uma ajuda recebida produz efeitos incríveis no seu comportamento futuro[3]. Nessa pesquisa, os participantes foram induzidos a crer que participariam de um estudo para avaliar as suas habilidades de escrita e feedback. Para isso, deveriam enviar por e-mail seus feedbacks ao currículo de um aluno fictício, Eric Sorenson. Após receber o feedback de todos os participantes, os cientistas respondiam ao e-mail (em nome de Eric Sorenson), individualmente, de duas formas:

> **Grupo 1 –** Estimado (nome), quero avisá-lo de que recebi o seu feedback ao meu currículo. Gostaria de saber se você poderia me dar feedback em um segundo currículo que preparei, que está anexo. Seria possível que me enviasse alguns comentários nos próximos três dias?
>
> **Grupo 2 –** Estimado (nome), quero avisá-lo de que recebi o seu feedback ao meu currículo. Muito obrigado! Sou muito grato. Gostaria de saber se você poderia me dar feedback em um segundo currículo que preparei, que está anexado. Seria possível me enviar alguns comentários nos próximos três dias?

Notou a sutil diferença? Os participantes do segundo grupo recebiam um **pequeno reconhecimento** através das frases: "**Muito obrigado! Sou muito grato**". Quando os cientistas querem investigar algo, obviamente não podem dizer aos participantes do estudo o que de fato está sendo pesquisado para evitar que os dados sejam contaminados. Nesse caso, o objetivo de Grant e Gino não era analisar as habilidades de escrita ou de feedback dos participantes, e sim descobrir o que acontece quando uma pessoa recebe uma demonstração de gratidão de alguém que ajudou. Será que o comportamento de quem teve o seu trabalho reconhecido por meio de um agradecimento é diferente de quem não sentiu o mesmo? A resposta é um gigantesco **sim**! O que aconteceu foi impressionante: 66% dos participantes do segundo grupo ajudaram Eric novamente, contra apenas 32% dos membros do primeiro grupo.

Em um segundo experimento, os pesquisadores testaram se o mesmo efeito aconteceria quando, em vez de os participantes receberem uma nova solicitação de feedback do mesmo aluno, recebessem uma solicitação de feedback de outro aluno — nesse caso, o fictício Steven Rogoff. Será que receber o reconhecimento de alguém aumenta a sua probabilidade de ajudar outra pessoa? A resposta, novamente, é um **sonoro sim**. Dos participantes que receberam o e-mail de Eric expressando gratidão, 55% ajudaram Steven. Apenas 25% dos que receberam um e-mail de Eric sem a mensagem de gratidão ajudaram

Steven. Percebemos, então, que uma interação positiva também faz com que a **gratidão se espalhe** por meio do efeito do contágio.

Em um novo experimento, os pesquisadores testaram a influência do agradecimento feito **pessoalmente**. Dessa vez, cada participante individualmente avaliava o currículo de Eric em uma sala, quando, no final da atividade, um ator entrava para entregar alguns papéis ao pesquisador. O ator se identificava como Eric para os participantes e agradecia a alguns deles a avaliação do seu currículo, enquanto outros não recebiam agradecimento algum. Em seguida, o pesquisador entregava um segundo modelo do currículo de Eric para o feedback. O resultado foi que, em comparação com as pessoas que não receberam um agradecimento, aquelas que o receberam passaram **mais** tempo trabalhando no segundo modelo de currículo.

Finalmente, Grant e Gino realizaram um teste no setor de doações de uma universidade americana, cujo trabalho dos funcionários era ligar para potenciais doadores com o objetivo de arrecadar fundos para a universidade. Um grupo desses atendentes recebeu a visita do diretor do setor, que agradeceu o trabalho árduo e a contribuição com a universidade. O outro grupo não recebeu tal visita. O simples fato de receber um agradecimento **presencial** fez com que os membros do primeiro grupo **aumentassem expressivamente** o número de ligações realizadas para potenciais doadores em relação ao período anterior ao experimento, além de aumentar as sensações de eficiência e de valorização dos funcionários, medidas por meio de questionários. Gino e Grant puderam concluir claramente nesse experimento que o o aumento na quantidade de ligações foi causado pelo **discurso de reconhecimento** do diretor, uma vez que todos os funcionários em questão recebiam **salários fixos** e, portanto, não tinham nenhum incentivo financeiro para aumentar a quantidade de ligações.

Esses experimentos mostram que o reconhecimento e a gratidão — feitos pessoalmente ou a distância, através de **palavras e gestos** em vez de troféus, prêmios, diplomas, dinheiro e placas — verdadeiramente motivam as pessoas. Edward Deci encontrou resultados similares em um estudo no qual um grupo de estudantes **manteve** o seu nível motivacional em uma tarefa logo depois de receber um feedback positivo[4]. Vale ressaltar que os efeitos positivos alcançados nesses experimentos foram fruto de o reconhecimento recebido pelos participantes ter acontecido como uma **surpresa**. Da mesma forma que as crianças do estudo de Lepper e Greene tiveram uma melhor performance quando **não esperavam** por uma recompensa, os participantes do estudo de Grant e Gino ajudaram o aluno fictício quando receberam um e-mail de agradecimento **inesperado**.

Talvez **reconhecer** o seu trabalho não seja o forte do seu chefe, seu cônjuge, seus pais ou amigos justamente porque o nosso entendimento sobre o poder do reconhecimento na motivação está **errado**! O que pouca gente percebe é que, para obter o **máximo benefício** gerado pelo reconhecimento, o caminho a seguir é **inverso** ao que a maioria escolhe.

> Para ser mais feliz e motivado, você é quem deve reconhecer aos outros, em vez de ficar esperando por reconhecimento.

Sim, o poder do reconhecimento na nossa motivação funciona **ao contrário** do que se imagina. Quando **você** toma a iniciativa e muda o seu comportamento, outras pessoas com as quais tem contato igualmente mudam o próprio comportamento, por causa do sistema de neurônios espelho e do efeito do contágio. Foi exatamente isso o que aconteceu no experimento realizado por Grant e Gino. Quando o fictício aluno Eric teve a **iniciativa** de agradecer às pessoas por seus trabalhos, **mais do que o dobro delas** o ajudou em um segundo momento, comparando-se com as pessoas que não receberam tal agradecimento. Quando aqueles que haviam recebido o reconhecimento de Eric tiveram a sua ajuda solicitada novamente por **outro** estudante, Steven, **mais do que o dobro** delas também o ajudou, o que só comprova o poder dos neurônios espelho e do efeito do contágio.

Perceba que o seu reconhecimento ativa a motivação das pessoas, que ficam mais dispostas a agir e a ajudá-lo futuramente. Lembre-se de que o **seu comportamento** influencia o comportamento da sua rede social, e vice-versa. **Quem você quer no comando dessa rede: você ou os outros? Você quer ser seguido ou quer seguir?**

Infelizmente, muitos daqueles com cargo de liderança têm a política de não elogiar os funcionários, pois acreditam na ilusão de que esse gesto fará com que sintam que não precisam melhorar. Ao agir dessa forma, os líderes perdem a oportunidade de proporcionar aos subordinados o sentimento motivador da **competência**, além de prejudicarem o **trabalho em equipe**, já que os efeitos de um elogio — quando sincero — vão mais longe do que se pensa.

Ao reconhecer a alguém, você fica mais feliz, e a pessoa que recebeu o reconhecimento fica mais feliz também — as duas partes vivenciam **emoções positivas**. Por causa dos neurônios espelho, você transmitirá essa felicidade para a próxima pessoa com a qual tiver uma interação, assim como a pessoa que recebeu o reconhecimento espalhará a felicidade dela na próxima interação — fruto da ação do efeito do contágio. E assim o fluxo segue, contagiando até mesmo gente que você nunca virá a conhecer. Quem causou isso? **Você!**

Muitos estudos apresentados até aqui têm o propósito de aumentar a sua felicidade **individualmente**, mas o que você deve entender é que a felicidade é conquistada no seu máximo potencial quando alcançada **coletivamente**. Reconhecer aos outros e caprichar em **todas** as suas interações diárias são atividades que você pode praticar facilmente para aumentar a felicidade de **muitas pessoas. Fazer os outros felizes é o que possibilita uma pessoa ser feliz individualmente.**

Lembre-se também de reconhecer que as pessoas **existem**, por isso esteja certo de não perder oportunidades de viver e espalhar emoções positivas nas suas interações mais corriqueiras. Paul Piff me informou que uma das ferramentas mais efetivas para uma pessoa obter uma visão mais realista do mundo e conquistar mais empatia pelos outros é ter **interações fora da sua zona de conforto**, caprichando nas conversas com indivíduos de níveis sociais abaixo do dela.

Como você descobriu, um dos maiores aliados da nossa motivação é o sentimento de **autonomia**, de ter controle sobre o que acontece na nossa vida. Quando você entende que os benefícios do reconhecimento se dão quando **assume o controle** dele — em vez de ter um comportamento passivo e ficar esperando pelo reconhecimento —, o que está fazendo é **aumentar o seu sentimento de autonomia**. Assim, você passa a entender e a sentir que o seu comportamento pode lhe proporcionar mais controle sobre o seu destino.

No ambiente corporativo, umas das formas mais positivas de usar o reconhecimento e despertar o sentimento de autonomia nos funcionários é fazer com que eles mesmos decidam quem deve ser **promovido** dentro das suas equipes. Além dos benefícios citados, dar autonomia aos funcionários para que promovam uns aos outros também aumenta a **colaboração** no trabalho, já que as pessoas começam a entender que os seus destinos não dependem mais de resultados individuais ou do humor do chefe, e sim do quanto elas colaboram para a **equipe** ter sucesso.

Existe um perigo muito grande àqueles com um comportamento **passivo** no agradecimento, àqueles que fazem de tudo para **obter reconhecimento** dos outros. Quando condiciona a sua motivação e felicidade aos aplausos **alheios**, você automaticamente coloca a sua felicidade em um destino que **foge do seu controle**.

DESESPERADAS PELO RECONHECIMENTO

Atualmente, é fácil notar como muitos estão desesperados pelo reconhecimento, não somente nos ambientes profissionais como também na vida pessoal e nas redes sociais. As pessoas postam textos tentando mostrar como são dedicadas no trabalho, bem como expor as suas brilhantes visões políticas, publicam fotos para divulgar que estão viajando ou em um restaurante sofisticado, enfim, fazem peripécias para receber o **máximo de curtidas**. E quando não recebem o retorno que esperavam, sentem-se tristes — e decidem **postar** sobre isso também. O prêmio máximo vai para aquelas que postam fotos dos eventos em que a empresa onde trabalham lhes prestou reconhecimento, esperando **ainda mais reconhecimento** das mídias sociais.

Dia desses eu brincava com o meu filho em um parque e, próximo, avistei outro pai brincando com os seus dois filhos em um campo de futebol. O incrível é que esse pai, ao invés de **interagir** com os seus garotos, gravava um vídeo dele mesmo "correndo no parque". Ele ia até a pista de corrida ao lado do campo, filmava a si mesmo correndo durante dez segundos, parava e voltava. O homem fez isso muitas vezes até conseguir a qualidade que queria para o vídeo, e então passou diversos minutos postando-o nas mídias sociais e interagindo com aqueles que comentavam no seu *post*. Enquanto isso, seus dois meninos brincavam **sozinhos**. Nesse dia, realmente pude testemunhar como a busca pelo reconhecimento é algo que vicia, algo que faz com **percamos** os momentos que de fato interessam na vida.

Fora das mídias sociais, outros recursos como cirurgias plásticas, figurinos extravagantes, músculos de tamanhos exagerados, roupas de grifes famosas, carros, joias, relógios, cabelos à moda de personagens de novelas, bolsas e acessórios de luxo são amplamente usados por muitos para a busca do reconhecimento. Além do sentimento de falta de controle, essas pessoas também começam a sofrer com os efeitos de um fenômeno que você conhece bem. Quando você recebe reconhecimento dos outros, fica mais feliz, mas rapidamente a sua felicidade volta ao nível normal. Como ficar feliz é um sentimento bom, o seu comportamento natural será buscar um **aumento** desses momentos "felizes", logo, você tentará receber **mais** reconhecimento dos outros. Quando isso acontece, você fica mais feliz, mas ainda mais rapidamente a sua felicidade volta aos níveis normais. E o que ocorre com a repetição diária desse hábito? Com o passar do tempo, passa a precisar de doses cada vez maiores de reconhecimento para ter a **mesma** felicidade. Você é fisgado pela **adaptação hedônica** e, a partir desse momento, a quantidade de reconhecimentos que recebe já não importa: você **sempre** irá achar que não são suficientes.

Isso não quer dizer que receber reconhecimento dos outros não seja algo bom, pois elogios são muito prazerosos. Aliás, receber um reconhecimento desperta o sentimento de **competência**, uma das necessidades básicas estudadas por Richard Ryan e Edward Deci. Quando **você iniciar** o ciclo do reconhecimento, naturalmente as outras pessoas lhe serão reconhecidas também, o que torna essa estratégia ainda melhor. O que os estudos mostram é que você não deve atribuir grande peso ao reconhecimento dos outros na sua motivação e felicidade. O problema, neste caso, é a frequência com a qual ouvimos dizer que o reconhecimento motiva, levando-nos a acreditar que também **precisamos de reconhecimento** para sermos felizes — mas, como você já descobriu, o que nós acreditamos que nos motiva em geral não é o que verdadeiramente gera satisfação pessoal.

Uma pesquisa feita por uma cientista de Harvard sinalizou que os líderes colocaram o reconhecimento no **topo da lista** dos fatores que acreditavam motivar os seus funcionários, enquanto os funcionários reportaram que **outros** fatores os motivavam muito mais[5]. Quando você acredita que precisa dos elogios dos outros para ser mais feliz, a sua motivação passa a ser guiada pelo reconhecimento **externo**, um perigo enorme para a sua felicidade.

O VERDADEIRO RECONHECIMENTO

Um modo de fazer a adaptação hedônica passar longe dos seus dias é aproveitar o poder do reconhecimento para **expressar a sua gratidão** a quem o ajuda ou o ajudou. Existe um grande corpo de evidências científicas sobre a gratidão ser uma das formas **mais poderosas** de se tornar reconhecido aos outros. Um grupo de pesquisadores de três universidades americanas pediu a um grupo de pessoas com baixos níveis de saúde mental que escrevesse semanalmente uma **carta de gratidão** para alguém, durante três semanas. Como resultado, essas pessoas apresentaram uma melhor saúde mental pouco tempo após o fim do experimento[6]. Mas essa melhora na saúde leva tempo para acontecer — os sinais surgiram apenas na **quarta semana** depois de o experimento acabar e aumentaram expressivamente nas **12 semanas seguintes**. Além disso, apenas os participantes que escreveram cartas com mais expressões positivas do que negativas alcançaram esse estado.

A consistência do poder da gratidão com a Teoria da Expansão e Construção é incrível. Uma descoberta interessante desse estudo é a de que, para obter um melhor estado mental, as pessoas **não precisaram sequer compartilhar as cartas de gratidão**, revelando que apenas o exercício de escrevê-las já proporciona um grande benefício. Porém, como você verá em breve, estudos demonstram que os maiores benefícios de uma carta de gratidão se apresentam àqueles que a entregam **pessoalmente**. De qualquer forma, é interessante saber que apenas **escrever** uma carta já traz benefícios.

Para finalizar esse estudo, os pesquisadores Joel Wong e Joshua Brown quiseram saber se houve alguma mudança no cérebro daqueles que expressaram gratidão; assim, eles selecionaram uma amostra desses participantes para medir o seu nível de atividade cerebral três meses após o fim do primeiro experimento. Comparadas com as pessoas que não escreveram cartas de gratidão, esse grupo mostrou uma atividade cerebral mais intensa no córtex médio pré-frontal, uma área associada ao **aprendizado** e à **tomada de decisão**. O resultado mostra que a gratidão tem efeitos de longo prazo no cérebro, o que pode contribuir ainda mais para uma boa saúde mental com o passar do tempo.

O pesquisador Glenn Fox, da Universidade do Sul da Califórnia, e seus colegas descobriram em um estudo similar que pessoas instruídas a sentir gratidão apresentam atividades cerebrais em áreas relacionadas à **empatia**, a **entender a perspectiva dos outros** e a sentimentos de **alívio**, o que sinaliza que ter gratidão pelos outros ajuda no **relaxamento do corpo** e na **redução do estresse**[7].

A gratidão, além de ser altamente benéfica para o provedor, também pode ser vantajosa nos ambientes de trabalho, de acordo com um estudo realizado por pesquisadores de quatro universidades americanas[8]. Participantes que praticaram a gratidão **diminuíram** as suas chances em serem **agressivos** ou de procurarem **revanche** contra quem lhes deu feedback negativo. Robert Emmons, apresentado a você algumas páginas atrás, revela também que a gratidão leva à **reciprocidade**, o que aumenta a probabilidade de que os beneficiados por ela **pratiquem atos de bondade no futuro** — o que mais uma vez comprova o poder dos neurônios espelho e do efeito do contágio[9].

Para tornar os benefícios da gratidão **ainda mais potentes**, um estudo recente publicado por pesquisadoras da Universidade da Carolina do Norte sugere que, quando recebermos a gratidão de alguém, devemos expressar o agradecimento **em direção ao prestador do ato**, e não falar sobre como **nós** estamos nos sentindo por termos sido elogiados[10]. Isso significa que quando alguém lhe fizer uma gentileza, você deve expressar algo como: "Puxa, você faz tudo o que é possível para melhorar o dia das pessoas", ou "Isso mostra o quão bacana você é", ou "Você nunca se esquece daqueles que o ajudam". Como nós, seres humanos, somos egocêntricos por natureza, quando recebemos a gratidão de alguém seguimos a tendência de dizer como **nós** estamos nos sentindo após o ato.

O ser humano **ama** falar sobre si mesmo. A descoberta que a pesquisadora Diana Tamir, de Harvard, e seu colega Jason Mitchell fizeram reiteram essa afirmativa: quando falamos sobre nós mesmos, áreas de **prazer** do cérebro são ativadas, as mesmas que entram em ação quando **comemos** ou **ganhamos dinheiro**[11]. Falar sobre nós mesmos, portanto, dá prazer! Essa característica é tão enraizada no ser humano que os participantes do estudo de Tamir e Mitchell prefeririam **falar sobre si** ao invés de **ganhar dinheiro**. Sim, esse ato é um motivador **mais potente** do que os hiperpoderosos incentivos financeiros.

Não se esqueça de superar essa tentação quando demonstrar reconhecimento ou expressar gratidão a alguém, pois a pesquisa de Tamir e Mitchell alerta que a nossa motivação em ajudar os outros está ligada ao nosso próprio senso de autovalor — **as pessoas querem ser admiradas pelos seus atos de bondade**.

INICIANDO O CICLO DA GRATIDÃO

Mas não é porque a gratidão traz grandes benefícios para a sua vida que você irá agir **passivamente** e apenas agradecer àqueles que o ajudam ou, ainda pior, achar que gratidão implica postar uma foto sua comendo lagosta em Beverly Hills com os dizeres "gratidão", acompanhados do famoso *emoticon* que ilustra duas mãos juntas. Da mesma forma que no reconhecimento, **você** é quem deve iniciar o ciclo da gratidão. Como? **Ajudando os outros!** Sim, a gratidão só existe se **antes** alguém tiver sido ajudado!

Na época em que realizava pesquisas na Universidade da Califórnia, Joseph Chancellor — atualmente executivo no Facebook — fez um experimento com funcionários da Coca-Cola, em Madri, que demonstra de forma surpreendente como ajudar os outros impacta expressivamente o comportamento futuro de todos os envolvidos[12]. Os participantes desse experimento foram informados de que tomariam parte de um estudo sobre felicidade, e que uma vez por semana deveriam reportar aos pesquisadores: como estava o seu humor e a sua satisfação com a vida, as suas experiências com comportamentos positivos e negativos, o quanto haviam ajudado os seus colegas e também quanta ajuda tinham recebido deles. O truque desse experimento era o seguinte: dos participantes, 19 foram instruídos pelos pesquisadores a serem "doadores", praticando **atos de bondade** para um grupo de colegas (trazer um copo de água ou escrever um e-mail de agradecimento, por exemplo), mas não os praticando para um outro grupo — o grupo de controle.

Conhecendo a força dos neurônios espelho e do contágio social, o que você acha que aconteceu? No final de quatro semanas, o grupo que foi agraciado com atos de bondade passou a ajudar os colegas de trabalho **278% a mais** do que os participantes do grupo de controle, além de os seus níveis de felicidade se mostrarem **significativamente maiores um mês após o final do estudo**. Você pode até pensar que esse aumento nos níveis de ajuda é normal, pois as pessoas têm o costume de **retribuir** o favor a quem as ajudou, mas não foi exatamente o que aconteceu: os pesquisadores descobriram que quando aqueles inicialmente ajudados foram retribuir o favor, o fizeram para colegas **diferentes** dos "doadores". A revelação mais surpreendente desse estudo, porém, ainda estava por vir: em alguns indicadores, os cientistas observaram que **praticar** atos de bondade produzia impactos mais recompensadores do que **recebê-los**. Em relação aos colegas que **receberam** atos de bondade, os participantes que os **praticaram** — os "doadores" — reportaram níveis mais significativos na redução dos seus sintomas de depressão e no aumento dos seus níveis de satisfação com a vida e com o trabalho.

Outra descoberta importante vem da pesquisadora Stephanie Brown, da Escola de Medicina da Universidade Stony Brook. Ao analisar uma amostra de 846 casais de sexagenários, ela e seus colegas detectaram que pessoas que prestavam **pouca ajuda** aos amigos, familiares e vizinhos, bem como **pouco suporte emocional** ao cônjuge, tinham uma probabilidade **mais do que dobrada de morrer** durante os cinco anos em que o estudo as acompanhou[13]. Além de nos mostrar a influência que ajudar os outros provoca na nossa longevidade, esse estudo ainda revela o quanto podemos intervir na saúde dos idosos da nossa família. Não devemos apenas ajudá-los mais intensamente, pelos diversos tipos de limitação que alguns deles passam a enfrentar quando atingem certa idade, mas também devemos encontrar maneiras de fazê-los ajudar os seus amigos, familiares, vizinhos, cônjuges e a comunidade em geral. Atividades como dar conselhos aos mais jovens, manter um encontro mensal com os melhores amigos, praticar esportes coletivos, participar de comunidades religiosas, entregar doações para pessoas carentes, arrumar a mesa de refeições e dar de comer aos netos são simples e podem auxiliá-los a aproveitar mais a **melhor idade**.

"Barato do ajudante" é como diversos psicólogos chamam o agradável sentimento que as pessoas experimentam quando ajudam alguém[14]. Esse "barato" é causado pela liberação de **endorfinas**, substâncias químicas que nos causam bem-estar. O professor James Fowler, da Universidade da Califórnia, uma das maiores referências mundiais no estudo das dinâmicas nas redes sociais, mostrou em um estudo como um simples ato de bondade inspira diversas outras pessoas a agirem da mesma forma[15]. Na verdade, Fowler e Christakis revelam nesse trabalho que cada ato de bondade realizado por um indivíduo é **triplicado** por outros futuramente.

Uma maior clareza sobre a natureza da cooperação foi obtida em um estudo publicado em 2018 por pesquisadores da Universidade da Pensilvânia e da Universidade de Dar es Salaam. Esse grupo de cientistas analisou o comportamento de 56 tribos de caçadores-coletores na Tanzânia durante quatro anos, e descobriu que o nível de cooperação dos indivíduos era diretamente ligado ao nível de cooperação dos seus parceiros de tribo. "Os indivíduos tendem a agir de acordo com as ações daqueles à sua volta", afirmaram os cientistas no artigo publicado pelo *Current Biology*. "Estas descobertas enfatizam a flexibilidade natural da cooperação humana e a memorável capacidade humana em responder adaptavelmente aos seus ambientes sociais"[16]. Esta é mais uma prova das vantagens em iniciar o ciclo de gratidão e de sua grande responsabilidade neste mundo — as pessoas ajudam com mais facilidade **depois** de presenciar alguém ajudando os outros. Ajudar é tão benéfico no longo prazo que um estudo realizado por pesquisadores da Wharton School e da Universidade de Michigan, publicado em 2012 no *Psychological Science*, revelou que simplesmente **lembrar-se** de ocasiões em que ajudou alguém já faz com que você queira ajudar **novamente**[17].

Para obter os benefícios completos de ajudar os outros é preciso também saber **ajudar da forma certa**! A influente pesquisadora Sonja Lyubomirsky liderou um estudo no qual os participantes deviam praticar cinco atos aleatórios de bondade por semana, durante seis semanas[18]. Após serem separados em dois grupos, os participantes de um deles foram orientados a praticar **todos os atos em um mesmo dia**, enquanto os outros precisariam **dividi-los nos cinco dias úteis da semana**. Apesar de terem praticado o mesmo número de atos de bondade até o final do experimento, o nível de felicidade de ambos os grupos depois de seis semanas foi drasticamente diferente. O grupo que praticou **todos os atos de bondade no mesmo dia** teve um **aumento na sua felicidade**, ao passo que o outro grupo não alcançou diferença significativa nos seus níveis de felicidade.

É importante saber que os benefícios de escolher um dia da semana para praticar cinco atos de bondade acontecem somente se for algo **consciente**: lembrar **hoje** que na **terça-feira passada** você ajudou uma senhora a carregar o carrinho do supermercado **não conta** e, portanto, não gera vantagens para a sua felicidade. Portanto, escolha um dia da semana e se esforce **ainda mais** para ajudar o seu colega de trabalho a avançar em um projeto, dê o seu lugar no elevador lotado para outra pessoa, ajude alguém a carregar algo pesado, deixe outro motorista passar à sua frente em um cruzamento, pague o pedágio para o carro logo atrás do seu, prepare um café da manhã gostoso para a sua família, ajude uma instituição de caridade, doe roupas e outros bens para a igreja — quaisquer atos similares a estes garantirão um aumento expressivo na sua felicidade depois de algumas semanas. Mas, por favor, não se esqueça de ajudar os outros e ser simpático também nos outros dias. Ajudar, ao contrário do que muita gente acredita, é **simples** e não exige esforços hercúleos. Por mais que alguns desses atos não sejam exatamente prazerosos no **momento** em que você os está praticando, lembre-se de que a **soma** dessas emoções positivas é o que poderá fazê-lo alcançar a tão almejada **felicidade eudaimônica**.

No final, você descobrirá que o reconhecimento é verdadeiramente motivador quando inicia o ciclo da gratidão ajudando alguém. Este ato o faz ter uma emoção positiva; a pessoa que você ajudou imita o seu comportamento e ajuda outros; ela fica mais feliz e acumula emoções positivas; ela aumenta a felicidade de várias pessoas, é reconhecida por muita gente, promove as emoções positivas de diversos indivíduos e, posteriormente, o reconhece expressando a gratidão que sente por você; e assim, você acumula emoções positivas frequentemente e desfruta de todas as suas vantagens. Que tal começar a aplicar isso hoje mesmo?

CAPÍTULO 7

O Ser Insubstituível

O RECONHECIMENTO MÁXIMO NAS INTERAÇÕES

De acordo com os estudos sobre os neurônios espelho, os seres humanos têm a tendência de **imitar** os movimentos corporais, as expressões faciais, as expressões verbais e os comportamentos uns dos outros[1]. Marvin Simner, pesquisador da Universidade do Oeste de Ontário, no Canadá, revelou nos seus estudos que bebês recém-nascidos, com idades entre dois e quatro dias, começam a chorar apenas ao ouvir outros bebês chorando; e por mais incrível que pareça, os bebês sabem distinguir entre um choro **real** e um produzido de forma **sintética**, imitando somente o verdadeiro[2]. Por diversos motivos, esse mecanismo da imitação trouxe um grande benefício para a melhoria da comunicação entre os nossos ancestrais[3].

A comunicação primitiva por gestos teve um papel fundamental na sobrevivência e no sucesso de nossa raça. Quando observávamos alguém da nossa tribo realizar um movimento para comunicar ter encontrado uma fonte de água ou de comida, ou ainda para alertar sobre algum predador por perto, o fato de termos neurônios espelho aumentava as chances de os indivíduos **copiarem** aquele mesmo gesto quando fosse a vez **deles** de comunicarem qualquer um desses eventos. Os neurônios espelho facilitaram a **unificação** desses gestos, favorecendo que todas as pessoas de uma tribo soubessem exatamente como gesticular para comunicar determinado evento. Se cada membro da tribo gesticulasse de forma diferente para comunicar a **mesma coisa**, provavelmente a nossa raça não existiria mais neste planeta.

Em certa fase da nossa evolução, no entanto, os nossos gestos não eram iguais. Quando tribos diferentes começaram a se juntar — porque o homem descobriu que caçar em maior número aumentava as chances de haver almoço —, os problemas surgiram. Para uma tribo, certo gesto poderia significar "comida", enquanto para a outra poderia significar "predadores à vista". Como podemos imaginar, a pessoa que tivesse realizado um gesto significando "comida" e feito com que os membros da sua tribo saíssem da caverna de encontro com um bando de tigres-dente-de-sabre não seria exatamente "amada" pelos poucos sobreviventes do evento. Os sobreviventes decerto ficariam profundamente irritados porque o indivíduo **não soube se comunicar adequadamente**, o que colocou à tribo — e a nossa espécie — em uma situação de risco. Por momentos como este é que quando alguém da tribo tinha **gestos diferentes** dos demais era **expulso** do grupo. Na ocasião em que uma pessoa como essa tinha a sorte de não ser expulsa, o fato de ela não saber se comunicar com os outros diminuía as suas chances de encontrar parceiros para se reproduzir e/ou ter uma boa relação com os demais membros do grupo.

Apesar dos milhões de anos que nos separam dos nossos ancestrais, além do surgimento da linguagem verbal, a linguagem corporal ainda produz **grande impacto** na nossa comunicação. Por esse motivo é que, mesmo quando você está **sozinho** falando ao telefone, ainda **gesticula**[4]. Por mais contraditório que seja, o pesquisador Albert Mehrabian, da Universidade da Califórnia em Los Angeles, revela que a nossa linguagem corporal corresponde a 55% da comunicação[5].

Para ter sucesso em uma interação, você deve saber mais o que fazer do que o que falar.

Por esse motivo, um grande corpo de estudos revela que ao **imitar** as posturas corporais e os gestos das pessoas com as quais interage, você faz com que o avaliem **mais positivamente**[6]. Imitar os outros faz com que as pessoas gostem mais de você, pois, devido à nossa raiz primitiva, elas o consideram como da **"mesma tribo"**[7]. Em muitos casos, nós imitamos as posturas e os gestos daqueles com quem conversamos sem ao menos notar, sem a mínima consciência dessa imitação. Em um estudo genial, as pesquisadoras Clara Cheng e Tanya Chartrand, da Universidade Estadual de Ohio, selecionaram alguns estudantes de psicologia para um experimento no qual seriam analisadas suas diferentes reações a um conjunto de fotos[8]. Quando um estudante chegava ao laboratório, era avisado de que outro estudante participaria do experimento em sua companhia. Na verdade, esse "outro estudante" era um **membro** da equipe de pesquisa (ou **confederado**, na linguagem científica), treinado para incitar um comportamento de mímica nos participantes.

Uma parte dos estudantes foi informada de que o outro participante era do ensino médio; outra parte, de que era da pós-graduação; e a parte final, de que era um dos seus colegas da turma de psicologia. Durante todas as interações do confederado com cada um dos participantes, ele agia da mesma forma: a certa altura da conversa, **cruzava as pernas** e **chacoalhava levemente o pé**. O verdadeiro intuito do estudo era analisar **quando** os alunos imitariam inconscientemente sua linguagem corporal. Dos grupos informados de que o confederado era um estudante do ensino médio ou da pós-graduação, um percentual muito pequeno imitou seus gestos. Mas entre os participantes que pensavam que o confederado era um **colega de turma**, a mímica do comportamento aumentou quase **dez vezes**: eles sentiram que eram **da mesma tribo**!

É ainda mais interessante notar os resultados que esse comportamento natural do ser humano de imitar uns aos outros traz. É muito comum vermos casais que, de tanto imitar um ao outro nas suas interações, passam a apresentar **semelhanças físicas** nos seus rostos com o passar do tempo[9]. De tanto espelhar as expressões de felicidade, tristeza, surpresa, raiva, excitação e assim por diante, esses casais passam a ter expressões muito parecidas e, inclusive, os seus músculos faciais começam a se definir com igual formato. Você nunca conheceu um casal cujos indivíduos, de início, pensou que fossem irmãos? Se imitar as expressões da pessoa com quem casamos é algo natural, e se com o passar do tempo nosso rosto começa a ficar parecido **fisicamente** ao do nosso cônjuge, é interessante que você **escolha bem com quem irá se casar**!

O estudo de Marvin Simner sobre a imitação dos bebês revela que essa característica está enraizada no nosso comportamento e, na verdade, começa **antes** mesmo de nascermos. Quando você estava no ventre da sua mãe, os seus batimentos cardíacos eram sincronizados aos dela[10]. As emoções que ela sentia durante a gravidez eram transmitidas a você[11]. A evolução nos modelou para sermos máquinas da imitação, o que garantiu o sucesso da nossa espécie.

Alguns cientistas, ainda, afirmam que a imitação é uma forma primitiva de **elogiar** a pessoa com a qual está conversando, uma forma de comunicar **"você é importante para mim"** ou **"eu gosto de você"**[12]. Não por acaso, vendedores que imitam os seus clientes **vendem mais** do que os que não imitam[13]. Você naturalmente imita aqueles por quem sente certa similaridade, mas também

causa este sentimento **quando os imita** — como muitos outros comportamentos, a imitação também funciona ao inverso.

OS ENCANTOS DO TOQUE

A literatura sobre o poder da imitação é vasta, assim como sobre o poder do **toque**, outra característica fundamental para melhorar a qualidade das suas interações[14]. Sim, **tocar nos outros** durante uma interação faz com que **gostem mais de você**! Antes que você siga o padrão de muita gente que afirma **não gostar de ser tocado**, permita que eu lhe apresente alguns estudos que mudarão a sua opinião sobre a importância dessa expressão.

Um estudo feito por pesquisadores da Universidade da Califórnia em Berkeley descobriu que a **quantidade de toques físicos** entre jogadores de equipes da NBA, no início do campeonato, previa a sua performance no final da temporada — quanto maior o número de cumprimentos, abraços, mãos espalmadas, socos no peito, tapinhas na cabeça e outras formas "carinhosas" de tocar nos colegas, melhor era a performance dos jogadores **individualmente** e do **time como um todo**[15]. Obviamente, essas formas "carinhosas" de toque entre os jogadores da NBA **não são efetivas em outras situações**. Toques devem ser feitos da forma **certa** — leves, de curta duração, nos braços, nas mãos, nos antebraços ou nos ombros. Pessoas que dizem não gostar de ser tocadas, na verdade, não gostam de ser esmurradas, beliscadas, seguradas com força ou de serem acariciadas em outras partes do corpo, como o rosto[16]. O toque da forma **certa** é fundamental para que os resultados sejam efetivos.

Nesse sentido, há um experimento cuja conclusão é de que estudantes tocados por professores com tapinhas nas costas tinham uma probabilidade **quase dobrada** de participar das aulas, quando comparados a estudantes que não foram tocados[17]. Da mesma forma, estudantes universitários tocados levemente nas mãos por uma bibliotecária indicavam **gostar mais da biblioteca e da bibliotecária** em relação aos que não haviam sido tocados[18]. Quando pacientes eram tocados de forma acolhedora por profissionais da saúde durante uma consulta, eles estimavam que as consultas haviam sido **duas vezes mais longas** em comparação com pacientes que não foram tocados[19].

No início dos anos 1980, pesquisadores da Universidade do Missouri revelaram que pessoas tocadas durante uma breve interação tinham mais chances de concordar com um pedido[20]. Nesse estudo, os participantes foram solicitados a assinarem uma petição de interesse popular: 55% dos que não foram tocados concordaram com a assinatura; e **81% dos que foram tocados levemente assinaram a petição**. Na mesma época, pesquisadores da Universidade do Mississípi e da Rhodes College descobriram que clientes tocados de leve no ombro ou nas mãos por uma garçonete davam gorjetas maiores em comparação àqueles que não eram tocados[21]. Em um experimento realizado por James Coan, Hillary Schaefer e Richard Davidson, mulheres casadas eram submetidas a um leve choque enquanto a sua atividade cerebral era acompanhada por IRMF[22]. Em algumas participantes, a espera pelo choque ativou o funcionamento da amídala, que, como você sabe, é a parte do cérebro que processa informações de **ameaça e estresse**. Em outro grupo, no entanto, as participantes **não demonstraram ativação** nessa parte cerebral. O motivo? Elas **seguravam as mãos dos seus maridos** enquanto esperavam pelo choque — o toque **desligou** o circuito cerebral responsável pelo sentimento de ameaça.

Edmund Rolls, da Universidade de Cambridge, descobriu que receber um leve toque no braço ativa uma parte do cérebro relacionada com **recompensas**: o córtex orbitofrontal[23]. Outros estudos ainda revelam que o toque incentiva a liberação de ocitocina, serotonina e endorfinas — relacionadas aos sentimentos de confiança, prazer e redução de dores, respectivamente —, bem como a redução do hormônio cortisol, responsável pelo estresse[24].

E não são apenas as pessoas **tocadas** que recebem os benefícios; quem as **toca** também experimenta vantagens interessantes. Um estudo revelou que idosos demonstravam sinais reduzidos de ansiedade e depressão, e reportavam maior bem-estar, ao massagearem crianças. Mães deprimidas, incentivadas a tocar e a massagear os seus filhos com mais frequência, mostravam sintomas reduzidos nas suas condições. Nesse sentido, outros estudos ainda revelaram que o toque das mães fez com que seus filhos ganhassem mais peso, chorassem menos e tivessem mais resiliência ao enfrentar dificuldades[25].

Podemos constatar, portanto, que o toque **certo** incentiva a cooperação, faz as pessoas avaliarem as outras mais positivamente, aumenta a persuasão de pedidos, reduz o estresse, gera confiança, aumenta o prazer, diminui a dor e, sim, ativa o nervo vago. Essas características foram — e continuam sendo — fundamentais para a sobrevivência e o desenvolvimento da nossa espécie. Você imaginava que o toque tinha tamanha importância na sua vida? Tocar e ser tocado faz parte da natureza humana e nos proporciona inúmeros benefícios.

O FUTURO DAS INTERAÇÕES

Tanto os estudos sobre o poder da imitação quanto os relacionados à influência do toque nos dão dicas que não podemos esconder. Por mais que muitos "gurus" afirmem que o futuro dos bancos, das vendas, da educação e de outras áreas está no mundo virtual, **nada substitui o contato humano**! Assim como você terá um ganho exponencial na sua felicidade se caprichar nas interações todos os dias, as **empresas** que investirem em melhorar o contato **pessoal** (quando conveniente) com os seus clientes terão maior **fidelização** e melhor **avaliação** por parte deles. Não surpreendentemente, quando Mahdi Roghanizad, da Escola de Negócios Ivey, e Vanessa Bohns, da Universidade Cornell, estudaram a diferença da persuasão entre um pedido por **e-mail** e outro **pessoalmente**, este se apresentou **34 vezes mais eficiente**[26].

Em outro estudo já citado, no qual os funcionários de um *call center* aumentaram expressivamente sua performance após conversarem **pessoalmente** com alunos bolsistas que se beneficiavam dos seus trabalhos, deixei propositalmente de mencionar que Adam Grant tentou também uma **outra abordagem** para motivar os participantes[27]. Para um grupo deles, em vez da conversa presencial, foram entregues diversas **cartas escritas** por estudantes bolsistas contando como ter recebido uma bolsa de estudo estava impactando positivamente as suas vidas. Acontece que nessa condição, um mês depois de lerem as cartas, os funcionários do *call center* **não apresentaram aumentos** nem na sua **persistência** (tempo ao telefone) nem na sua **performance** (quantidade de dinheiro arrecadado). Ao passo que o grupo que teve um **contato pessoal** com os estudantes bolsistas obteve um aumento em **ambas as variáveis**.

Além do ganho motivacional, as interações pessoais podem garantir também um aumento na sua **felicidade**. Martin Seligman, o renomado pesquisador da Universidade da Pensilvânia, fez um experimento no qual seis grupos de participantes deveriam performar **uma** tarefa diferente, com o intuito de ampliar os seus níveis de bem-estar[28]. Um grupo foi designado a escrever uma **carta de gratidão** a alguém de quem recebeu ajuda, mas a quem nunca agradeceu. Esse grupo deveria entregar a carta **pessoalmente** e esperar em silêncio enquanto a pessoa a lia. Dentre todas as seis tarefas, a entrega **pessoal** da carta de gratidão foi a que causou maiores ganhos na **felicidade** dos participantes, além de ser a que provocou as maiores reduções nos sintomas de depressão. Porém o fato mais impressionante dessa simples intervenção foi que os efeitos da carta de gratidão continuaram presentes mesmo **um mês após** o experimento. Interações virtuais não apresentam toque, imitação ou expressões faciais — características fundamentais para uma interação excelente. Não me entenda mal, não sou contra a tecnologia. Apenas acredito que deva ser usada para **melhorar** as interações com os clientes, e não para **substituí-las**.

Por esses motivos é que a imitação e o toque são os **reconhecimentos máximos** que alguém pode receber durante uma conversa. Além de todos esses benefícios, melhores interações pessoais ainda satisfazem aquela necessidade psicológica básica descoberta por Ryan e Deci: **os relacionamentos**. Amar e sentir-se amado, valorizar e ser valorizado são fatores fundamentais para a sua motivação. Lembre-se que os relacionamentos, além de importantes para a sua motivação, são o **principal previsor de felicidade**. Reconhecer os outros, ser grato, ajudar as pessoas e buscar por interações positivas são formas de fazer a principal variável da felicidade jogar a seu favor.

Portanto, para obter grande proveito das suas interações, perceba a postura da pessoa com a qual está conversando. Lembre-se de que, da mesma forma que naturalmente imitamos aqueles com quem acreditamos ter certa similaridade, imitar uma pessoa intencionalmente **gera** nela esse mesmo sentimento. Como ela está posicionada? Em pé, com o pé direito à frente do pé esquerdo? Se você estiver à frente dela, coloque o seu **pé esquerdo à frente do direito**, dando à pessoa a sensação de que está olhando no **espelho**; isso fará com que ela goste mais de você.

Coincidentemente, a técnica de imitar pessoas também é conhecida como ***espelhamento***. Se ela estiver na sua frente e gesticular com a mão esquerda, depois de um tempo, faça o mesmo movimento com a sua mão direita; essa pessoa começará a **amá-lo**! Durante a interação, não se esqueça de tocá-la levemente, de preferência na mão ou no antebraço. Poucos toques durante uma interação já são suficientes para criar boa sintonia, lembrando que o **aperto de mão** já é um toque que possui uma característica adicional muito especial — você e o outro fazem **igual movimento** com os braços ao chacoalhar as mãos, **imitam-se ao mesmo tempo**.

Por causa do poder dessas técnicas, muita gente confunde a imitação e o toque com a **manipulação**. A verdade, porém, é que imitar e tocar alguém durante uma interação nada mais é do que uma forma de tornar o momento **mais agradável**, de **conectar-se** em um nível mais profundo, de gerar **emoções positivas** tanto para você quanto para com quem está interagindo.

São essenciais, todavia, dois cuidados para que a **imitação** seja efetiva. **Primeiro**: seja discreto! Se a pessoa notar que você a está imitando, os benefícios irão por água abaixo[29]. Você não precisa fazer o **mesmo gesto imediatamente**; espere a sua vez de falar para reproduzir o movimento. Quando o interlocutor mudar de **postura**, você não precisa fazê-lo logo em seguida; aguarde alguns segundos e mude lentamente. Imitações de postura são muito interessantes porque **se mantêm por mais tempo**, gerando uma sensação aumentada de sintonia entre as partes. **Segundo: nunca** imite posturas **fechadas**. Isso inclui braços e pernas cruzados, um braço cruzando a região da barriga, cabeça apontando para baixo, dedão apoiando o queixo etc. Posturas fechadas e encolhidas podem enviam sinais de **estresse** ao seu cérebro, que trazem consequências desastrosas para a sua performance e para o sentimento das pessoas, algo que você está prestes a descobrir.

BIOFEEDBACK

Em 1984, estudantes da Universidade de Illinois, divididos em dois grupos, participaram de um experimento no qual uma das tarefas consistia em segurar uma caneta na boca enquanto avaliavam quão engraçadas eram algumas tirinhas humorísticas de quadrinhos[30]. Durante a análise das tirinhas, os participantes de um dos grupos deveriam segurar a caneta com os lábios, conforme a figura abaixo:

Por sua vez, os integrantes do outro grupo deveriam segurar a caneta com os dentes:

Nesse estudo, os pesquisadores chegaram a uma descoberta surpreendente: os alunos que seguraram a caneta com os **dentes** enquanto liam as tirinhas avaliaram-nas como **mais engraçadas** em relação aos colegas que seguraram a caneta com os lábios. Por quê? Perceba que ao segurar a caneta com os dentes, as pessoas involuntariamente assumem uma expressão facial que se assemelha a um **sorriso**, ao passo que segurar a caneta com os lábios produz uma expressão similar à de **tristeza**. Então quer dizer que se eu sorrir, **passarei** a me sentir mais feliz? Isso mesmo!

O que Fritz Strack, Leonard Martin e Sabine Stepper estavam testando neste experimento era a confiabilidade da **Teoria do Feedback Facial**, estudada por outros cientistas, desde o pai da Teoria da Evolução, Charles Darwin[31], até o renomado professor Paul Ekman, da Universidade da Califórnia[32]. Essa teoria, validada por um grande corpo de artigos científicos em diversas épocas, revela que, logo após ter assumido certa expressão facial, você passa a **sentir** a emoção dela[33]. Depois de muitos anos, cientistas notaram que o caminho mais comum dos sinais cerebrais — do cérebro aos músculos — não era o único. O caminho inverso também existia — **dos músculos para o cérebro**[34]!

Não é apenas o seu cérebro que diz ao seu corpo o que deve fazer; o seu corpo também diz ao seu cérebro o que deve sentir.

O neurocientista Alex Korb, da Universidade da Califórnia em Los Angeles, explica que o cérebro o tempo todo analisa os nossos músculos para entender como estamos nos sentindo e, então, "nos entrega" esse sentimento[35]. Faça uma expressão de tristeza e, momentos depois, você passará a se sentir triste. Expresse alegria e, em instantes, você passará a se sentir feliz. Esse fenômeno é chamado de *biofeedback*. Por causa dele, é importante estar atento às suas expressões faciais, pois afetam diretamente a forma como você passa a se sentir.

Quando relacionamos as expressões faciais, o biofeedback e os neurônios espelho, a sua responsabilidade se torna ainda maior. Você já sabe que as suas expressões são **automaticamente imitadas** pelos outros por causa dos neurônios espelho; e também que, consequentemente, quando os músculos das pessoas mudam, as suas **emoções** também se alteram por causa do biofeedback. Quando os nossos ancestrais copiavam a expressão facial de medo dos seus colegas, aumentando a probabilidade de os seus níveis de cortisol subirem, os seus corpos ficavam preparados para enfrentar uma ameaça, graças ao biofeedback. As expressões faciais também são responsáveis pelo modo como as pessoas **avaliam** você, se terão uma primeira **boa** impressão ou se essa será negativa[36].

Um dos procedimentos mais comuns na medicina estética atual é a aplicação de botox, feita principalmente nas mulheres. Aqueles que aplicam botox no rosto buscam uma **maior** autoadmiração e a admiração dos **outros**. O que poucos sabem, porém, é que, enquanto o efeito durar, a aplicação de botox os **impedirá de expressar certas emoções**, fazendo com que os outros, com o passar do tempo, **percam o interesse** de interagir com eles. É importante ter em mente que uma das características que nós avaliamos no sorriso de alguém é a formação dos "pés de galinha" nos cantos dos olhos — eles fazem com que o sorriso seja recebido como **verdadeiro**, tanto para as pessoas com as quais estamos interagindo como para o nosso próprio biofeedback.

Recordemos o estudo de Barbara Fredrickson em que a ativação **conjunta** dos músculos **zigomático** e **orbicular do olho** — o músculo que forma o "pé de galinha" — previa uma maior atenção dos participantes em uma tarefa, justamente porque essas são as informações de que o nosso cérebro precisa para avaliar se o sorriso é **autêntico**[37]. Ao perder os sinais dos "pés de galinhas" por causa da paralisia arbitrária dos músculos (botox), você pode passar a impressão de ser "falso" para o seu cérebro e para os cérebros daqueles com quem interage diariamente.

E será que não conseguir expressar mais um sorriso verdadeiro pode **levar** alguém à depressão? Por outro lado, injetar botox em uma pessoa que **sofre de depressão** pode fazer com que **saia** dessa condição, já que o tratamento reduziria suas possibilidades de expressar emoções negativas? Algumas investigações positivas já foram feitas sobre esses temas, e todos nós esperamos que mais pesquisadores se interessem pelo tópico[38].

Na nossa conversa, a pesquisadora Barbara Fredrickson me informou que aquele sorriso amarelo, geralmente falso, que as pessoas costumam dar produz efeitos **prejudiciais** aos sentimentos delas e não ativam o feedback facial. Portanto, se você quiser usufruir das vantagens do biofeedback e do feedback facial, aumentando o seu bem-estar e o daqueles ao seu redor, busque uma felicidade **verdadeira** se expondo a emoções positivas. Qualquer intervenção é válida!

Pouca gente sabe que as expressões faciais e corporais exercem uma influência poderosa na felicidade, na motivação e, inclusive, na saúde[39]. O mais interessante é que o seu corpo possui outra ferramenta que pode melhorar o seu desempenho em qualquer desafio. E essa ferramenta está à sua disposição 24 horas por dia. Vamos aprender a usá-la?

POSTURA DE PODER

Você já notou que, no momento em que um atleta alcança a vitória em uma prova de corrida, sua postura corporal muda? No instante em que atinge o sucesso, ergue as mãos, inclina levemente a cabeça na mesma direção, deixa a coluna ereta, os ombros, alinhados, o peito, estufado.

Os fãs de futebol reconhecerão essa postura, pois é a mesma dos torcedores logo após o seu time marcar um gol. Muitos jogadores de futebol mudam a postura de maneira similar à do atleta de corrida no momento em que marcam um gol: braços abertos de leve e apontados para cima, coluna reta, ombros alinhados e peito estufado.

Mudar a postura corporal logo após ter sucesso em qualquer tarefa é um mecanismo **natural** no ser humano. Podemos fazer essa afirmação porque, ao estudar atletas cegos, constatou-se que eles apresentam o mesmo comportamento postural ao vencer uma prova, embora nunca tenham **visto** tal postura[40]. Você muda a sua postura quando fecha um negócio, convence seu chefe a aprovar um projeto, consegue destaque em uma reunião ou recebe um elogio. Qualquer conquista faz com que o seu corpo mude! É importante destacar que uma postura de sucesso é aquela em que os músculos se **expandem** e você passa a ocupar **mais espaço**.

SUCESSO

POSTURA CORPORAL

Conforme a ilustração, esse mecanismo postural funciona da seguinte forma: o sucesso vem antes, a postura, depois. O que admirou muitos cientistas, porém, foi a descoberta de que esse mecanismo é tão enraizado no ser humano que também funciona **ao contrário**. Quando muda a sua postura corporal **antes de um desafio**, você aumenta as suas chances de obter sucesso.

Mas como isso acontece? A pesquisadora Amy Cuddy, de Harvard, vem liderando uma grande quantidade de pesquisas sobre o tema e fazendo descobertas fenomenais. Em um experimento, ela e outros cientistas separaram dois grupos de participantes: um deveria manter duas *posturas de grande poder* por um minuto cada; pelo mesmo período, o outro deveria manter duas *posturas de falta de poder*.

POSTURAS DE GRANDE PODER.

166

POSTURAS DE FALTA DE PODER.

As pesquisadoras mediram os níveis de dois hormônios antes e depois de os participantes se manterem nas suas condições posturais. O primeiro hormônio foi o cortisol, aquele relacionado ao estresse e ao desligamento da parte criativa e de resolução de problemas no cérebro[41]. O segundo hormônio medido foi a testosterona, presente nos homens e nas mulheres, responsável pelo desenvolvimento muscular e fortalecimento dos ossos, também diretamente relacionado com o comportamento[42]. A testosterona é conhecida como o hormônio da **dominância**, do **poder** e da **assertividade**, o que significa que quando sua quantidade aumenta na corrente sanguínea, maior passa a ser a **coragem** e a probabilidade de o indivíduo vir a ter **sucesso** em qualquer desafio. Altos níveis desse hormônio nos levam a respirar com mais calma, o que aumenta a oxigenação do cérebro e faz com que funcione melhor. Estudos confirmam que quando animais — incluindo o animal humano — alcançam maior *status* em suas comunidades, os seus níveis de testosterona aumentam **automaticamente**. Da mesma forma, indivíduos que naturalmente apresentam maiores níveis de testosterona são os que possuem mais chance de atingir posições sociais de poder[43].

O que as cientistas descobriram[44] foi que uma simples mudança postural pode alterar os níveis de ambos os hormônios, o cortisol e a testosterona. Aqueles que sustentaram por dois minutos posturas de falta de poder tiveram um **aumento** de 17% nos seus níveis de cortisol e uma **redução** de 10% nos seus níveis de testosterona. Por outro lado, os participantes que mantiveram **posturas de poder** durante o mesmo período apresentaram uma **redução** de 25% nos níveis de cortisol e um **aumento** de 19% nos níveis de testosterona. Em outras palavras, pessoas que mantêm uma postura de poder passam a ficar **menos estressadas e ansiosas**, ao mesmo tempo que **ganham confiança e criatividade**.

Essa descoberta é importante porque uma simples mudança de postura, mesmo por um curto período, pode fazer com que você fique **mais preparado** aos variados desafios de um dia, como uma apresentação importante, uma reunião com um cliente, uma visita de vendas, um pedido de aumento de salário, uma competição esportiva ou uma entrevista de emprego. Desde que descobri essas pesquisas, sempre que tenho algum compromisso importante, arrumo uma forma de expressar uma **postura de poder**. Em aulas, treinamentos e palestras, minutos antes de o evento começar, lá estou no banheiro, trancado atrás de uma daquelas portinhas, para ninguém me ver. Coloco os dois braços para cima ou na cintura (dependendo da altura da portinha), mantenho a coluna e os ombros retos, estufo o peito, inclino a cabeça uns 20 graus para cima e respiro profundamente durante alguns minutos. Quando vou a alguma reunião em empresas que querem contratar os meus treinamentos ou consultorias, na impossibilidade de ir ao banheiro, costumo ficar observando aquela linda parede que todo escritório exibe na sua recepção, onde está escrito: **missão, visão, valores**. Eu paro diante dessa parede, coloco as mãos na cintura, estufo o peito e mantenho uma postura ereta durante algum tempo, apenas observando as palavras. Obviamente, tudo o que está escrito naquela parede me ajuda a construir argumentos para o fechamento de negócios, mas, nesse momento, o que pretendo é tentar **regular os meus hormônios** para que, quando iniciar a reunião, eu esteja **no ápice da minha performance.**

Lembre-se de que, quando você expressa uma postura com os músculos **expandidos**, por causa do biofeedback, seu cérebro pode entender que está se **sentindo bem** e, com isso, regular os seus hormônios para que se sinta **ainda melhor**. É importante também que, antes de qualquer desafio, você use as dicas de Barbara Fredrickson e faça algo para melhorar o seu humor **genuinamente**. Toda vez que sorri, o biofeedback entra em ação e, por causa da **expansão muscular** e da **expressão** que o seu rosto assume, você pode ficar ainda mais feliz.

Evite deixar que eventos externos tirem o seu humor, como poderia acontecer se, durante o trajeto para o seu trabalho ou uma reunião, algum motorista lhe desse uma fechada, buzinada ou fosse mal-educado. Nesse caso, continue escutando algo que o faça **sorrir** ou que o deixe **inspirado**, em vez de se irritar.

Tenha muito cuidado, também, com o maior inimigo da postura corporal: o seu *smartphone*! Sim, antes de qualquer compromisso, é muito comum as pessoas sentarem-se em um sofá — o que pode desregular os hormônios por causa da **contração muscular** e da **redução na estatura** que ocorre quando nos sentamos — e se debruçarem sobre os seus *smartphones*. Só espero que você não seja uma delas, pois estar nessa descuidada postura, contraindo os músculos do braço para segurar o celular e mantendo a cabeça inclinada para baixo, certamente não é uma escolha inteligente antes de um desafio importante. Uma dica valiosa em momentos como esse é sempre **esperar em pé**. Como você sabe, existe uma relação direta entre a nossa postura corporal e a forma como passamos a nos sentir. Toda vez que **diminuímos de tamanho**, sentando-nos em um sofá, por exemplo, maior é a probabilidade de passarmos a nos sentir mal. Por outro lado, toda vez que **crescemos de tamanho**, por estarmos em uma postura ereta, por exemplo, nos sentimos melhor e mais confiantes.

Para não cair na tentação de usar o seu celular momentos antes de um desafio importante, **deixe-o guardado** na sua pasta ou bolsa. E se puder mantê-lo **longe do seu alcance** será ainda melhor. Os prejuízos que o uso do celular causa na sua saúde são um assunto que vem intrigando médicos no mundo todo. Um dos problemas mais comuns que o uso excessivo do celular apresenta é o que os médicos chamam de pescoço de digitador[45]. Quando a sua postura é ereta, a cabeça exige que os músculos do pescoço suportem aproximadamente 5,4 kg, mas esse peso muda para aproximadamente 27,2 kg quando a cabeça se inclina para baixo. Com o tempo, essa sobrecarga traz problemas sérios para o pescoço. Se você trabalha com *laptop*, esse mesmo problema pode ocorrer. Por isso um dos melhores investimentos para a sua postura é comprar um teclado e um mouse sem fio, bem como um apoio para o seu *laptop*, para que a tela fique alinhada à sua visão e a sua postura ao trabalhar seja ereta. Ninguém gostaria de ser chamado para uma reunião surpresa pelo chefe logo após ter passado três horas trabalhando todo encolhido em um *laptop*, não é mesmo?

É por causa desses e de outros benefícios de uma boa postura corporal que a ciência vem estudando os efeitos positivos da prática de exercícios como ioga e pilates para a saúde[46], pois trabalham muito a postura ereta e a expansão muscular. Além das vantagens hormonais, um estudo revelou também que a prática da meditação leva o cérebro a envelhecer mais lentamente. Uma investigação realizada pela UCLA, pela Universidade Nacional da Austrália e pelo Hospital Universitário de Jena descobriu que o cérebro de uma pessoa que medita é, em média, **sete anos e meio mais jovem** do que o de uma pessoa que não mantém esse hábito[47].

Diversos estudos científicos sustentam que a postura corporal tem ligações que vão além do aumento da confiança, do autocontrole, da redução do estresse e da ansiedade; há também melhores avaliações de outras pessoas[48], demonstração de liderança mesmo sem poder[49], aumento na criatividade[50] e confiança[51], além de maior facilidade na lembrança de fatores positivos[52].

Quando você aumenta a quantidade de emoções positivas no dia a dia, evita momentos negativos, reconhece aos outros, pratica atos de bondade, capricha nas suas interações e cuida da sua postura corporal, outra coisa fantástica acontece na sua vida.

CAPÍTULO 8

O Resultado de Tudo

ESTILO EXPLANATÓRIO

No início da sua carreira, Martin Seligman, o pai da psicologia positiva, estudava como cães se comportavam após serem condicionados a entender que **não tinham controle sobre eventos futuros**, um comportamento que já exploramos — a ***desesperança aprendida***[1]. Anos mais tarde, Seligman foi chamado pela companhia de seguros MetLife para estudar os motivos pelos quais a rotatividade de vendedores de seguros era tão alta. Como ex-executivo da área de vendas, conheço de perto os desafios desse setor. A rejeição a vendedores é enorme, a ponto de um estudo mostrar que a cada **dez** visitas realizadas, **nove** recebem uma **negativa** como resposta[2]. Isso fez com que, nessa época, metade dos vendedores novos da MetLife pedisse demissão no **primeiro ano** — e apenas 20% deles ficaram na empresa por quatro anos ou mais. Como você sabe, a desesperança aprendida acontece também com os seres humanos, quando vivenciamos eventos negativos por um **tempo prolongado**[3].

Após aplicar alguns testes psicológicos em todos os corretores de seguros da MetLife, Seligman descobriu algo importante: os corretores que eram otimistas vendiam 37% a mais em relação aos seus colegas, e os ranqueados entre os 10% mais otimistas da equipe tinham uma performance 88% superior. Além disso, Seligman descobriu que os corretores otimistas tinham uma probabilidade **50% menor de pedir demissão**. Essa descoberta foi um marco na história da psicologia positiva, a que Seligman nomeou de *estilo explanatório*[4], que se refere à forma como as pessoas **explicam os acontecimentos passados de sua vida.**

E se eu lhe perguntar como é o **seu** estilo explanatório, como você acha que se sairia em um teste? Bem, vamos lá!

Imagine que você está em uma agência bancária para pagar uma conta. Na agência há mais 50 pessoas aguardando na fila. Enquanto você calmamente espera a sua vez, um grupo de assaltantes invade o banco. Os clientes se desesperam, alguns começam a gritar e a correr. No meio da confusão, um dos assaltantes fica nervoso e dispara um único tiro, que acerta o seu braço. Mais tarde, no hospital, ao receber a visita dos seus familiares e amigos, como você conta a história do que lhe aconteceu no dia?

Um indivíduo que avalia um evento deste como **azar** — afinal, entre 50 pessoas no banco no momento do assalto, o tiro acertou justamente nele — revela um *estilo explanatório pessimista*. Pessoas com esse estilo explanatório explicam os acontecimentos com pessimismo, acreditam que não conseguem ter sucesso no trabalho porque são azaradas e acham que a crise econômica nunca irá passar. Este estilo explanatório faz com que, na situação do assalto, as pessoas digam que tiveram um tremendo **azar**, pois escolheram ir ao banco exatamente naquele momento, ou que coisas assim só acontecem com elas.

Aqueles com um **estilo explanatório otimista** apresentam um comportamento oposto. Sempre conseguem ver o lado bom das coisas: acreditam que não tiveram sucesso em uma promoção no trabalho, por exemplo, por falta de alguma competência e, portanto, enxergam essa situação como uma **oportunidade** para se desenvolver. Quem possui um **estilo explanatório otimista** vê uma crise econômica como algo passageiro e recebe a **negativa** de um cliente como algo natural — talvez o cliente em questão não estivesse no momento certo para comprar. Para alguém assim, levar um tiro no braço durante um assalto é uma situação de extrema sorte, já que a bala poderia ter acertado a **cabeça** ou a **coluna**, ou pior, uma criança.

Quando a MetLife passou a analisar o estilo explanatório dos seus candidatos, algo fantástico aconteceu: a rotatividade despencou e a participação de mercado da companhia cresceu quase 50%[5]. O renomado professor Tal Ben-Shahar, a quem conhecemos algumas páginas atrás, resume bem as nossas escolhas sobre o estilo explanatório[6]:

Nem todas as coisas que acontecem na nossa vida são para o melhor, mas podemos escolher tirar o melhor das coisas que acontecem na nossa vida.

Mas qual é o problema do **estilo explanatório**? O simples fato de, como você agora sabe, sermos **naturalmente negativos**. Para nós, é sempre mais fácil encontrar o lado negativo do que o positivo das coisas. Lembra o conselho que lhe dei para, sempre que possível, evitar assistir ao jornal, à novela e conversar com gente negativa? Uma das consequências de escolher ter momentos negativos é o desenvolvimento de um **estilo explanatório pessimista**, afinal, a quanto mais desgraça você se expõe, mais fatos negativos você começa a enxergar[7].

Quando você **escolhe**, no entanto, fazer sorrir a todos com quem interage, quando escolhe mostrar reconhecimento aos outros, ajudar os seus colegas de trabalho, assistir a uma série de comédia, se afastar daquele pessoal que só reclama, cuidar da sua postura, contagiar as pessoas de forma positiva, focar-se na gratidão em vez da ganância, praticar atos de bondade, comprar experiências, investir o seu dinheiro ajudando outros a terem boas condições de vida e gastá-lo de forma pró-social, em substituição a comportamentos egoístas, você está escolhendo também **mudar o seu estilo explanatório**. O seu estilo explanatório **não é fixo**, muda de acordo com aquilo a que você se **expõe** na vida, de acordo com as **escolhas** que faz.

Quando você muda o estilo explanatório, o seu cérebro passa a prestar mais atenção a fatos positivos. Isso consequentemente aumentará a frequência de suas emoções positivas e contribuirá para a sua expansão e construção, além de melhorar a qualidade das suas interações. Eu gostaria apenas de enfatizar mais uma vez que ter um estilo explanatório otimista e ver o lado bom das coisas não é ser uma **Poliana**, uma pessoa de otimismo irreal.

Também existe uma diferença muito grande entre **ser positivo** e **pensar positivo**. Muitos acreditam que para ter uma vida mais positiva basta **pensar positivo**; aliás, o corredor de livros de autoajuda não estaria tão repleto de obras com esse assunto se essa técnica não funcionasse, não é mesmo? Gabriele Oettingen, da Universidade de Nova York, tem um **segredo** diferente para contar.

PARTE 3

PENSAMENTO POSITIVO

CAPÍTULO 9

Ser Positivo
×
Pensar Positivo

PENSAMENTO POSITIVO, RESULTADO NEGATIVO

Até agora, nós exploramos ações que você pode ter diariamente para se **tornar** uma pessoa mais positiva. Porém existe uma grande confusão entre as pessoas sobre os benefícios de **ser positivo** e de **pensar positivo**. Além de serem comportamentos **diferentes**, os resultados que geram também são **completamente opostos**.

No início do livro, você conheceu o que Yannis Theodorakis, Robert Weinberg e seus colegas descobriram sobre a relação entre atletas e frases motivacionais antes de um jogo ou prova: aqueles que utilizavam o que os pesquisadores nomearam como *afirmação motivacional*, ou seja, frases como "Eu consigo!", acabavam alcançando um **pior** desempenho em comparação a outro grupo de atletas que usava uma afirmação diferente[1]. Jogadores de futebol, por exemplo, alcançavam uma performance melhor quando diziam "Eu vejo o meu objetivo!" do que "Eu consigo!". Os pesquisadores nomearam esse modelo de frase como **afirmação instrutiva**. No artigo publicado em 2000, concluíram:

> "Parece que quando uma tarefa requer habilidades físicas precisas, uma estratégia de afirmação instrutiva é mais efetiva, enquanto em tarefas que requeiram predominantemente habilidades de força e resistência, ambas as afirmações instrutivas e motivacionais são efetivas."

É importante ressaltar que em **nenhum** dos experimentos a performance do grupo a usar uma afirmação motivacional foi significativamente melhor em relação à do grupo que usou uma afirmação instrutiva, o que nos leva à conclusão: **sempre** que usar frases para se automotivar, prefira as instrutivas.

Essa pesquisa é importante se você tiver dificuldades para se automotivar a realizar exercícios físicos, ou se o seu trabalho envolve habilidades motoras em algum momento. No entanto, e quando o seu trabalho envolve habilidades **cognitivas** — a realidade da maioria das pessoas atualmente —, o que deve fazer para se automotivar? Essa era a pergunta que os pesquisadores Ibrahim Senay e Dolores Albarracín, da Universidade de Illinois, junto com Kenji Noguchi, da Universidade do Sul do Mississípi, queriam responder[2]. Conforme exposto no início do livro, Senay, Albarracín e Noguchi dividiram os participantes de um experimento em dois grupos e pediram que resolvessem dez anagramas, segundo as instruções:

> **Grupo 1 –** Ficar um minuto questionando a si mesmos se conseguiriam resolver os anagramas.
> **Grupo 2 –** Ficar um minuto afirmando para si mesmos que conseguiriam resolver os anagramas.

Diferentemente do que você é instruído a fazer pelos "gurus" motivacionais da nossa época — aqueles a quem as empresas pagam rios de dinheiro para "motivar" os seus funcionários —, o primeiro grupo, levado a **questionar** a sua capacidade, resolveu praticamente **50% a mais** de anagramas em relação ao grupo instruído a **afirmar** que os resolveria. Em um segundo experimento, em vez de pedir para as pessoas pensarem em algo, os pesquisadores pediram para **escreverem**. Antes de resolver os anagramas, um grupo deveria escrever 20 vezes "**Irei eu**" (um questionamento disfarçado), enquanto o outro grupo deveria escrever "**Eu irei**", "**Eu**" ou "**Irei**" (uma afirmação disfarçada) pelas mesmas 20 vezes. Como resultado, o grupo que escreveu "**Irei eu**" resolveu praticamente **100% a mais** de anagramas do que o outro grupo.

Até então, nenhuma outra pesquisa científica havia analisado como a **estrutura gramatical** de uma frase altera a motivação e os resultados das pessoas. A explicação dessa mudança comportamental envolve a compreensão de que quando você questiona a si mesmo, o seu cérebro exige uma resposta. Quando você pergunta a si mesmo **"Será que vou conseguir um aumento de salário?"**, o seu cérebro automaticamente começa a pensar **"Sim, o último projeto que liderei trouxe uma grande receita para a empresa"** ou **"Acho que não, pois a empresa vem passando por dificuldades e não seria adequado pedir um aumento agora, vou esperar mais um pouco"**. As respostas que o seu cérebro formula ajudam você a criar argumentos e a estar **mais preparado** para a situação, trazendo uma melhor performance.

Por outro lado, quando você afirma para si mesmo "Eu vou conseguir" ou algo parecido, **o seu cérebro não faz exercício algum para ajudá-lo a atingir um objetivo.** E esse exercício de **questionar** a possibilidade do alcance de um objetivo em vez de acreditar cegamente que irá atingi-lo é o grande segredo para aumentar a sua probabilidade de sucesso. No mundo da ciência, não existe ninguém melhor do que a pesquisadora Gabriele Oettingen para nos explicar como isso funciona.

CONTRASTE MENTAL

No início do livro, apresentei os resultados de um estudo feito por Gabriele Oettingen, no qual alunos no último ano da universidade informaram se frequentemente se flagravam fantasiando sobre encontrar um emprego logo após a conclusão de seus estudos[3]. Dois anos depois, Oettingen e a sua colega Doris Mayer entraram em contato com todos esses estudantes para levantar algumas informações, e o que descobriram foi chocante. Alunos que reportaram **fantasiar frequentemente** sobre encontrar um emprego acabaram enviando **menos** currículos e, consequentemente, recebendo **menos** ofertas de emprego. Dentro desse mesmo grupo dos que "pensavam positivo" sobre o futuro, as pesquisadoras também revelaram que aqueles com um emprego recebiam salários **menores** em relação a outros que participaram do estudo.

Aliás, o outro grupo de alunos, que reportou **não fantasiar com tanta frequência**, enviou **mais** currículos, recebeu **mais** ofertas de emprego e, entre os que já estavam no mercado, seus salários eram **maiores** que os dos seus colegas que "pensavam positivo". Mas por que os alunos que fantasiavam menos alcançavam resultados tão diferentes? A resposta vem de uma outra etapa do estudo. Nela, as pesquisadoras solicitaram aos estudantes que também reportassem pensamentos, imagens e fantasias **negativas**. Surpreendentemente, os alunos com uma relação mais equilibrada entre fantasias **positivas e negativas** alcançavam resultados **muito superiores** em relação àqueles para quem o "pensamento positivo" tinha uma participação proeminente nessa relação.

A pesquisa de Oettingen é pioneira em analisar diferentes tipos de pensamento positivo: aqueles que são baseados em **experiências anteriores**, nos quais, apesar de esperarem por um resultado positivo, as pessoas não deixam de considerar os **obstáculos ou fatos negativos** que podem surgir; e aqueles que são **desconectados da realidade**, envolvendo imagens e pensamentos baseados em **desejos e sonhos**. Essas pesquisas reiteram que quando uma pessoa **fantasia** sobre um resultado positivo, passa a entender que **já o alcançou**[4]. Por esse motivo, acaba se dedicando **menos**, esforçando-se **menos** do que deveria e, por consequência, vê as suas chances de alcançar o objetivo **diminuírem**. É claro que fantasiar sobre um resultado positivo faz com que você se sinta bem e tenha um aumento na sua motivação no curto prazo, mas os resultados dessa prática podem ser desastrosos para o seu futuro.

Oettingen e Mayer, em seu artigo, concluem:

> "As nossas descobertas indicam que fantasias positivas podem trazer um prejuízo de longo prazo em relação ao desenvolvimento da personalidade de uma pessoa. Por exemplo, o primeiro emprego é a base para as posições futuras de trabalho que um indivíduo ocupará durante a sua vida, com o status e o salário aumentando com o passar do tempo. Assim, as nossas descobertas de que fantasias positivas preveem baixo sucesso no início da vida profissional implicam que fantasias positivas podem ser problemáticas não apenas para a tarefa de começar uma carreira. Além disso, um período difícil na transição entre a vida acadêmica e a profissional pode afetar maleficamente a relação com os pais e amigos, as condições financeiras e de vida, e o advento de começar uma família. Similarmente, elas podem prejudicar o bem-estar, a autoestima e o sentimento de eficácia profissional."

As consequências dos pensamentos positivos desconectados da realidade não atingem somente as pessoas, mas também empresas e outras entidades. Gabriele Oettingen descobriu, por exemplo, que quanto **mais otimistas** eram as notícias semanais dos jornais sobre os movimentos da bolsa Dow Jones, mais a bolsa **caía** na semana seguinte e no mês subsequente. Quando analisou o teor dos discursos de posse dos presidentes americanos no período de 1933 a 2009, analisou que quanto **mais otimista** era o discurso, **menor** se tornava o PIB e **maior** passava a ser o nível de desemprego no país[5].

Oettingen chegou a descobrir nas suas pesquisas que logo após uma pessoa fantasiar sobre um desejo futuro, a pressão sistólica do seu coração **diminuía**[6]. Essa pressão mede a força com a qual o seu coração bomba o sangue para o corpo; sendo assim, quanto mais **relaxado** você se sente, **menor** é a sua pressão sistólica. Por outro lado, quando você está empolgado para praticar qualquer atividade, seu organismo consome mais oxigênio e nutrientes, fazendo com que o seu coração bata **mais forte** para distribuir o sangue e compensar esse maior consumo. O que os pesquisadores sabem é que existe uma relação **direta** entre o **nível de pressão sistólica** e a **motivação** de um indivíduo[7]. Os estudos de Oettingen comprovam que, logo após fantasiarmos sobre um desejo futuro, o nosso cérebro nos proporciona **prazer** através do sentimento de que **já alcançamos** aquele objetivo. Consequentemente esse sentimento de conquista nos causa **relaxamento**, que faz com que caia a nossa pressão sistólica e, junto dela, a nossa motivação. No início do livro, você descobriu que a motivação é a força que faz o ser humano **agir**, portanto **sem motivação não existe ação**. Por isso as pessoas que fantasiam com frequência dificilmente alcançam os seus objetivos; **perdem** justamente a motivação que faria com que se dedicassem para alcançá-los.

> **Pensar positivo faz com que você alcance um objetivo apenas na sua cabeça; isso o leva a perder a sua motivação e, por consequência, não exercer esforço algum para transformar o seu objetivo em realidade.**

Seria espetacular se o simples fato de pensar frequentemente em um bem material ou desejar com todas as forças a realização de um objetivo fizesse com que se concretizasse **sem esforço**. Estou certo de que você adoraria receber uma Ferrari à sua porta depois de passar vários meses pensando em ter esse carro, mas infelizmente **não é assim que escrevemos o nosso futuro**. Muitos profissionais dizem às pessoas que podem ter o que quiserem, basta que acreditem nos seus sonhos, pois tudo o que importa é pensar positivo. É fácil vender aos outros algo que **gostariam que fosse verdade**, algo que faz com que sintam no **controle total** dos resultados da própria vida.

Na manhã em que conversei com Gabriele Oettingen em um café próximo ao campus da Universidade de Nova York, em Manhattan, ouvi-a dizer que, para o cientista, a escolha de estudar durante décadas um assunto polêmico e **contrário às expectativas das pessoas** — e de outros pesquisadores — é desgastante. "Mesmo assim, você deve seguir em frente", afirmou sorridente. Parece que assim como Ryan e Deci, Oettingen prefere deixar um legado em vez de construir uma fama instantânea.

Obviamente, fantasiar sobre o futuro dá prazer e satisfaz o ego, mas essa prática não o ajuda a atingir objetivos que requerem grandes níveis de esforço, comprometimento e energia. Sonhar com um futuro de sucesso pode até **aliviar** a sua tristeza no curto prazo, mas o problema é que ela a **aumenta** no longo prazo. Por mais incrível que pareça, **pensar negativo** é o que pode transformá-lo em alguém **realista**. Pensar negativo traz seus pés novamente para o chão. Então isso significa que você deve largar os seus sonhos? De forma alguma! Significa que você deve parar de acreditar que eles acontecerão apenas com a **força** do pensamento positivo. Não deixe de pensar positivo, mas encare os seus sonhos de forma **diferente** se quiser que se tornem realidade.

Ao observar que um nível maior de sucesso era alcançado quando as pessoas pensavam **positivo e negativo** sobre os seus objetivos, Gabriele Oettingen deu à sua descoberta o nome de ***contraste mental***, e assim começou a realizar novos experimentos para testá-la. Em um deles, estudantes de duas universidades alemãs foram questionados sobre o seu objetivo mais importante naquele momento e, posteriormente, orientados a indicar em uma escala entre 0% e 100% qual a chance que acreditavam ter de atingir esse objetivo[8]. Em seguida, os participantes deveriam escrever quatro frases curtas remetendo aos **resultados positivos** que alcançariam se atingissem o seu objetivo (exemplo: ter mais tempo para os amigos, conseguir fazer uma pós-graduação bem conceituada, passar a se sentir mais confiante etc.), e outras quatro frases curtas remetendo aos **obstáculos** reais que poderiam fazer com que não atingissem tal objetivo (exemplo: ser muito tímido, ter muito trabalho a realizar, não estar com o corpo na forma física adequada etc.). Depois desses exercícios, os participantes foram distribuídos em quatro grupos com as seguintes condições:

> **Grupo 1 –** Os alunos deveriam **confrontar** duas frases que escreveram sobre os resultados **positivos** da realização dos seus desejos com duas frases sobre os **obstáculos** que poderiam atrapalhar o alcance deles. Esse grupo foi instruído a escrever detalhes sobre os obstáculos e sobre os resultados positivos, **começando por esses.**

> **Grupo 2** – Os alunos deveriam **fantasiar** usando apenas as quatro frases sobre os resultados **positivos** da realização dos seus desejos, detalhando essas fantasias positivas.
> **Grupo 3** – Os alunos deveriam **fantasiar** usando apenas as quatro frases sobre os **obstáculos** que poderiam atrapalhar o alcance desses desejos, detalhando essas fantasias negativas.
> **Grupo 4** – Os alunos deveriam confrontar duas frases que escreveram sobre os **obstáculos** que poderiam atrapalhar o alcance dos seus desejos com duas frases sobre os resultados **positivos** da realização deles. Esse grupo foi instruído a detalhar os resultados positivos e os obstáculos, **começando por esses**. Como você pode perceber, essa condição é **inversa** à do grupo 1.

Imediatamente após o término das atividades, Gabriele Oettingen, Hyeonju Pak e Karoline Schnetter, autoras desse experimento, pediram a todos os alunos que reportassem quão **energizados** se sentiam. Duas semanas após o experimento, os alunos receberam um questionário sobre todas as ações que haviam tomado para atingir seus objetivos. De acordo com a hipótese das pesquisadoras, os alunos que realizassem o contraste mental (grupo 1) se sentiriam **mais energizados** e, consequentemente, praticariam **mais ações** para atingir seus objetivos do que os alunos dos demais grupos. Para a surpresa da equipe de pesquisa, no entanto, **nem todos os alunos que realizaram o contraste mental tiveram melhores resultados**.

Ao analisar os dados mais de perto, Oettingen e sua equipe perceberam que **apenas** os alunos que acreditavam ter **boas chances** de atingir os seus objetivos se sentiram mais energizados após os exercícios e praticaram ações imediatas para começarem a atingi-los. Quando os alunos que realizaram o contraste mental sentiram que os seus objetivos **não seriam alcançados** — muitas vezes por serem **desconectados da realidade** —, reportaram se sentir **menos** energizados e, portanto, **não praticaram ações** para buscar a realização deles. Isso mostra que o contraste mental é um método que gera **ainda mais vantagens** àqueles que o praticam.

> Confrontar um desejo com os seus obstáculos não faz apenas com que você pratique mais ações para atingi-lo, mas também o ajuda a desistir de sonhos distantes da realidade.

Quando me coloquei a par das pesquisas de Gabriele Oettingen, imediatamente pensei naqueles que são impactados pelos empreendedores de palco, que citam o quanto a sua empresa pode ser o novo Google, Uber ou Amazon. Esses profissionais mostram exemplos de *startups* que foram vendidas por milhões, e imploram para que você pense positivo, acredite no seu projeto e em si mesmo. Mas será que logo depois de passar horas em eventos como esse, **fantasiando** sobre as suas *startups* de sucesso e tendo sonhos incríveis sobre o dia em que se tornarão milionários, os espectadores praticarão **ações** imediatas para realizá-los? Ou será que se sentirão **relaxados**, achando que **já atingiram os seus objetivos** e, portanto, nem ao menos visitarão um contador para dar entrada na abertura da empresa? E os donos de *startup* que participam desses eventos? Farão uma lista de todas as **dificuldades** que podem encontrar no caminho ou, depois de tanta fantasia, vão achar que os seus sonhos podem ser alcançados apenas com o **poder do pensamento positivo**, sem nenhum esforço verdadeiro?

Eles sairão do evento desenvolvendo planos para melhorar os seus produtos e serviços, treinar os seus funcionários, aperfeiçoar processos, ajustar argumentos de venda e participar de mais reuniões com investidores, ou levarão consigo o sentimento de que **nada precisa ser feito**? O que você acha?

SONHOS GRANDES, CONQUISTAS PEQUENAS

Nos últimos anos, o mantra de muitos executivos e empresários brasileiros é a frase de um livro[9]:

Sonhar grande e sonhar pequeno dá o mesmo trabalho.

Será mesmo? O autor dessa frase pode ter **todas** as credenciais de um empresário de sucesso, mas do ponto de vista científico a sua mensagem é **absurdamente equivocada**. Primeiro porque sonhar pequeno **não dá o mesmo trabalho** de sonhar grande: Oettingen e outros cientistas descobriram que sonhar grande exige **menos** esforço do nosso cérebro, além de ser muito mais **prazeroso**[10]. Em segundo lugar, a frase é infeliz porque sonhar grande e sonhar pequeno geram **resultados diferentes!**[11] Quando o seu sonho grande é irrealista, ele faz com que você fique menos energizado e motivado, levando-o a perder a motivação que o faria agir para tornar o seu sonho realidade. O **sonho pequeno** pelo menos o faz **sentir que o seu objetivo pode ser alcançado**, o que produz a energização e motivação necessárias para realizá-lo.

Isso não significa que você deve sempre pensar pequeno, ou que não adianta sonhar grande, e sim que deve pensar também nos **obstáculos** que podem fazer com que você não alcance o que deseja. Muitas vezes, ao realizar o **contraste mental**, você percebe que o seu **sonho grande**, na verdade, é um **pesadelo desconectado da realidade** — algo que consome horas do seu dia, esgota as suas energias, faz a sua empresa perder dinheiro, distancia você dos seus amigos e da família, diminui a sua produtividade e o afasta dos seus sonhos menores e mais realistas, que poderiam ser alcançados.

O perigo do sonho grande no mundo empresarial vai além. Quando o sonho de um empresário é grande **demais** e, portanto, o faz colocar metas desconectadas da realidade para a sua equipe, acaba levando os funcionários a desenvolverem a **desesperança aprendida**[12]. Um dos perigos da desesperança aprendida é que, mesmo que as metas da equipe sejam realistas e venham a ser alcançáveis em algum momento **futuro**, como já foram **condicionadas anteriormente** a desistir por causa dos seguidos fracassos que enfrentaram, as pessoas **não têm** motivação nem mesmo para se dedicarem a esses objetivos, que **poderiam ser alcançados** com seus esforços.

As descobertas da ciência são realmente incríveis; entre elas, a que até gente bem-sucedida dá conselhos ruins.

Para garantir que seja realizado, porém, seu sonho não deve ser **grande nem pequeno**, e sim **médio**. O renomado pesquisador Mihaly Csikszentmihalyi, da Universidade de Pós-Graduação Claremont, conquistou o mundo da psicologia ao revelar o fenômeno **estado de fluxo**[13]. Alguma vez você já esteve **tão concentrado** em uma tarefa que não viu o tempo passar? Como se sentiu nesse momento? Como foi a sua produtividade? Esse momento pleno de foco, produtividade, engajamento, satisfação e felicidade é exatamente o **estado de fluxo**: quando você está no **pico** da sua performance, desenvolvendo um trabalho de grande importância para si mesmo.

Desde o lançamento do seu livro sobre o assunto, em 1990, Csikszentmihalyi recebeu grande atenção no mundo todo, sobretudo por mostrar às pessoas como poderiam **entrar** nesse estado de fluxo. Esta é uma de suas dicas:

> "A relação entre o que uma pessoa *deve* fazer e o que ela *pode* fazer deve ser perfeita. O desafio não pode ser tão grande nem tão pequeno. Ele deve ter uma proporção perfeita para que, a cada vez que a pessoa usar as suas habilidades, o esforço empreendido seja a maior das recompensas."

Mihaly Csikszentmihalyi chama esse trabalho de ***experiência autotélica***, quando uma tarefa é tão prazerosa que o **momento** dedicado à sua realização se torna a própria **recompensa**. Só é possível atingir o estado de fluxo, portanto, quando o desafio é de dificuldade **moderada**. E como descobrimos se **não** estamos no estado de fluxo? Quando passamos a ter **consciência de nós mesmos** e começamos a prestar atenção demasiada à tarefa que estamos desenvolvendo.

Lembremos que as pesquisas de Roy Baumeister mostram que incentivos financeiros fazem com que as pessoas passem a **prestar mais atenção ao que estão fazendo**, o que gera **pior** performance[14]. Essa é mais uma prova do quanto motivadores externos **atrapalham** a motivação interna, impossibilitando inclusive o alcance de um estado de **engajamento completo** em uma atividade. Uma das principais contribuições de Csikszentmihalyi para o mundo científico é a descoberta de que o estado de fluxo gera nas pessoas uma motivação no nível **ideal** — ou ótimo. Isso significa que esse estado trabalha a motivação interna.

Voltando às metas moderadas, Csikszentmihalyi revela que, quando o "sonho" é muito grande, as pessoas **desistem**, pois acham que nunca conseguirão alcançá-lo — compreensão em completa consonância com as descobertas de Gabriele Oettingen.

> "**Pesquisas mostram que quando metas irrealistas puderem ser alcançadas mediante trapaça, as pessoas trapacearão. As pessoas cometerão fraudes para ganhar incentivos**", afirmou o pesquisador George Loewenstein, em uma matéria para a revista *Psychology Today*, dando-nos um alerta adicional sobre os perigos de estabelecermos metas impossível a nós mesmos e às nossas equipes de trabalho[15].

O ideal, portanto, é que você não estabeleça os seus objetivos por meio de sonhos grandes, e sim de **diversos** sonhos médios e alcançáveis. Ao atingir um objetivo médio por vez, as suas chances de sucesso poderão aumentar consideravelmente.

WOOP: A FERRAMENTA DO SUCESSO

Apesar de todos os resultados positivos das suas pesquisas, Gabriele Oettingen ainda não estava satisfeita. Ela queria fazer com que o seu trabalho tivesse um impacto **ainda maior** na vida das pessoas, e sua solução foi literalmente caseira.

Peter Gollwitzer, professor e pesquisador da Universidade de Nova York cujas pesquisas também se concentram no que as pessoas podem fazer para atingir objetivos, junto com seus colegas, descobriu que quando nos comprometemos com uma meta, a forma mais eficaz para a atingirmos é traçar um **plano** logo em seguida. Esse plano deve focar um **comportamento** a ser seguido sempre que uma situação aparecer. Se, por exemplo, você tiver preguiça de fazer exercícios pela manhã, Gollwitzer sugere que se estabeleça um plano parecido com: **se o despertador tocar amanhã às 6h30, vou me levantar da cama** (comportamento) **e ir caminhar no parque** (objetivo). Gollwitzer realizou diversos estudos sobre esse método e descobriu que, por exemplo, quando pedia aos seus alunos para escreverem um relatório dois dias depois do Natal, 71% daqueles que haviam traçado um plano descrevendo **onde, quando e como** o fariam acabaram entregando-o no prazo[16]. Da outra parcela de alunos que não foi instruída a criar um plano, apenas 32% enviou o relatório. Gollwitzer nomeou o seu método como *intenções de implementação* — quando uma pessoa **planeja com antecedência** como irá se **comportar** no momento de **enfrentar** certa situação, ela fica **mais preparada para agir**.

Ao analisar os estudos de Gollwitzer, Gabriele Oettingen percebeu que tanto o **contraste mental** quanto as **intenções de implementação** tinham em comum fazer com que as pessoas se tornassem **conscientes** dos seus pensamentos e das suas imagens mentais, o que a psicologia nomeia como *estratégia metacognitiva*[17]. Oettingen notou que **unir ambas as estratégias** poderia ser a chave para, finalmente, gerar uma ferramenta fácil de ser usada. A grande sorte de Oettingen: ela é **casada** com Peter Gollwitzer!

O casal decidiu, então, comparar a efetividade das suas ferramentas **separadamente**, e depois **em conjunto**. Qual delas seria a mais efetiva em fazer as pessoas alcançarem os seus objetivos? Os resultados foram empolgantes! Tanto o grupo que realizou o **contraste mental** quanto o que realizou as **intenções de implementação** alcançaram maior progresso nos seus objetivos. Porém o terceiro grupo testado pelo casal de pesquisadores, desta vez com ambas as ferramentas **juntas**, teve um progresso **muito mais significativo**[18].

No início, Oettingen e Gollwitzer decidiram chamar sua ferramenta de **MCII** (Contraste Mental com Intenções de Implementação, na sigla em inglês), mas acabaram percebendo que esse nome não era tão atrativo. Foi então que surgiu o **WOOP** (Desejo, Resultado, Obstáculo, Plano, na sigla em inglês), uma ferramenta revolucionária. O funcionamento do WOOP é simplíssimo:

> Em um pedaço de papel, escreva o seu desejo usando de três a seis palavras. Em seguida, registre o melhor resultado que poderá ser obtido se o seu desejo for realizado, também usando de três a seis palavras. Depois, escreva o principal obstáculo que pode impedi-lo de realizar o desejo. Lembre que o obstáculo deve ser algo dentro do seu controle, algo que dependa apenas de você. Deixe a sua imaginação fluir e guiá-lo sobre esse obstáculo, escreva tudo o que lhe vier à cabeça. Finalmente, desenvolva um plano para superar esse obstáculo, descrevendo uma ação específica que fará com que você o vença. Escreva o momento e o local onde o obstáculo irá aparecer, então desenvolva o seu plano usando uma frase do tipo SE – ENTÃO: SE o obstáculo X ocorrer (momento e local), ENTÃO eu farei Y. Repita esse comportamento para si mesmo em voz alta, apenas uma vez.

Extremamente simples, não? Você pode aplicar o WOOP para **qualquer tipo de desejo**, pois é uma ferramenta totalmente flexível. Se o seu maior desejo para as próximas duas semana, por exemplo, é emagrecer, então você pode desenvolver um WOOP conforme a seguir:

> **Desejo:** Emagrecer 2,5 kg.
> **Resultado:** Maior autoconfiança.
> **Obstáculo:** Confeitaria no caminho de casa.
> **Plano:** **Se** eu sair às 18h do trabalho e tiver vontade de ir à confeitaria, **então** eu usarei outro caminho para voltar para casa.

Mas pensar em um desejo e logo em um obstáculo não é algo natural no comportamento humano? Infelizmente, não! Oettingen e seu colega A. Timur

Sevincer descobriram em uma série de experimentos que **apenas 16%** das pessoas realizam o contraste mental **espontaneamente** — quando não são **guiadas** a pensar em um obstáculo, 40% delas pensam apenas positivo[19]. Certamente isso acontece porque pensar positivo é muito mais **prazeroso** do que realizar o **contraste mental**, e exige **menos esforço** do cérebro, conforme expliquei.

Décadas de pesquisas usando o WOOP garantiram **maior sucesso** para pessoas com objetivos como: fazer mais exercícios[20], melhorar as suas dietas[21], recuperar-se de dor nas costas[22], reduzir a quantidade de estresse na vida após um infarto[23], melhorar os seus relacionamentos amorosos[24] e ter melhor rendimento na escola[25]. Quando conversei com Gabriele Oettingen em Nova York, soube que muitas pesquisas aplicando o WOOP estão em andamento. Ela descobriu que, para ser mais efetivo, o ideal é que você use o WOOP **diariamente**, para que se torne um **hábito**.

Se você é novo no WOOP, é importante que foque inicialmente desejos **pequenos**, que quer realizar nas próximas 24 horas — exemplos vão desde não brigar com o seu cônjuge até passar um dia sem se expor a notícias negativas. Se fizer um WOOP todas as manhãs, isso lhe possibilitará **ajustar** constantemente as suas metas, o que fará com que a realização do desejo tenha **maiores chances** de acontecer. Se, por exemplo, você quiser fazer mais ligações para clientes e colocar como desejo realizar **15** por dia, ao notar que no meio da tarde já fez **10** ligações, você pode ajustar sua meta para **18** ou **20**.

Para garantir o exercício diário, Oettingen fez ainda mais um favor para todos nós: lançou o **aplicativo** WOOP. Disponível em português, o aplicativo serve para que você faça o WOOP a qualquer hora, evitando perder oportunidades de alcançar os seus desejos. O recurso também garante fazer o WOOP da forma **correta**, não pulando nenhuma das fases nem o realizando com pressa. Informações preciosas também serão encontradas no site www.woopmylife.org e no brilhante livro de Gabriele Oettingen, "Rethinking Positive Thinking".

O WOOP é uma ferramenta fantástica por mais duas razões. Em primeiro lugar, funciona de forma **inconsciente**[26]. Ao fazer um exercício de WOOP, a sua mente começa a trabalhar para o alcance do seu desejo **sem que você note**. Logo, você atinge o seu objetivo sem **nem ter percebido**. Em segundo lugar, o WOOP é uma ferramenta que trabalha no que os psicólogos chamam de *soluções integradoras*: resultados que se **espalham** e afetam **outras áreas da sua vida**. Se quer emagrecer, por exemplo, ao usar o WOOP, você não apenas irá emagrecer, mas também passará a se **exercitar** mais, a ter uma **alimentação** mais saudável, melhor **desempenho** no trabalho, **noites de sono** mais agradáveis, sentir-se **mais bonito**, conquistar mais **confiança, perder a vergonha** de falar em público etc.

Os estudos de Oettingen mostram que existe uma diferença muito grande entre **ser positivo** e **pensar positivo**. Enquanto **pensar positivo** é a falsa crença de que os seus desejos podem ser alcançados apenas com a **força do pensamento**, sem nenhum esforço, **ser positivo** é outra coisa. Você **se torna** uma pessoa positiva quando busca aumentar as suas emoções positivas, evitar ter emoções negativas desnecessárias, investir o seu dinheiro nos outros, caprichar nas suas interações, mudar o seu estilo explanatório e ter a consciência de que enfrentará dificuldades na vida. Assim, você tem uma **perspectiva positiva** do futuro, mas não deixa de ser **realista**.

A ilusão do pensamento positivo traz péssimas consequências, por isso seria extremamente benéfico **livrar-se** desse hábito, caso o tenha. Em vez de pensar positivo, passe os seus dias com isto em mente: Qual é o meu maior desejo? Qual é o **obstáculo** pessoal que pode fazer com que eu não o alcance?

O WOOP é, sem dúvida, uma forma espetacular de atingir objetivos, porém muitas vezes o alcance deles e a nossa motivação se deparam com um obstáculo ainda maior: **as nossas crenças**.

CAPÍTULO 10

A Mentalidade da Felicidade

O DOM DE PRATICAR

Pense no maior *expert* em sua área de trabalho: o que fez com que ele se tornasse **melhor** do que os outros? O que esse especialista tem de diferente? O que diferenciava Mozart dos outros músicos? Quais características de Ayrton Senna o levaram a ser um dos melhores pilotos do mundo? E o que há no melhor vendedor que você conhece que os demais não têm?

Quando sou apresentado a alguém, costumo ouvir a pergunta: "Em que você trabalha?". Ao dizer que sou professor de diversas disciplinas, incluindo algumas na área de **vendas**, imediatamente ouço algo como: **"Nossa, para trabalhar com vendas precisa ter o dom!"**. Você já deve ter **ouvido** isso sobre a sua profissão e ter **dito** o mesmo sobre a profissão de outra pessoa.

Como temos **dificuldade** em explicar por que alguns profissionais são muito melhores do que outros nas suas carreiras, atribuímos o seu sucesso a **algo especial neles**: um dom, uma habilidade, a genética, algum "superpoder". Por isso achamos que **nunca** poderemos ser iguais a eles, uma vez que não possuímos aquele atributo. Muita gente diz que Pelé **nasceu** para jogar futebol, e que aquele vendedor considerado o melhor na empresa onde você trabalha **nasceu** para vender. Mas quando a ciência vai estudar o motivo de alguns indivíduos terem extremo sucesso nas suas áreas, as respostas que encontramos são **bem diferentes** disso.

Wolfgang Amadeus Mozart possuía uma habilidade chamada ***ouvido absoluto***[1]. Por causa dela, já na infância, ao ouvir um piano ou qualquer outro instrumento, ele podia afirmar com total precisão qual era a nota musical emitida — e isso mesmo estando em outro cômodo, longe da origem do som. Essa capacidade não se restringia a detectar notas de instrumentos musicais; Mozart podia escutar e diferenciar **qualquer** espécie de som — desde o apito de um trem ao de uma chaleira —, dizendo com exatidão qual era a nota musical em questão. Por muitos anos, os cientistas acreditaram que o **ouvido absoluto** era algo genético, concedido apenas a alguns poucos sortudos. Até que, em 2014, o psicólogo japonês Ayako Sakakibara treinou por alguns meses um grupo de crianças com idades entre dois e seis anos e fez com que **todas** aprendessem a identificar qualquer nota tocada em um piano[2].

Alguns neurocientistas que estudaram o cérebro de Albert Einstein descobriram que o seu lóbulo parietal inferior era **maior** e apresentava uma forma diferente em comparação ao de outras pessoas, o que os levou a acreditar ser isso o que fizera Einstein obter tanto sucesso em realizar cálculos matemáticos abstratos[3]. Porém os anos de pesquisa revelaram que **quanto mais tempo um indivíduo trabalhava como matemático, maior quantidade de massa cinzenta ele apresentava nessa parte do cérebro**[4].

Outro exemplo desse fenômeno vem de um artigo publicado por Edward Taub, pesquisador da Universidade do Alabama. Taub estudou o cérebro de nove músicos e descobriu que a **parte responsável por controlar a mão esquerda deles** — usada intensivamente para tocar violino, violoncelo ou guitarra — era **significativamente maior** que a de outros indivíduos não músicos[5]. Além disso, a parte do cérebro dos músicos destinada ao controle dos dedos da mão esquerda era tão grande que invadia uma outra região do cérebro, responsável pelo tato na palma da mão. Será que a **natureza** determinou no nascimento que essas pessoas seriam musicistas e as presenteou com cérebros especiais para usar a mão esquerda com velocidade e precisão? Ou o fato de elas **tocarem diariamente** seus instrumentos musicais e usarem intensivamente a mão esquerda fez com que os seus cérebros **mudassem e se adaptassem**?

Esses estudos e vários outros desmistificam a crença de muitos de que alguns indivíduos **nasceram** com habilidades especiais, de que somente algumas pessoas ganham na **loteria genética**. Isso não quer dizer que todos nascem iguais, pois existem, sim, diferenças iniciais[6]. O que esses estudos revelam é que, apesar das diferenças iniciais nas habilidades das pessoas, a **prática** pode fazer com que elas desapareçam no longo prazo. Significa que as habilidades iniciais de um indivíduo **não lhe dão vantagem durante toda a vida**, pois podem ser desenvolvidas em qualquer um por meio da prática. Mas essa prática que faz as vantagens genéticas sumirem no longo prazo não é de qualquer tipo.

O professor Karl Anders Ericsson, da Universidade Estadual da Flórida, maior referência no mundo científico no estudo de *experts*, há mais de 40 anos vem estudando os hábitos que especialistas desenvolvem para alcançar performances muito acima da média, nas mais diversas áreas. Muita gente acredita que simplesmente praticar uma atividade durante muitos anos faz com que um profissional seja um *expert* na sua área, algo refutado pela ciência. O fato mais curioso sobre a experiência profissional é que, na verdade, ela faz com que em muitos casos o profissional se torne **pior**. Em muitas oportunidades, um médico com 20 anos de experiência se mostra **pior** do que outro com cinco anos de atividade[7]. Um motorista com experiência de 30 anos pode ser **pior** do que outro com sete anos de prática.

Ericsson nomeia a "experiência" que muita gente diz ter como *prática ingênua*; uma atividade que você realiza todos os dias, mas para a qual não se desafia a fazer **melhor** do que já faz, ou a tentar algo **novo** nela. Os estudos de Ericsson esclarecem que a simples repetição de uma atividade **não faz** com que uma pessoa se torne melhor nela, principalmente porque, depois de atingir um nível "aceitável" de performance e desenvolver habilidades "automatizadas", os anos adicionais de experiência gradualmente **irão deteriorar essas habilidades** caso não haja esforços conscientes para melhorá-las.

De acordo com a descoberta de Ericsson, o que melhora a performance de diversos profissionais é chamada de *prática proposital*, ou seja, a atividade na qual a pessoa empreende esforços constantes para **melhorar, independentemente do seu nível atual de performance**. A prática proposital é composta por quatro elementos: **objetivo específico, foco intenso, feedback imediato e desconforto frequente**.

No início da sua carreira, o interesse de Anders Ericsson era estudar a possibilidade de fazer uma pessoa **aumentar a sua capacidade de memória** de curto prazo. Assim, recrutou Steve Faloon, aluno da Universidade Carnegie Mellon, e o treinou durante **dois anos** para que memorizasse sequências de números[8]. Nas primeiras sessões, Steve não conseguia memorizar mais do que oito dígitos, alcançando uma performance semelhante à de qualquer outra pessoa. Mesmo algumas sessões mais tarde, Steve parecia não ter melhorado, até que, em uma sessão específica, memorizou **nove** dígitos. Ericsson notou que essa conquista foi alcançada por causa da **forma** como conduziu o estudo, não porque o aluno de repente teve um **aumento na sua memória**. Nessa mesma sessão, Ericsson pediu a Steve que memorizasse uma sequência de **cinco** dígitos. Caso conseguisse, lhe diria uma nova sequência com **seis** dígitos, ditando **um dígito por segundo**, e assim por diante — a cada vez que Steve memorizava uma sequência, o pesquisador **aumentava um dígito**. Em contrapartida, sempre que Steve **errava** a sequência, Ericsson **tirava dois dígitos** dela.

Desse modo, Ericsson mantinha o aluno **sendo desafiado o tempo todo**, mas em uma proporção com a qual Steve conseguia lidar — o processo gerava o **estado de fluxo** em Steve, por causa da dificuldade **moderada**. E assim Steve foi gradual e lentamente melhorando a sua performance. Pouco depois da **centésima** sessão de treinamento, conseguiu memorizar **40** dígitos, um resultado melhor do que o de alguns **profissionais** desse campo. O aluno trabalhou com Ericsson por mais de 200 sessões, alcançando o incrível resultado de memorizar **82** dígitos!

Além do modo como Ericsson conduziu o estudo ter ajudado Steve a alcançar essa marca impressionante, **o próprio Steve desenvolveu uma técnica de treinamento durante as sessões**. Ele informou a Ericsson que o seu segredo era memorizar **diversas** sequências de três ou quatro dígitos, deixando **uma** sequência de até seis dígitos para ser memorizada no final. Essa técnica desenvolvida por Steve mostrou-se fundamental para o sucesso do estudo, algo que Ericsson notou apenas quando tentou replicar o método com a aluna Reneé Elio. Ericsson recrutou Reneé para memorizar uma sequência de números, mas a aluna **não obteve o mesmo sucesso de Steve**, conseguindo memorizar apenas **vinte dígitos** — o que não deixa de ser igualmente impressionante.

Ao procurar entender melhor as razões pelas quais Steve conseguira memorizar tantos dígitos e Reneé não alcançara sucesso similar, apesar da forma idêntica com a qual conduziu ambos os estudos, Ericsson, juntamente com Bill Chase, seu parceiro nessa pesquisa, descobriu algo impressionante. Ao recrutar outro aluno para o estudo, Dario Donatelli, e utilizar o **mesmo método** — ditando um número por segundo, começando com uma sequência de cinco dígitos, aumentando um dígito a cada vez que a sequência atual era memorizada ou reduzindo dois dígitos caso não a memorizasse —, dessa vez os cientistas acrescentaram a **ajuda de Steve**, para ensinar a Dario o que fizera para memorizar as sequências. Com o **método certo** de treinamento e com a **ajuda de alguém que já obtivera sucesso na tarefa**, Dario memorizou **mais de 100 dígitos** — aproximadamente 20 a mais do que Steve[9]. Apenas para a sua observação, esta é uma sequência aleatória de 100 dígitos:

09762417608408143226098835010927831748523485729415
28185173580034869273404764295725497236450291645971

A diferença entre Reneé e Dario foi que, enquanto Reneé desenvolveu a sua própria forma de memorizar os dígitos, através de erros e acertos, Dario usou precisamente a **mesma** técnica que funcionara para Steve. Nesse ponto, Ericsson descobriu que, além da **forma** como conduzia o estudo, o **tipo de treinamento** usado para melhorar a performance de uma pessoa também fazia a diferença. Foi nesse contexto que surgiu o conceito de *prática proposital*. Perceba que Steve sempre teve um *objetivo específico*: cada vez que memorizava uma sequência de números, seu próximo objetivo era memorizar uma sequência com **um dígito a mais**. Essa prática também fazia com que Steve nunca atingisse uma "zona de conforto", garantindo uma posição de *desconforto frequente*. Durante as sessões, Steve se envolvia profundamente com a atividade, não se distraindo com outros afazeres, garantindo um *foco intenso* à sua tarefa. Quando Steve memorizava uma nova sequência maior, Ericsson o avisava que alcançara sucesso, garantindo que tivesse um *feedback imediato* sobre o seu desempenho.

Anders Ericsson fez uma contribuição incrível para a ciência comprovando que a **forma** como uma pessoa é desenvolvida pode garantir o seu sucesso. Ao ditar um dígito por segundo, aumentar um dígito a cada acerto e diminuir dois dígitos a cada erro, Ericsson teve êxito em **aumentar a capacidade** da memória de curto prazo de Steve. O estudo com Steve também mostra que, ao utilizar os quatro elementos da *prática proposital*, as suas chances de sucesso aumentam drasticamente. Ainda, o estudo com Dario Donatelli comprova que, quando treinado por alguém que **conhece o modo mais eficiente de se alcançar o progresso**, o sucesso é ainda mais provável. A combinação entre a **prática proposital** e o **treinamento efetivo** resulta no que Anders Ericsson chama de *prática deliberada*, o que **verdadeiramente** fará com que você seja um *expert* na sua área.

A MÁGICA DA REPRESENTAÇÃO MENTAL

Ericsson afirma que a **prática deliberada** permite às pessoas formarem **representações mentais** que facilitam seu desempenho[10]. Para que você compreenda melhor o que é uma representação mental, pensemos em uma partida de xadrez às cegas entre mestres enxadristas. Nessa modalidade, a disputa não é apenas contra um oponente, mas contra **dezenas** ao mesmo tempo. Como o nome já diz, nessas partidas **o jogador não pode olhar para os tabuleiros**, ou seja, deve jogar dezenas de jogos simultâneos usando **apenas a memória** de onde se encontram as peças, o que para qualquer um de nós é um enorme desafio. A façanha de jogar xadrez vendado contra diversos oponentes ao mesmo tempo, uma prática de mais de um século, tem no alemão Marc Lang o seu atual campeão: ele enfrentou **46 oponentes, venceu 25 jogos, empatou 19 e perdeu apenas dois**[11].

Lang, contudo, não é o único jogador com essa habilidade. Os cientistas William Chase e Herbert Simon realizaram um experimento com outros enxadristas e concluíram que, quando um jogador experiente observava por cinco segundos um tabuleiro já movimentado, representando uma situação real de jogo, posteriormente **se lembrava da posição de aproximadamente dois terços das peças**[12]. Jogadores novatos performavam um nível bem abaixo, lembrando-se da posição de apenas **quatro peças** em arranjos que variavam entre 12 e 24 peças. Da mesma forma, jogadores de futebol assistindo a vídeos de partidas que de repente eram pausados sabiam descrever com maior sucesso **o que aconteceria na sequência da jogada**[13].

Durante anos a prática deliberada fez com que tanto jogadores de xadrez quanto de futebol obtivessem **representações mentais** complexas e sofisticadas, capazes de auxiliarem a **saber com antecedência** o que pode acontecer em uma partida de acordo com a posição das peças ou dos jogadores — algo que faz com que conquistem uma **enorme vantagem**. Estas **representações mentais** levam esses jogadores a executarem movimentos que parecem **mágicos** para as demais pessoas, mas que, para eles, são **extremamente simples** por já terem presenciado a cena **milhares de vezes**.

Um exemplo interessante do poder das representações mentais vem do programa *Irmãos à Obra*, apresentado pelos irmãos gêmeos Drew e Jonathan Scott. Para quem nunca assistiu, funciona da seguinte maneira: os irmãos gêmeos são sempre incumbidos de procurar uma casa nova para um casal participante, sendo que Drew é o especialista em compra de imóveis, e Jonathan, em reformá-los e decorá-los. Uma constante no programa é o casal achar o interior da casa feio e sem grandes possibilidades de melhora, enquanto Jonathan consegue imaginar exatamente o que irá fazer nos cômodos para transformar a casa em algo fantástico — o que **sempre** consegue. Depois de tantas reformas com o objetivo de transformar o ambiente interno do imóvel em algo sensacional, tendo feedback imediato do andamento da obra e encarando os imprevistos mais desconfortáveis possíveis, Jonathan já tem **várias** representações mentais que lhe permitem visualizar o ambiente **pronto** antes de qualquer outra pessoa.

Um dos maiores equívocos que se pode cometer ao ler os estudos de Anders Ericsson é interpretar que a simples prática de uma atividade por muitos anos resulta em melhor performance, algo que foi popularizado pelo autor Malcolm Gladwell como a ***regra das 10 mil horas***[14]. Acontece que os estudos de Anders Ericsson apontam que tal regra **não existe**, pois se a prática em questão é a **prática ingênua**, os anos de atividade trarão exatamente os resultados contrários: as pessoas se tornarão **piores** no que fazem. Muita gente tem muito mais que 10 mil horas de experiência dirigindo automóveis, mas isso não lhes concede a vantagem de ser melhor do que um piloto de Fórmula 1 novato. O tipo de prática e o acompanhamento de um mentor concedem enormes vantagens ao piloto de Fórmula 1, nesse caso. Agora, se a prática em questão for ***deliberada*** ou ***proposital***, os anos de experiência **verdadeiramente** tornarão essa pessoa uma *expert*. Em algumas áreas, as pessoas tornam-se *experts* com menos de 10 mil horas de prática; em outras, elas alcançam esse nível com mais de 20 mil horas.

Apesar da ciência ser sólida nas descobertas sobre a grande quantidade de horas e de esforço demandadas para alguém se tornar um *expert* e colher posteriormente todos os frutos desta conquista, muitas pessoas continuam acreditando em soluções fáceis para alcançar o sucesso — muitas, aliás, estão **desesperadas** por estas soluções. Você certamente deve conhecer alguém que investe valores exorbitantes para participar de formações de coach, imersões, seminários, workshops, cursos online ou para ingressar em empresas de marketing multinível por acreditar nas promessas milagrosas de riqueza e sucesso do dia para a noite que estas instituições vendem. Cuidado!

Apenas para encerrar qualquer discussão sobre a existência ou não do dom, na nossa conversa no campus da Universidade Estadual da Flórida, Anders Ericsson contou que, em todos os seus anos de pesquisa, não encontrou **nenhum** *expert* que tivesse alcançado o sucesso sem realizar um **grande nível de esforço**. Isso confirma que não existem pessoas que **nascem** para praticar certa coisa, que **não precisam se esforçar** para ter sucesso ou a quem basta **um pequeno esforço** para ter um excelente desempenho. Quando acreditamos no dom, é justamente isto o que assumimos: **alguns indivíduos não precisam se esforçar ou se esforçam menos do que os outros para ter sucesso.**

Um dos tópicos da minha conversa com Ericsson foi o futebol, esporte no qual notamos claramente uma maior habilidade de alguns jogadores desde o início da carreira. Eu perguntei a ele por que existem casos de crianças que mostram uma habilidade muito superior à das demais no esporte, e a sua resposta foi nada menos do que genial: "Nós enxergamos apenas o **fenômeno acontecendo**, aquele menino ali na quadra, jogando muito melhor do que os outros naquele momento. O que não enxergamos é o que aconteceu **antes** nem o que acontece **depois** do jogo. Aquele menino pode ter um pai que é louco por futebol e treina junto com ele todos os dias, ou pode treinar em uma das melhores escolinhas de futebol da cidade. Depois do jogo, quando toda a plateia foi embora, ele talvez tenha continuado a treinar para corrigir os erros que cometeu naquela partida, ou pode ter usado o pós-jogo para melhorar algum fundamento, ou ainda, pode ter buscado o feedback do seu treinador sobre o seu desempenho". Nas nossas vidas não é diferente: enxergamos apenas a nossa realidade **atual**, não o que poderíamos ter feito para melhorar as nossas condições ou, ainda mais importante, o que **podemos** fazer para sermos melhores.

O DOM DA ADAPTAÇÃO

Depois de mais de 40 anos de pesquisas, Anders Ericsson descobriu que **todos nós temos o mesmo dom**, o *da adaptação*. Nosso cérebro dispõe de uma capacidade incrível de se desenvolver e de se adaptar a qualquer realidade que possamos imaginar. Isso significa que **você pode ser melhor em tudo o que faz**, que pode ter uma performance similar ou superior à de muitas pessoas na sua área, desde que **nunca** se dê por satisfeito com o seu desempenho atual e pratique a sua atividade de forma **deliberada ou proposital**. Em algumas atividades, porém, a idade com que você iniciou a sua prática também pode fazer a diferença. Mas o mais incrível é que ser melhor naquilo que se faz é uma característica natural do ser humano, como Edward Deci e Richard Ryan descobriram. Aliás, ser melhor no que se faz corresponde a uma das necessidades básicas humanas descobertas pela dupla de cientistas: a **competência**. Ao perceber que a cada dia é melhor no seu trabalho, atividade física ou *hobby*, você experimenta um aumento na sua sensação de competência, o que consequentemente o motiva a se esforçar cada vez mais.

O estudo realizado pelos pesquisadores Teresa Amabile e Steven Kramer, de Harvard, que buscava descobrir qual era o fator mais significativo na motivação das pessoas durante o seu período de trabalho, revelou se tratar do sentimento de progresso nas tarefas[15]. E veja como é forte a ligação entre os fatores motivacionais: o progresso que os participantes desse estudo reportaram ser motivador foi aquele obtido realizando um trabalho com significado, ou seja, um trabalho com **propósito**. Para deixar tudo ainda mais curioso, um dos poucos acertos de Abraham Maslow na sua carreira foi a observação de que a **autoatualização** é um dos pilares da saúde psicológica, tanto que esse item está quase no topo da sua pirâmide[16]. A autoatualização nada mais é do que o estado atingido por pessoas motivadas pelo **crescimento, propósito e apreciação da beleza**. Existe forma melhor de atingir a autoatualização do que **saber que** é possível **crescer em tudo o que você faz**, encontrar um **propósito** para a sua vida e para o seu trabalho, buscar uma vida na qual haja condições de **focar o presente** e de **apreciar a beleza das coisas**? Dificilmente.

Saber que você pode ser melhor em tudo o que faz é de grande importância para a sua felicidade e motivação; acreditar no **dom**, entretanto, gera consequências desconhecidas pela maioria das pessoas.

UMA CRENÇA PERIGOSA

As professoras Carol Dweck, da Universidade de Stanford, e Carol Diener, da Universidade de Illinois, fizeram um experimento científico que revela os perigos de acreditarmos no dom ou no talento natural das pessoas[17]. Muitos cientistas, aliás, utilizam esse modelo de experimento, que orienta os participantes a tentarem resolver algo dificílimo, ou até impossível, para analisar como se comportam ao enfrentar **dificuldades**. As pesquisadoras aplicaram 12 problemas conceituais para que crianças do sexto e sétimo anos (entre 10 a 13 anos de idade) resolvessem: os oito primeiros poderiam ser **facilmente** resolvidos, mas os quatro últimos eram **muito avançados** para elas. Os problemas escolhidos foram desenvolvidos para que as pesquisadoras pudessem acompanhar facilmente **cada estratégia** que as crianças usavam em suas resoluções. Assim, era possível analisar as diferenças nas estratégias das crianças enquanto obtinham **sucesso** resolvendo os oito primeiros problemas; e também se as estratégias sofriam alguma alteração durante a tentativa de resolver os quatro últimos problemas mais difíceis. Nesse experimento, Dweck e Diener também incentivaram as crianças a falarem alto sobre o que estavam pensando enquanto cumpriam a tarefa, o que permitiria às cientistas entender seus sentimentos nos momentos de sucesso e de dificuldade.

Após os exercícios, as pesquisadoras fizeram uma série de perguntas para as crianças sobre os problemas difíceis — como elas achavam que se sairiam se precisassem resolver **novamente** os problemas e quantas questões acreditavam ter **acertado** e **errado**, por exemplo. O grande truque do experimento, porém, aconteceu **antes** de as crianças resolverem os exercícios. Dweck e Diener fizeram todas elas responderem ao **Questionário de Responsabilidade pela Realização Intelectual de Crandall**, um recurso designado a analisar a que fatores a criança atribui os seus sucessos e fracassos: O seu sucesso vem do **esforço** empreendido para resolver uma tarefa ou do fato de que a **professora gosta dela**? Ela diz ter fracassado em uma prova porque **não** é **inteligente o suficiente** ou porque **não estudou de maneira adequada**? Com esses dados, as pesquisadoras poderiam saber antecipadamente quais respostas cada aluno daria no experimento para justificar os seus fracassos ao resolver os problemas difíceis.

Mais tarde, esse experimento ajudou Carol Dweck a nomear essas diferenças de mentalidade como *inteligência fixa* e *inteligência flexível*[18]. Pessoas que acreditam na **inteligência fixa** acham-na **imutável**: ou você é inteligente ou não é. Esses indivíduos creem que **não podem se tornar melhores no que fazem**, pois têm as suas crenças direcionadas ao dom, às habilidades especiais, ao QI (quociente de inteligência). Por outro lado, aqueles que acreditam na **inteligência flexível** sabem que, apesar das diferenças iniciais de desempenho entre uma pessoa e outra em qualquer área da vida, **podem se desenvolver, ser melhores no que fazem e se tornar mais inteligentes com o tempo**. O questionário aplicado pelas cientistas poderia claramente definir quais alunos acreditavam em ambos os modelos de inteligência e como as diferenças entre essas crenças influenciavam a forma como enfrentavam problemas difíceis. Quais crianças persistiriam enquanto estivessem enfrentando dificuldades? Quais desistiriam?

Como você pode imaginar, assim que começaram a enfrentar dificuldades, muitas crianças que acreditavam na **inteligência fixa** imediatamente começaram a **denegrir a própria inteligência**, dizendo coisas como "eu acho que não sou muito esperto" ou "eu nunca tive uma boa memória", ou ainda "eu não sou bom para coisas como essas". **Nenhuma** criança do grupo que acreditava na **inteligência flexível** apresentou esse tipo de comportamento[19]. É importante lembrar que, alguns instantes **antes** de enfrentar os problemas difíceis, as crianças do grupo da **inteligência fixa** vinham **obtendo sucesso** resolvendo os oito primeiros problemas, mas, a partir do momento em que se depararam com **dificuldades**, começaram a **perder a fé na sua própria capacidade**. E essa fé foi perdida com tanta intensidade que, quando as pesquisadoras perguntaram se conseguiriam resolver **novamente** os oito primeiros problemas, muitas delas **negaram**. Além de perderem a fé no futuro, essas crianças também perderam a **fé no passado** — especialmente porque, quando questionadas sobre quantos problemas achavam ter resolvido, em média lembravam-se de **cinco** acertos e **seis** erros, quando a resposta correta seria **oito** acertos e **quatro** erros. A crença na **inteligência fixa** fez com que **maximizassem os erros** e **minimizassem os acertos**. Já as crianças do grupo da **inteligência flexível** reportavam com mais precisão os seus números de erros e acertos.

Ao acreditar na inteligência fixa, você corre o risco de ser influenciado por um dos maiores inimigos do seu desenvolvimento pessoal: a *síndrome do impostor*[19]. Todos nós já manifestamos essa síndrome em algum momento da vida — em uma apresentação na faculdade, reunião no trabalho ou relacionamento amoroso. A síndrome do impostor é o sentimento de que, apesar de estar preparado para um desafio, em algum momento as outras pessoas notarão que você **não é tão bom** naquilo que está fazendo, que pode ter alguém ali melhor do que você, que uma hora ou outra todos vão descobrir que você é um **impostor**. E acredite, esse sentimento acontece até com professores de universidades renomadíssimas.

Foi exatamente o que aconteceu com alguns alunos no experimento de Dweck: ao se confrontar com um exercício mais avançado, eles começaram a denegrir as próprias habilidades dizendo frases como "eu acho que não sou muito esperto" — algo que prejudicou seu desempenho na tarefa, os fez perder a crença de que eram capazes de resolver os exercícios novamente e também os levou a achar que sua (boa) performance passada havia sido ruim.

No estudo de Dweck e Diener, o fato de as pesquisadoras poderem analisar claramente as estratégias dos alunos para resolver os problemas gerou outras descobertas relevantes. Ao lidar com os problemas difíceis, o grupo de alunos que acreditavam na **inteligência fixa** apresentou um sério **declínio** na efetividade das suas estratégias, que se mostraram excelentes durante a resolução dos problemas mais fáceis. Além disso, essas crianças **desistiram** rapidamente de resolver os problemas difíceis, o que comprova que quando a crença é de que a sua inteligência é fixa, ou seja, de que você não pode ser melhor naquilo que faz, **perde-se a resiliência para enfrentar situações mais complicadas**.

A MENTALIDADE DA VITÓRIA

O contraste desses resultados com os dos alunos do grupo da **inteligência flexível** é simplesmente fantástico. Ao se deparar com os problemas difíceis, grande parte do grupo de crianças começou a falar coisas como "eu adoro um desafio" ou "os erros são nossos amigos", e mais de 80% delas **mantiveram ou melhoraram** as estratégias utilizadas para resolver os problemas[20]. Ao contrário do outro grupo, esses alunos tentaram resolver os problemas por **mais tempo** e, inclusive, **alguns deles conseguiram, embora estivessem acima do seu nível de conhecimento**. Esse experimento mostra algo que poucas pessoas conseguem enxergar:

As coisas nas quais você acredita acabam se tornando a sua realidade.

Nas minhas viagens por todos os cantos do Brasil, não raro encontro situações assustadoras. Como viajar a trabalho é parte frequente da profissão de muitos, as salas de embarque de aeroportos e o interior das aeronaves são locais interessantes para pessoas como eu, que gostam de psicologia, de analisar o comportamento de um público do qual também faço parte: pais que estão longe dos seus filhos. Para ter lembranças dos seus pequeninos durante uma semana fora, muitos pais carregam nas malas desenhos, pinturas e outras expressões de arte feitas pelos filhos, além de fotos e vídeos armazenados nos *smartphones*.

Uma das cenas mais comuns em aeroportos e aviões é a de pais mostrando as artes dos filhos para colegas de trabalho ou vizinhos de poltrona. Quando isso acontece, percebo um **padrão** no comportamento dos pais que, ao mostrarem aos colegas a pintura dos seus filhos, dizem coisas como "ele só tem cinco anos!" ou "ela é muito inteligente!", ou ainda a frase mais engraçada e tendenciosa de todas: "Não é porque é meu filho, mas ele é muito mais esperto do que as crianças da sua idade". É claro que é importante para os pais terem orgulho dos filhos, mas devemos saber que somos **altamente tendenciosos** ao avaliar as artes dos nossos pequenos (ou grandes).

Muitos pais mostram as pinturas do filho como se fosse o próximo Picasso ou Leonardo da Vinci, enquanto na visão de outras pessoas o desenho da criança não passa de uma série de rabiscos sem sentido. Aliás, nós mesmos visualizamos quadros de artistas famosos e fazemos avaliações semelhantes a essa — para muitos adultos, certas pinturas estão longe de ser obras de arte. O problema desse comportamento nos pais é que, se eles têm o costume de supervalorizar o trabalho dos filhos para outras pessoas, certamente terão o mesmo comportamento com os seus próprios filhos. Eu já presenciei muitos pais dizendo aos filhos coisas como "você é muito esperto" ou "nossa, como você é inteligente!". Mas será que esse tipo de frase realmente os ajuda a terem mais autoconfiança?

Ao elogiar seus filhos dessa forma, você está criando neles a crença da inteligência fixa: **Ou você é esperto, ou você não é**! E, como sabe agora, esse tipo de mentalidade irá **atrapalhar** o desenvolvimento do seu filho, levando-o a ser **menos** do que poderia[21]. Se você realmente ama seu filho e quer que ele tenha uma vida feliz, não o elogie desse modo. Um dos seus principais objetivos como pai é fazer a escolha feliz de desenvolver no seu filho uma mentalidade de **inteligência flexível**, de **possibilidades**, de **evolução**, de estar **constantemente se desafiando**, de **não desistir** facilmente ao encarar as dificuldades da vida, de enxergar os fracassos e erros como **oportunidades para progredir** — não como situações vergonhosas.

Além disso, outros estudos nos mostram que ter um QI mais elevado que o dos outros **não** significa ter vantagem para o resto da vida, pois as pessoas podem se **desenvolver** por meio da **prática proposital ou deliberada**[22]. Não há efeito positivo **algum** em ficar falando para o seu filho que é mais inteligente do que os outros ou muito esperto. Vários cientistas já descobriram, inclusive, que não existe relação **alguma** entre notas na escola e sucesso na vida, portanto não se preocupe se o seu filho não for o melhor, o mais esperto na escola ou até mesmo se tirar notas baixas: você poderá ajudá-lo por toda a vida a **construir** uma mentalidade flexível e diminuir essas diferenças de performance na fase adolescente e adulta[23].

Da mesma forma, não se orgulhe demasiadamente e relaxe caso o seu garoto tenha notas altas na escola, pois isso não significa que ele **sempre** terá sucesso ou que **não precisa da ajuda dos pais para ser ainda melhor**. Por tudo isso, da próxima vez que o seu filho lhe mostrar, orgulhoso, alguma pintura nova que fez, elogie-o assim: "**Parabéns, meu filho, você está pintando cada dia melhor! Lembra que alguns anos atrás você pintava fora das linhas e não sabia combinar as cores direito? Hoje você já está pintando muito melhor do que antes; e sabe o que mais? Se você continuar se dedicando desse jeito nas suas pinturas, irá fazer desenhos cada vez mais bonitos**". Esse é modelo de elogio que incentiva a **inteligência flexível**, que incentiva uma **mentalidade de crescimento**.

No ambiente corporativo, a regra é a mesma. Se você ocupa um cargo de liderança, aprenda a elogiar os membros do seu time mostrando-lhes a **evolução** que tiveram nos seus meses ou anos na empresa. Use exemplos que os façam se lembrar de que as suas performances no passado **não eram tão boas como as atuais**, sempre deixando como recado final o de que, **se continuarem a se dedicar, serão ainda melhores**. Essa espécie de elogio desperta nas pessoas o sentimento de **competência**, ativando os mecanismos motivacionais estudados por Ryan e Deci.

É importante lembrar que não existe um momento mágico na sua vida pessoal ou profissional no qual você não tenha mais no que melhorar. O seu desenvolvimento **nunca** chega ao topo, você pode ser melhor no que faz a **qualquer altura da vida.** Não importa por quantos anos você tenha se dedicado, **sempre existe algo novo para se aprender.**

ONDE VOCÊ ESTARIA HOJE?

Se, como muitos, acredita que a sua inteligência é fixa, que sem um QI elevado não pode obter sucesso e que certos indivíduos **nascem** com habilidades especiais que lhes proporcionarão vantagens para o resto da vida, o que será de você? Se no início da vida crianças com uma **mentalidade fixa** já começam a sofrer as consequências dessa crença, o que **diversas décadas** com essa mentalidade podem ter feito com a sua vida? **Onde você poderia estar hoje?**

Como você viu, inúmeros cientistas concordam, através de seus estudos, que **se tornar cada vez melhor no que você faz é fundamental para a sua motivação**, pois esse desenvolvimento aumenta o seu sentimento de **competência**. Portanto não se sinta frustrado por **hoje** não ter o desempenho que gostaria em uma tarefa que lhe é importante; não ache que é tarde demais para iniciar uma atividade de que gosta, como aprender a falar um novo idioma, a tocar um instrumento musical ou, até mesmo, mudar de profissão — você pode ser melhor em tudo o que faz ou no que **ainda não faz**, basta praticar a atividade de forma proposital e lembrar que a inteligência é flexível.

Na tarde em que fui a Stanford visitar a cientista Carol Dweck nas maravilhosas instalações do Jordan Hall, uma pergunta que lhe fiz foi justamente se existe uma idade na qual a pessoa **não consegue mais mudar a sua mentalidade**. A excelente notícia que obtive foi: Dweck e um grupo de cientistas alcançaram sucesso em mudar a mentalidade de pessoas **idosas**, o que reforça as descobertas científicas de que o nosso cérebro é realmente **incrível**, e pode se **transformar** e se **adaptar** até quando atingimos idades mais avançadas.

A regra vale também para o seu trabalho atual. Não se frustre com a sua performance de **hoje**, e nunca ache que aquele seu colega que é a estrela da companhia ocupará esse posto para sempre — **você pode ser melhor do que ele, desde que se esforce bastante, pratique o treinamento certo e tenha o acompanhamento de um mentor/professor qualificado.**

Você pode ser melhor no que faz! Em ajudar e reconhecer aos outros, na sua gratidão, nos seus elogios; você pode ser melhor em encontrar um propósito no seu trabalho; você pode ser melhor nas suas interações, nos seus relacionamentos, no seu humor, nas suas crenças, na busca por emoções positivas, no seu casamento; você pode ser melhor como um líder, na sua empatia, na sua postura corporal, em interpretar os acontecimentos da vida, na sua mentalidade, na redução de emoções negativas no seu dia a dia, na avaliação do que motiva as pessoas, em pensar positivo, em pensar negativo, em definir os seus valores.

E agora você sabe que essas afirmações não são motivação barata ou incentivos ao pensamento positivo — são ciência pura.

CONCLUSÃO

A Dança da Motivação com a Felicidade

TUDO COMEÇA COM UMA ESCOLHA

Ao entender o impacto negativo da busca pelo dinheiro e pelos bens materiais, e ao deixar de acreditar no mito de que esses fatores geram maior motivação e felicidade, você automaticamente passa a ser menos materialista e a não se comparar mais com aqueles que têm mais dinheiro e bens. Desse modo, você conquista uma maior satisfação com a sua vida e passa a ter uma imagem mais positiva de si mesmo, o que reduz as suas chances de se tornar vítima das doenças relacionadas ao estresse causado pelo materialismo. Uma vez satisfeito com a sua vida, você passa a valorizar mais as coisas que já possui, em vez de desejar acumular recursos que não geram felicidade nem motivação de longo prazo.

Além disso, a satisfação com a sua vida faz com que você pare de procurar motivação e felicidade no reconhecimento dos outros. Quando descobre que não precisa de reconhecimento nem de mais dinheiro do que o necessário para ser feliz, você aumenta a sua probabilidade de ter comportamentos pró-sociais e investe o seu dinheiro em experiências, diminuindo assim a velocidade da esteira hedônica, aumentando a sua felicidade e a de várias outras pessoas.

Ao implementar essas mudanças na sua forma de pensar e agir, você começa a colher os frutos verdadeiros da felicidade e da motivação, e percebe que existem outras variáveis mais importantes do que o dinheiro nas equações que as envolvem. Nesse caminho, você passa a se esforçar na busca pela motivação e felicidade em todos os seus atos diários e entende o verdadeiro propósito do seu trabalho, que passa a enxergar como um chamado, e não como um emprego. Ao modelar o propósito do seu próprio trabalho, você começa a desfrutar de uma maior sensação de autonomia, de ter controle sobre o seu destino, o que aumenta exponencialmente a sua motivação.

Quando começa a entender que as pessoas têm uma noção equivocada dos fatores que as motivam, você muda a sua maneira de encarar o reconhecimento, pois descobre que o verdadeiro poder dele acontece quando **você** reconhe aos outros. Assim, você passa a caprichar mais nas suas interações diárias, aprendendo que reconher aos outros não é somente distribuir elogios, oferecer prêmios e incentivos financeiros, e sim fazer com que as pessoas sintam que **existem**, que são percebidas, que são importantes.

Você também começa a entender que uma das melhores formas de reconhecimento é ser grato àqueles que o ajudaram ao longo da vida — afinal, para que as pessoas tenham a quem ser gratas, primeiramente devem ter sido ajudadas por alguém. Assim, **você** inicia o ciclo da gratidão, ajudando os outros e praticando atos conscientes de bondade. Ao saber da influência do contágio social e do sistema de neurônios espelho no nosso comportamento, você passa a entender que a sua responsabilidade no mundo é muito maior do que imagina, e que todas as suas ações farão com que a sua rede de contatos imite o seu comportamento, espalhando o benefício das suas ações mesmo para pessoas com as quais você nunca terá contato, contribuindo, assim, com a felicidade de muitos.

Quando entende o impacto que todas essas emoções positivas promovem na sua vida e no seu sucesso, você começa a aumentar a frequência delas por meio do seu comportamento. Assim você deixa de escolher passar por emoções negativas, aumentando as suas chances de atingir diariamente a proporção de três momentos positivos para cada momento negativo. Dessa forma, a sua mente se expande, você enxerga mais opções e torna-se mais criativo e resiliente. Você percebe que a felicidade é verdadeiramente a causa do sucesso. Quando se conscientiza de que o seu comportamento faz a diferença no seu sucesso, você para de sofrer com a desesperança aprendida, deixa de ter a sensação de que o sucesso depende apenas de fatores que fogem ao seu controle e de ser vítima das circunstâncias atuais. Com isso, você reduz ainda mais a quantidade de emoções negativas no seu dia e ensina o seu cérebro a dar mais atenção às coisas positivas no mundo, o que muda o seu estilo explanatório.

Ao escolher aumentar a sua carga positiva e fazer um esforço para se lembrar todas as noites das coisas positivas que lhe aconteceram no dia, escrevendo-as em um caderno de gratidão, você faz com que o seu cérebro se concentre no presente — e assim começa a aproveitar mais os pequenos prazeres da vida. Ter um caderno de gratidão o faz reviver as emoções positivas do seu dia, o que aumenta as suas chances de atingir a proporção ideal entre emoções positivas e negativas. Quando está focado em aproveitar o presente, você para de ficar fantasiando sobre o futuro e conquista uma visão mais realista do mundo, pois descobre que momentos negativos e obstáculos são inevitáveis, mas superáveis. Ao tomar consciência de que sempre existirão obstáculos na vida, você passa a definir quais serão os desafios que terá de enfrentar para atingir cada um dos seus objetivos, bem como qual será o seu plano para superá-los. Isso impede que a sua energia se esgote pelo prazer de pensar positivo e lhe confere a motivação necessária para agir em direção às suas metas, o que aumenta as suas chances de alcançar o que deseja.

Quando descobre que há uma ferramenta para ajudá-lo a alcançar os seus objetivos pessoais e profissionais de forma mais eficiente, você percebe que grande parte do sucesso está sob seu controle e deixa de acreditar que ele é exclusivo das pessoas com a sorte de ter um dom, ou que têm uma inteligência superior. Você passa a entender que dom não existe, que o nosso cérebro se desenvolve constantemente e se adapta a novas situações, o que lhe possibilita ser melhor em tudo o que faz. Desde que se dedique fortemente e nunca esteja confortável com a sua performance atual, você começa a ter uma mentalidade de crescimento. E quando a sua mentalidade é de crescimento, quando você tem consciência de que a inteligência é flexível e de que, embora haja, sim, diferenças iniciais de desempenho entre os indivíduos, elas não se perpetuam para o resto da vida, você adquire mais garra, passa a não desistir facilmente de desafios, a buscar o seu desenvolvimento pessoal constantemente, a confiar mais na sua capacidade futura e aprende a ser reconhecido aos outros, que assim perceberão que sempre poderão ser melhores no que fazem.

Tudo está ligado na bela dança entre a motivação e a felicidade. Lembre-se de que a sequência de eventos aqui descrita começa com **uma** escolha. Essa escolha gera uma série de outros benefícios que podem mudar a sua vida e a daqueles ao seu redor. Tudo o que importa é fazer a **primeira** escolha. Independentemente da escolha feliz que você decidir priorizar, **essa sequência de eventos irá acontecer**, não necessariamente na ordem que descrevi, mas, no final, a dança entre a motivação e a felicidade rodará por todo o salão, completando o seu ciclo.

Lembre-se de que você tem uma **quantidade limitada de dias** para completar esse ciclo e deixar a sua marca no mundo. A escolha de como **usará esses dias** é toda sua! Ao aplicar a ciência no seu cotidiano, você passará a sentir cada vez mais que a **felicidade não se busca, mas se constrói**. Essa construção se dá com as suas **decisões**.

O que você vai escolher hoje para começar a assumir o controle do seu sucesso?

AGRADECIMENTOS

Ao ler diversos artigos científicos e conversar com pesquisadores para escrever este livro, mudei muitos dos meus conceitos e pensei profundamente nos fatores que me ajudaram a moldar a história da minha vida. Ao buscar na memória aqueles que me possibilitaram escrever *A Ciência da Felicidade*, voltei a 1996, quando conheci o meu grande amigo Marcelo Sabbag. Nós nos identificamos rapidamente por gostarmos do mesmo estilo musical, e logo estávamos juntos quase todos os dias curtindo e tocando as músicas das nossas bandas favoritas de punk rock.

Os anos foram passando e nossa amizade se tornando cada vez mais forte, até que, em 2000, quando estávamos prestes a nos formar, o Marcelo veio com a ideia maluca — na época, a minha família enfrentava dificuldades financeiras — de fazermos um intercâmbio nos EUA. Eu descartei de cara esse plano, mas ele insistiu e foi me buscar em casa para fazermos o teste de inglês para o intercâmbio. Fizemos o teste, fomos aprovados, e a próxima etapa seria começar a pagar a viagem — algo totalmente fora das possibilidades da minha família. Mais uma vez, o meu amigo Marcelo insistiu e pediu à sua mãe, Maria Amélia Sabbag, que pagasse as primeiras parcelas da minha parte. A dona Maria Amélia, que me tratou como um filho, fez esse grande esforço e, assim, em dezembro de 2000, embarcamos para os EUA rumo ao destino dos sonhos de qualquer fã de punk rock: a Califórnia.

Fui selecionado para trabalhar em Big Bear Lake, perto de Los Angeles, e o Marcelo foi trabalhar em Lakeshore, cidade próximo a Fresno. Alguns dias depois de começar no trabalho, percebi que a minha carga horária não me permitiria pagar as minhas contas e, como sempre, em uma atitude que só os melhores amigos tomam, o Marcelo decidiu ir me buscar em Big Bear para trabalharmos juntos em Lakeshore.

Foi por causa de toda essa insistência e amizade do Marcelo, além do carinho da dona Maria Amélia, que tive a oportunidade de aprender a falar inglês, ler artigos científicos, fazer um MBA nos Estados Unidos, estudar na Inglaterra, conversar com cientistas e, portanto, escrever este livro. Os tempos de punk rock se foram, e a vida adulta fez com que o meu amigo Marcelo fosse morar em Balneário Camboriú com a esposa e os filhos. Eu continuei morando em Curitiba com a minha esposa e as crianças. Mas, apesar do tempo e da distância, a lembrança e a gratidão nunca irão passar. Sem o esforço do meu amigo Marcelo e da dona Maria Amélia, eu certamente não estaria escrevendo esta frase — e você nunca teria lido este livro.

Obviamente, existem outros personagens importantes nesta história. Os meus pais, Juarez e Maria Aparecida, sem dúvida são dois deles. O meu pai e a minha mãe me educaram, amaram, não me deixaram estudar em qualquer universidade e, sim, pagaram as outras parcelas do intercâmbio! Sem o sacrifício deles pelo meu futuro, as oportunidades que tive durante a minha carreira como executivo não teriam acontecido, e a minha história teria sido muito diferente.

Durante a viagem que fiz para escrever este livro, tive a felicidade de passar uma semana na companhia do mais importante professor que já tive: o meu querido pai, Juarez. Dezoito anos depois de os meus pais terem me possibilitado morar na Califórnia, meu pai e eu nos encontramos justamente em Los Angeles, um dos meus primeiros destinos em 2000. Nós nos hospedamos em Hollywood e tivemos um fim de semana de cinema, como o daqueles filmes de pai e filho, momentos muito especiais que nunca vou esquecer. Depois disso, ainda fomos a Irvine, San Francisco, Stanford, Raleigh, Chapel Hill, Tallahassee e Miami, sete cidades em cinco dias, uma agenda intensa e cansativa que só um pai amoroso (e orgulhoso) consegue suportar.

Nessa história também existe um herói — na verdade, uma heroína. Pensando bem, a melhor definição para ela é super-heroína! Ela se chama Mariana e, para a minha sorte, é a minha esposa! Nos últimos 15 anos, a Mariana vem sendo o maior exemplo positivo que tenho na vida. Uma companheira que me ajudou a realizar profundas mudanças na minha maneira de ver o mundo. Sem ela, não seria a metade do que sou. Desde o momento em que escolhi não ser mais executivo, a Mariana me apoiou e construiu um sonho junto comigo, mesmo nos momentos de grande dificuldade que enfrentamos. Anos antes da minha escolha, a Mariana já havia traçado o mesmo caminho, trocando a sua carreira executiva pela acadêmica. Anos mais tarde, ela fundou uma empresa de consultoria na área de sustentabilidade, um trabalho que a inspira todos os dias e faz com que seja plenamente realizada profissionalmente. Apesar de as nossas áreas serem diferentes — eu sou administrador de empresas, e ela, engenheira florestal —, o caminho que seguimos foi o mesmo. Nós dois escolhemos trocar o mundo corporativo, os nossos cargos importantes e gordos salários por um objetivo em comum: fazer com que as empresas apliquem estratégias que venham gerar transformação social.

Outro motivo da nossa escolha foi o nascimento do nosso primeiro filho, Leonardo, fonte inesgotável de emoções positivas para a nossa família. Alguns anos depois, chegou a nossa princesa, Victoria, que multiplicou essas emoções positivas e tornou a nossa família ainda mais unida. Sem o poder desses três heróis, eu nunca teria conseguido encontrar forças para me dedicar a este livro.

Agradeço também o amor dos meus queridos irmãos, Marcel e Letícia, das minhas cunhadas, Angela e Carolina, dos meus concunhados, Rafael e Paulo, dos meus supersobrinhos, Nicolas, Carolina, Maria Fernanda, André, Tiago, Lucas, Alexandre e Clara, e, é lógico, dos meus sogros, Rita e José Luiz, que se esforçam ao máximo para reunir a nossa família toda semana. Que continuem os churrascos!

Meu agente literário, Felipe Colbert, teve um papel importantíssimo para este livro chegar às suas mãos. O Felipe tem um conhecimento raro no mercado editorial e uma abertura enorme com as editoras. Sempre bem-humorado, trabalhando com uma superdedicação e me apoiando durante todas as negociações que fizemos com editoras, o Felipe transformou todos os três anos de concepção deste livro em uma realidade poucos meses após termos iniciado a nossa parceria. Todo autor merece ter um agente como o Felipe, e eu me sinto honrado por tê-lo ao meu lado na batalha que é ser escritor no Brasil. Obrigado, Felipe!

Por meio do Felipe, conheci o Pedro Almeida, editor deste livro. Se o Felipe tornou o projeto deste livro possível, foi o Pedro quem o concretizou. Agradeço muito ao Pedro por ter acreditado no conteúdo desta obra e por ter me concedido o privilégio de tê-la lançado pela Faro Editorial. Para os que não sabem, foi o Pedro que trouxe para o Brasil o best-seller *Marley & Eu* quando o livro era somente uma aposta. *Marley & Eu* vendeu mais de 6 milhões de exemplares no nosso país. Imaginem o orgulho (e o nervosismo) que senti quando o Felipe me disse que o "cara" que trouxera *Marley & Eu* para o Brasil havia gostado do meu livro e queria conversar comigo! A tensão passou em poucos minutos de conversa com o Pedro — que é um autêntico cavalheiro —, mas o orgulho ficará para sempre. O Pedro é um profissional que está verdadeiramente preocupado com o impacto dos livros da Faro Editorial na sociedade. A Faro Editorial quer deixar um legado, e eu espero que este livro contribua.

Sou muito grato aos professores Gabriele Oettingen, Edward Deci, Richard Ryan, Nina Mazar, Grant Donnelly, Paul Piff, Carol Dweck, Barbara Fredrickson e Anders Ericsson por terem me recebido de forma espetacular durante minha visita aos Estados Unidos. Os *insights* que estes grandes pesquisadores me deram durante as nossas conversas ajudaram demais na ligação de pontos que estavam descosturados neste livro.

Meu muito obrigado também aos professores Adam Grant, Dan Ariely, Michael Norton, Sonja Lyubomirsky, Lalin Anik, Elizabeth Dunn, Lara Aknin, Marco Iacoboni, Minah Jung, Emily Powell, Francesca Gino, Alan Cowen, Chip Heath, Lamar Pierce, Tim Kasser, Ken Sheldon, Tal Ben-Shahar, Shawn Achor, Bob Sutton, Lisa Feldman Barrett, Dan Gilbert, Eric Barker, Ed Diener, Richard Shell, Sheena Iyengar, Max Bazerman, Jonathan Haidt, Sam Bowles e Paul Green por terem gentilmente — e alguns, frequentemente — retornado aos meus e-mails e me munido de novos artigos, *insights* e dicas que me ajudam nas minhas atividades como professor, autor e empreendedor. O trabalho destes pesquisadores e de muitos outros mudou a minha vida e os meus valores radicalmente. O trabalho de alguns deles, inclusive, salvou a minha vida. Agradeço muito ao escritor Daniel Pink — uma grande inspiração — por sempre responder aos meus e-mails, encorajar o meu trabalho como escritor e tirar todas as minhas dúvidas de forma rápida e simples.

Agradeço também ao meu amigo Raul Candeloro por todo o apoio e todos os conselhos que me deu durante a minha nova carreira. O Raul, além de estar sempre pronto para ajudar as pessoas, faz muito mais do que isso se esforçando ao máximo para que os profissionais de vendas do Brasil possam se manter em contínuo desenvolvimento ao lerem o conteúdo da revista *VendaMais*, a qual lidera há mais de 20 anos.

Sem o trabalho da incrível Maria Thereza Moss, que traduziu este livro para o inglês, eu não teria recebido os belos depoimentos dos cientistas que leram este livro antes de seu lançamento. Cada depoimento que eu recebia me dava ainda mais confiança de que este livro verdadeiramente poderia mudar a vida de muitas pessoas. Além disso, o trabalho da Maria Thereza ainda possibilitou a realização de um grande sonho pessoal – o lançamento de "Happy Choices" para o mercado internacional. *Thanks a ton* Maria Thereza!

A querida Sandra Beraldo, da Associação Comercial do Paraná, é mais uma pessoa que merece um agradecimento especial por estar na missão de proporcionar educação de qualidade aos pequenos e médios empresários do Paraná. Tenho extremo orgulho de estar ao lado dela nesse objetivo.

Felizmente, muitas outras pessoas deveriam receber agradecimentos aqui, mas, como tenho uma quantidade limitada de espaço neste livro, desculpo-me pela falta de agradecimento formal e me ponho à disposição de todos com quem já tive contato na vida para ajudá-los a qualquer momento.

Na esperança de que as pessoas reconhecidas aqui possam iniciar mais um ciclo de gratidão, despeço-me!

REFERÊNCIAS

INTRODUÇÃO

1. Gneezy, U., & Rustichini, A. (2000). Pay enough or don't pay at all. *The Quarterly Journal of Economics, 115*(3), 791-810.
2. Ariely, D., Gneezy, U., Loewenstein, G., & Mazar, N. (2009). Large stakes and big mistakes. *The Review of Economic Studies, 76*(2), 451-469.
3. Global Emotions Report (2018). *Gallup*.
4. Aknin, L. B., Norton, M. I., & Dunn, E. W. (2009). From wealth to well-being? Money matters, but less than people think. *The Journal of Positive Psychology, 4*(6), 523-527.
5. Lepper, M. R., Greene, D., & Nisbett, R. E. (1973). Undermining children's intrinsic interest with extrinsic reward: A test of the "overjustification" hypothesis. *Journal of Personality and social Psychology, 28*(1), 129.
6. Deci, E. L. (1971). Effects of externally mediated rewards on intrinsic motivation. *Journal of Personality and Social Psychology, 18*(1), 105.
7. Theodorakis, Y., Weinberg, R., Natsis, P., Douma, I., & Kazakas, P. (2000). The effects of motivational versus instructional self-talk on improving motor performance. *The Sport Psychologist, 14*(3), 253-271.
8. Senay, I., Albarracín, D., & Noguchi, K. (2010). Motivating goal-directed behavior through introspective self-talk: The role of the interrogative form of simple future tense. *Psychological Science, 21*(4), 499-504.
9. Oettingen, G., & Mayer, D. (2002). The motivating function of thinking about the future: expectations versus fantasies. *Journal of Personality and Social Psychology, 83*(5), 1198.

10. Lyubomirsky, S., Sheldon, K. M., & Schkade, D. (2005). Pursuing happiness: The architecture of sustainable change. *Review of General Psychology, 9*(2), 111.
11. Weiner, B. (1985). An attributional theory of achievement motivation and emotion. *Psychological Review, 92*(4), 548.

CAPÍTULO 1

1. Easterlin, R. A. (2001). Income and happiness: Towards a unified theory. *The Economic Journal, 111*(473), 465-484.
2. Myers, D. G. (2015). *Psychology, 11th Ed*. Worth Publishers, 479-487.
   Diener, E., & Biswas-Diener, R. (2002). Will money increase subjective well-being? *Social Indicators Research, 57*(2), 119-169.
3. Diener, E., & Suh, E. M. (Eds.). (2000). *Culture and Subjective Well-Being*. MIT press, 185-218.
4. Seligman, M. E. (2007). *The Optimistic Child: A Proven Program to Safeguard Children Against Depression and Build Lifelong Resilience*. Houghton Mifflin Harcourt.
   Seligman, M. E., Walker, E. F., & Rosenhan, D. L. (2001). *Abnormal Psychology* (pp. 248-299). New York: Norton.
5. World Health Organization. (2017). Depression and other common mental disorders: global health estimates.
6. Kasser, T., & Ryan, R. M. (1993). A dark side of the American dream: Correlates of financial success as a central life aspiration. *Journal of Personality and Social Psychology, 65*(2), 410.
   Kasser, T., & Ryan, R. M. (1996). Further examining the American dream: Differential correlates of intrinsic and extrinsic goals. *Personality and Social Psychology Bulletin, 22*(3), 280-287.
7. Layard, R. (2011). *Happiness: Lessons from a New Science*. Penguin UK.
   Diener, E., & Seligman, M. E. (2004). Beyond money: Toward an economy of well-being. *Psychological Science in the Public Interest, 5*(1), 1-31.
   Frey, B. S., & Stutzer, A. (2010). *Happiness and Economics: How the Economy and Institutions Affect Human Well-Being*. Princeton University Press.
   Blanchflower, D. G., & Oswald, A. J. (2004). Well-being over time in Britain and the USA. *Journal of Public Economics, 88*(7-8), 1359-1386.
8. Kahneman, D., & Deaton, A. (2010). High income improves evaluation of life but not emotional well-being. *Proceedings of the National Academy of Sciences, 107*(38), 16489-16493.
9. Borger, J., & Campbell, D. (2003). The Governator. *The Guardian, Aug 8*.
10. Deci, E. L. (1971). Effects of externally mediated rewards on intrinsic motivation. *Journal of Personality and Social Psychology, 18*(1), 105.

11. Quoidbach, J., Dunn, E. W., Petrides, K. V., & Mikolajczak, M. (2010). Money giveth, money taketh away: The dual effect of wealth on happiness. *Psychological Science, 21*(6), 759-763.
12. Diener, E., Horwitz, J., & Emmons, R. A. (1985). Happiness of the very wealthy. *Social Indicators Research, 16*(3), 263-274.
13. Catalano, R. (1991). The health effects of economic insecurity. *American Journal of Public Health, 81*(9), 1148-1152.
14. Clingingsmith, D. (2016). Negative emotions, income, and welfare: Causal estimates from the PSID. *Journal of Economic Behavior & Organization, 130,* 1-19.
15. Dew, J., Britt, S., & Huston, S. (2012). Examining the relationship between financial issues and divorce. *Family Relations, 61*(4), 615-628.
    Little, S. (2018). Money worries biggest reason for marriages ending, survey finds. *Independent,* Jan 8.
16. Kushlev, K., Dunn, E. W., & Lucas, R. E. (2015). Higher income is associated with less daily sadness but not more daily happiness. *Social Psychological and Personality Science, 6*(5), 483-489.
17. Sheldon, K. M., Elliot, A. J., Kim, Y., & Kasser, T. (2001). What is satisfying about satisfying events? Testing 10 candidate psychological needs. *Journal of Personality and Social Psychology, 80*(2), 325.
18. Keegan, P. (2015). Here's what really happened at that company that set a $ 70,000 minimum wage, Inc. Slate, October 23.
19. McGraw, K. O., & McCullers, J. C. (1979). Evidence of a detrimental effect of extrinsic incentives on breaking a mental set. *Journal of Experimental Social Psychology, 15*(3), 285-294.
20. Kasser, T., Ryan, R. M., Zax, M., & Sameroff, A. J. (1995). The relations of maternal and social environments to late adolescents' materialistic and prosocial values. *Developmental Psychology,31*(6), 907.
21. Jensen, M. C., & Meckling, W. H. (1976). Theory of the firm: Managerial behavior, agency costs and ownership structure. *Journal of Financial Economics, 3*(4), 305-360.
22. Larkin, I., Pierce, L., & Gino, F. (2012). The psychological costs of pay-for-performance: Implications for the strategic compensation of employees. *Strategic Management Journal, 33*(10), 1194-1214.
23. Deci, E. L., Koestner, R., & Ryan, R. M. (1999). A meta-analytic review of experiments examining the effects of extrinsic rewards on intrinsic motivation. *Psychological Bulletin, 125*(6), 627.
24. Heath, C. (1999). On the social psychology of agency relationships: Lay theories of motivation overemphasize extrinsic incentives. *Organizational Behavior and Human Decision Processes, 78*(1), 25-62.
25. Goethals, G. R., Messick, D. M., & Allison, S. T. (1991). The uniqueness bias: Studies of constructive social comparison.
26. Gallup (2017). State of the Global Workplace. *Gallup.*
27. Yerkes, R. M., & Dodson, J. D. (1908). The relation of strength of stimulus to rapidity of habit-formation. *Journal of Comparative Neurology, 18*(5), 459-482.

28. Gneezy, U., & Rustichini, A. (2000). A fine is a price. *The Journal of Legal Studies, 29*(1), 1-17.
29. Baumeister, R. F. (1984). Choking under pressure: self-consciousness and paradoxical effects of incentives on skillful performance. *Journal of Personality and Social Psychology, 46*(3), 610.
30. Baumeister, R. F., & Showers, C. J. (1986). A review of paradoxical performance effects: Choking under pressure in sports and mental tests. *European Journal of Social Psychology, 16*(4), 361-383.
31. Bengtsson, S. L., Lau, H. C., & Passingham, R. E. (2008). Motivation to do well enhances responses to errors and self-monitoring. *Cerebral Cortex, 19*(4), 797-804.
32. Dandy, J., Brewer, N., & Tottman, R. (2001). Self-consciousness and performance decrements within a sporting context. *The Journal of Social Psychology, 141*(1), 150-152.
33. McGraw, K. O., & McCullers, J. C. (1979). Evidence of a detrimental effect of extrinsic incentives on breaking a mental set. *Journal of Experimental Social Psychology, 15*(3), 285-294.
34. Kasser, T., Ryan, R. M., Couchman, C. E., & Sheldon, K. M. (2004). Materialistic values: Their causes and consequences. *Psychology and Consumer Culture: The Struggle for a Good Life in a Materialistic World, 1*(2), 11-28.
    Belk, R. W. (1985). Materialism: Trait aspects of living in the material world. *Journal of Consumer Research, 12*(3), 265-280.
    Kasser, T., & Ahuvia, A. (2002). Materialistic values and well-being in business students. *European Journal of Social Psychology, 32*(1), 137-146.
35. Fromm, E. (1976). To Have or to Be. London. *Abacus*.
    Rogers, C. R. (1964). Toward a modern approach to values: The valuing process in the mature person. *The Journal of Abnormal and Social Psychology, 68*(2), 160.
36. Kasser, T., & Ryan, R. M. (2001). Be careful what you wish for: Optimal functioning and the relative attainment of intrinsic and extrinsic goals. *Life Goals and Well-Being: Towards a Positive Psychology of Human Striving, 1*, 116-131.
    Kasser T., & Kasser V. G. The dreams of people high and low in materialism. *Journal of Economic Psychology*. 2001 Dec 1;22(6):693-719.
    Cohen P., Cohen J. 1996. Life values and adolescent mental health. Erlbaum: Mahwah, NJ.
37. Donnelly, G. E., Zheng, T., Haisley, E., & Norton, M. I. (2018). The amount and source of millionaires' wealth (moderately) predict their happiness. *Personality and Social Psychology Bulletin*, 0146167217744766.
38. Festinger, L. (1954). A theory of social comparison processes. *Human relations, 7*(2), 117-140.
39. Boyce, C. J., Brown, G. D., & Moore, S. C. (2010). Money and happiness: Rank of income, not income, affects life satisfaction. *Psychological Science, 21*(4), 471-475.
40. Rahtz, D. R., Sirgy, M. J., & Meadow, H. L. (1988). Elderly life satisfaction and television viewership: An exploratory study. *ACR North American Advances*.
41. Braun, O. L., & Wicklund, R. A. (1989). Psychological antecedents of conspicuous consumption. *Journal of Economic Psychology, 10*(2), 161-187.

42. Bodner, R., & Prelec, D. (2003). Self-signaling and diagnostic utility in everyday decision making. *The Psychology of Economic Decisions, 1*, 105-26.
43. Gino, F., Norton, M. I., & Ariely, D. (2010). The counterfeit self: The deceptive costs of faking it. *Psychological Science, 21*(5), 712-720.
44. Vohs, K. D., Mead, N. L., & Goode, M. R. (2006). The psychological consequences of money. *Science, 314*(5802), 1154-1156.
45. Gino, F., & Pierce, L. (2009). The abundance effect: Unethical behavior in the presence of wealth. *Organizational Behavior and Human Decision Processes, 109*(2), 142-155.
46. Piff, P. K., Kraus, M. W., & Martinez, A. (2017). The social consequences of a rigged game. *Unpublished Results*.
47. Piff, P. K., Stancato, D. M., Côté, S., Mendoza-Denton, R., & Keltner, D. (2012). Higher social class predicts increased unethical behavior. *Proceedings of the National Academy of Sciences, 109*(11), 4086-4091.
48. Kraus, M. W., Côté, S., & Keltner, D. (2010). Social class, contextualism, and empathic accuracy. *Psychological Science, 21*(11), 1716-1723.
49. Szalavitz, M. (2010). The rich are different: more money, less empathy. *Time*, Nov 24.
50. Keltner, D., Gruenfeld, D. H., & Anderson, C. (2003). Power, approach, and inhibition. *Psychological Review, 110*(2), 265.
51. Frederick, S., & Loewenstein, G. (1999). 16 hedonic adaptation. *Well-Being. The Foundations of Hedonic Psychology/Eds. D. Kahneman, E. Diener, N. Schwarz. NY: Russell Sage*, 302-329.
52. Brickman, P., Coates, D., & Janoff-Bulman, R. (1978). Lottery winners and accident victims: Is happiness relative? *Journal of Personality and Social Psychology, 36*(8), 917.
53. Diener, E., Suh, E. M., Lucas, R. E., & Smith, H. L. (1999). Subjective well-being: Three decades of progress. *Psychological Bulletin, 125*(2), 276.
   Lucas, R. E., Clark, A. E., Georgellis, Y., & Diener, E. (2003). Reexamining adaptation and the set point model of happiness: reactions to changes in marital status. *Journal of Personality and Social Psychology, 84*(3), 527.
54. Wengle, H. P. (1986). The psychology of cosmetic surgery: a critical overview of the literature 1960-1982 — Part I. *Annals of Plastic Surgery, 16*(5), 435-443.
55. Schkade, D. A., & Kahneman, D. (1998). Does living in California make people happy? A focusing illusion in judgments of life satisfaction. *Psychological Science, 9*(5), 340-346.
56. Calhoun, L. G., & Tedeschi, R. G. (Eds.). (2014). *Handbook of Posttraumatic Growth: Research and Practice*. Routledge.
   Peterson, C., Park, N., Pole, N., D'Andrea, W., & Seligman, M. E. (2008). Strengths of character and posttraumatic growth. *Journal of Traumatic Stress, 21*(2), 214-217.
57. Kasser, T. (2003). *The High Price of Materialism*. MIT press.
58. Brickman, P. (1971). Hedonic relativism and planning the good society. *Adaptation-Level Theory*.
59. Peterson, C., Ruch, W., Beermann, U., Park, N., & Seligman, M. E. (2007). Strengths of character, orientations to happiness, and life satisfaction. *The Journal of Positive Psychology, 2*(3), 149-156.

60. Lyubomirsky, S., King, L., & Diener, E. (2005). The benefits of frequent positive affect: Does happiness lead to success? *Psychological Bulletin, 131*(6), 803.
61. Diener, E., Nickerson, C., Lucas, R. E., & Sandvik, E. (2002). Dispositional affect and job outcomes. *Social Indicators Research, 59*(3), 229-259.
62. Smith, S. M., Nichols, T. E., Vidaurre, D., Winkler, A. M., Behrens, T. E., Glasser, M. F., ... & Miller, K. L. (2015). A positive-negative mode of population covariation links brain connectivity, demographics and behavior. *Nature Neuroscience, 18*(11), 1565.
63. Ben-Shahar, T. (2007). *Happier: Learn the Secrets to Daily Joy and Lasting Fulfillment*. McGraw-Hill Companies.
64. Goldberg, C. (2006). Harvard's crowded course to happiness: 'Positive psychology' draws students in droves, The Boston Globe. Retrieved March 21, 2006.
65. Shimer, D. (2018). Yale's most popular class ever: happiness. *The New York Times*. Retrieved January 26, 2018.
66. Kahneman, D., & Deaton, A. (2010). High income improves evaluation of life but not emotional well-being. *Proceedings of the National Academy of Sciences, 107*(38), 16489-16493.
67. Wilson, T. D., Wheatley, T., Meyers, J. M., Gilbert, D. T., & Axsom, D. (2000). Focalism: A source of durability bias in affective forecasting. *Journal of Personality and Social Psychology, 78*(5), 821.

CAPÍTULO 2

1. Carrig, D. (2017). Warren Buffett gave away this much of his wealth in the past 10 years. CNBC, Jul 13.
2. Clifford, C. (2017). Billionaire Warren Buffet says the 'real problem' with the US economy is people like him. CNBC, Jun 27.
3. Woodruff, J. (2017). America shoud stand for more than just wealth, says Warren Buffett. PBS, Jun 26.
4. Aknin, L. B., Barrington-Leigh, C. P., Dunn, E. W., Helliwell, J. F., Burns, J., Biswas-Diener, R., ... & Norton, M. I. (2013). Prosocial spending and well-being: Cross-cultural evidence for a psychological universal. *Journal of Personality and Social Psychology, 104*(4), 635.
5. Piper, W. T., Saslow, L. R., & Saturn, S. R. (2015). Autonomic and prefrontal events during moral elevation. *Biological Psychology, 108*, 51-55.
6. Oveis, C., Horberg, E. J., & Keltner, D. (2010). Compassion, pride, and social intuitions of self-other similarity. *Journal of Personality and Social Psychology, 98*(4), 618.
7. Oveis, C., Cohen, A. B., Gruber, J., Shiota, M. N., Haidt, J., & Keltner, D. (2009). Resting respiratory sinus arrhythmia is associated with tonic positive emotionality. *Emotion, 9*(2), 265.
8. Brooks, A. C. (2007). Does giving make us prosperous? *Journal of Economics and Finance, 31*(3), 403-411.

9. Dunn, E. W., Aknin, L. B., & Norton, M. I. (2008). Spending money on others promotes happiness. *Science, 319*(5870), 1687-1688.
10. Anik, L., Aknin, L. B., Norton, M. I., Dunn, E. W., & Quoidbach, J. (2013). Prosocial bonuses increase employee satisfaction and team performance. *PloS one, 8*(9), e75509.
11. Dunn, E. W., Ashton-James, C. E., Hanson, M. D., & Aknin, L. B. (2010). On the costs of self-interested economic behavior: How does stinginess get under the skin? *Journal of Health Psychology, 15*(4), 627-633.
12. Mogilner, C., Chance, Z., & Norton, M. I. (2012). Giving time gives you time. *Psychological Science, 23*(10), 1233-1238.
13. Pchelin, P., & Howell, R. T. (2014). The hidden cost of value-seeking: People do not accurately forecast the economic benefits of experiential purchases. *The Journal of Positive Psychology, 9*(4), 322-334.
14. Lyubomirsky, S. (2010). 11 Hedonic adaptation to positive and negative experiences. *The Oxford Handbook of Stress, Health, and Coping*, 200.
15. Van Boven, L. (2005). Experientialism, materialism, and the pursuit of happiness. *Review of General Psychology, 9*(2), 132.
16. Matz, S. C., Gladstone, J. J., & Stillwell, D. (2016). Money buys happiness when spending fits our personality. *Psychological science, 27*(5), 715-725.
17. Whillans, A. V., Weidman, A. C., & Dunn, E. W. (2016). Valuing time over money is associated with greater happiness. *Social Psychological and Personality Science, 7*(3), 213-222.
18. Mitchell, T. R., Thompson, L., Peterson, E., & Cronk, R. (1997). Temporal adjustments in the evaluation of events: The "rosy view". *Journal of Experimental Social Psychology, 33*(4), 421-448.
19. Emmons, R. A., & McCullough, M. E. (2003). Counting blessings versus burdens: an experimental investigation of gratitude and subjective well-being in daily life. *Journal of Personality and Social Psychology, 84*(2), 377.
20. Krause, N., Emmons, R. A., Ironson, G., & Hill, P. C. (2017). General feelings of gratitude, gratitude to god, and hemoglobin A1c: Exploring variations by gender. *The Journal of Positive Psychology, 12*(6), 639-650.
21. Pennebaker, J. W., & Susman, J. R. (1988). Disclosure of traumas and psychosomatic processes. *Social Science & Medicine, 26*(3), 327-332.
22. Demerouti, E., & Cropanzano, R. (2017). The buffering role of sportsmanship on the effects of daily negative events. *European Journal of Work and Organizational Psychology, 26*(2), 263-274.
23. Mischel, W., Ebbesen, E. B., & Raskoff Zeiss, A. (1972). Cognitive and attentional mechanisms in delay of gratification. *Journal of Personality and Social Psychology, 21*(2), 204.
24. Hyman, M. (2018). *Food: What the Heck Should I Eat?* Hachette UK.
25. Woolley, K., & Fishbach, A. (2017). Immediate rewards predict adherence to long-term goals. *Personality and Social Psychology Bulletin, 43*(2), 151-162.
26. Godwin, M. (2016). Humans are great at arguing but bad at reasoning. Julia Galef Explains Why. *Heleo, Oct 10*.

27. Gilead, M., Sela, M., & Maril, A. (2018). That's my truth: evidence for involuntary opinion confirmation. *Social Psychological and Personality Science*, 1948550618762300.
28. Nickerson, R. S. (1998). Confirmation bias: A ubiquitous phenomenon in many guises. *Review of General Psychology*, *2*(2), 175.
29. Craig, A. D. (2002). How do you feel? Interoception: the sense of the physiological condition of the body. *Nature Reviews Neuroscience*, *3*(8), 655.
30. Loewenstein, G. (1999). Experimental economics from the vantage-point of behavioural economics. *The Economic Journal*, *109*(453), 25-34.
31. Partington, R. (2017). Nobel prize in economics awarded to Richard Thaler. *The Guardian*.
32. Pfeffer, J. (2016). Why the assholes are winning: Money trumps all. *Journal of Management Studies*, *53*(4), 663-669.

CAPÍTULO 3

1. Wrzesniewski, A., & Dutton, J. E. (2001). Crafting a job: Revisioning employees as active crafters of their work. *Academy of Management Review*, *26*(2), 179-201.
2. Bellah, R. N., Madsen, R., Sullivan, W. M., & Swidler, A. (6). A., & Tipton, SM (1985). *Habits of the Heart: Individualism and Commitment in American Life*.
    Wrzesniewski, A., McCauley, C., Rozin, P., & Schwartz, B. (1997). Jobs, careers, and callings: People's relations to their work. *Journal of Research in Personality*, *31*(1), 21-33.
3. Rath, T., & Harter, J. (2010). The economics of wellbeing. *Omaha, NE: Gallup Press*.
4. Gallup (2017). State of the global workplace. *Gallup Press*.
5. Grant, A. M., Campbell, E. M., Chen, G., Cottone, K., Lapedis, D., & Lee, K. (2007). Impact and the art of motivation maintenance: The effects of contact with beneficiaries on persistence behavior. *Organizational Behavior and Human Decision Processes*, *103*(1), 53-67.
6. Buell, R. W., Kim, T., & Tsay, C. J. (2016). Creating reciprocal value through operational transparency. *Management Science*, *63*(6), 1673-1695.
7. Gneezy, U., & Rustichini, A. (2000). Pay enough or don't pay at all. *The Quarterly Journal of Economics*, *115*(3), 791-810.
8. Drevitch, G. (2017). The mystery of motivation. *Psychology Today, Jan 3*.
9. Lepper, M. R., Greene, D., & Nisbett, R. E. (1973). Undermining children's intrinsic interest with extrinsic reward: A test of the "overjustification" hypothesis. *Journal of Personality and social Psychology*, *28*(1), 129.
10. Vansteenkiste, M., Lens, W., & Deci, E. L. (2006). Intrinsic versus extrinsic goal contents in self-determination theory: Another look at the quality of academic motivation. *Educational Psychologist*, *41*(1), 19-31.
    Vansteenkiste, M., Simons, J., Lens, W., Sheldon, K. M., & Deci, E. L. (2004). Motivating learning, performance, and persistence: The synergistic effects of intrinsic

  goal contents and autonomy-supportive contexts. *Journal of Personality and Social Psychology, 87*(2), 246.

  Vansteenkiste, M., Simons, J., Lens, W., Soenens, B., & Matos, L. (2005). Examining the impact of extrinsic versus intrinsic goal framing and internally controlling versus autonomy-supportive communication style upon early adolescents' academic achievement. *Child Development, 76*(2), 483-501.

  Vansteenkiste, M., Simons, J., Soenens, B., & Lens, W. (2004). How to become a persevering exerciser? Providing a clear, future intrinsic goal in an autonomy-supportive way. *Journal of Sport and Exercise Psychology, 26*(2), 232-249.

  Vansteenkiste, M., Simons, J., Lens, W., Soenens, B., Matos, L., & Lacante, M. (2004). Less is sometimes more: Goal content matters. *Journal of Educational Psychology, 96*(4), 755.

11. Boyle, P. A., Buchman, A. S., Wilson, R. S., Yu, L., Schneider, J. A., & Bennett, D. A. (2012). Effect of purpose in life on the relation between Alzheimer disease pathologic changes on cognitive function in advanced age. *Archives of General Psychiatry, 69*(5), 499-504.

12. Hill, P. L., & Turiano, N. A. (2014). Purpose in life as a predictor of mortality across adulthood. *Psychological Science, 25*(7), 1482-1486.

13. Fredrickson, B. L., Grewen, K. M., Coffey, K. A., Algoe, S. B., Firestine, A. M., Arevalo, J. M., ... & Cole, S. W. (2013). A functional genomic perspective on human well-being. *Proceedings of the National Academy of Sciences, 110*(33), 13684-13689.

14. Wheeler, M. (2013). Be happy: your genes might thank you for it. *UCLA Newsroom, Jul 29.*

15. Tonin, M., & Vlassopoulos, M. (2014). Corporate philanthropy and productivity: Evidence from an online real effort experiment. *Management Science, 61*(8), 1795-1811.

16. Langer, E. J., & Rodin, J. (1976). The effects of choice and enhanced personal responsibility for the aged: A field experiment in an institutional setting. *Journal of Personality and Social Psychology, 34*(2), 191.

  Rodin, J., & Langer, E. J. (1977). Long-term effects of a control-relevant intervention with the institutionalized aged. *Journal of Personality and Social Psychology, 35*(12), 897.

17. Glass, D. C., Reim, B., & Singer, J. E. (1971). Behavioral consequences of adaptation to controllable and uncontrollable noise. *Journal of Experimental Social Psychology, 7*(2), 244-257.

  Glass, D. C., & Singer, J. E. (1973). Experimental studies of uncontrollable and unpredictable noise. *Representative Research in Social Psychology.*

18. Seligman, M. E., & Maier, S. F. (1967). Failure to escape traumatic shock. *Journal of Experimental Psychology, 74*(1), 1.

19. Maier, S. F., & Seligman, M. E. (2016). Learned helplessness at fifty: Insights from neuroscience. *Psychological Review, 123*(4), 349.

20. Trougakos, J. P., Hideg, I., Cheng, B. H., & Beal, D. J. (2014). Lunch breaks unpacked: The role of autonomy as a moderator of recovery during lunch. *Academy of Management Journal, 57*(2), 405-421.

21. Wheatley, D. (2017). Autonomy in paid work and employee subjective well-being. *Work and Occupations, 44*(3), 296-328.

22. Warr, P. (2003). 20 Well-being and the workplace. *Well-Being: Foundations of Hedonic Psychology*, 392.
23. Collins, C. J., Allen, M. R. (2006). Research report on phase 4 of Cornell University/Gevity Institute study Human resource management practices and firm performance in small businesses: A look at the effects of HR practices on financial performance and turnover (CAHRS Working Paper #06-10). Ithaca, NY: Cornell University, School of Industrial and Labor Relations, Center for Advanced Human Resource Studies.
24. Maslow, A. H. (1943). A theory of human motivation. *Psychological Review*, 50(4), 370.
    Maslow, A. M. (1962). Toward a psychology of being. Princeton, NJ: D. Nostrand Co.
    Maslow, A. H. (1971). *The Farther Reaches of Human Nature*. Arkana/Penguin Books.
25. Wahba, M. A., & Bridwell, L. G. (1976). Maslow reconsidered: A review of research on the need hierarchy theory. *Organizational Behavior and Human Performance*, 15(2), 212-240.
26. Clark, J. V. (1960). Motivation in work groups: A tentative view. *Human Organization*, 19(4), 199-208.
    Cofer, C. N., & Appley, M. H. (1964). Motivation: Theory and research.
    Berkowitz, L. (1969). Social motivation. *The Handbook of Social Psychology*, 3, 50-135.
    Hall, D. T., & Nougaim, K. E. (1968). An examination of Maslow's need hierarchy in an organizational setting. *Organizational Behavior and Human Performance*, 3(1), 12-35.
    Vroom, V. H. (1964). Work and motivation.
    Salancik, G. R., & Pfeffer, J. (1977). An examination of need-satisfaction models of job attitudes. *Administrative Science Quarterly*, 427-456.
27. Rasskazova, E., Ivanova, T., & Sheldon, K. (2016). Comparing the effects of low-level and high-level worker need-satisfaction: A synthesis of the self-determination and Maslow need theories. *Motivation and Emotion*, 40(4), 541-555.
28. Deci, E. L., & Ryan, R. M. (2011). Self-determination theory. *Handbook of Theories of Social Psychology*, 1(2011), 416-433.
29. Deci, E. L. (1971). Effects of externally mediated rewards on intrinsic motivation. *Journal of Personality and Social Psychology*, 18(1), 105.
30. Deci, E., & Ryan, R. M. (1985). *Intrinsic Motivation and Self-Determination in Human Behavior*. Springer Science & Business Media.
31. Deci, E. L., & Ryan, R. M. (1985). The general causality orientations scale: Self-determination in personality. *Journal of Research in Personality*, 19(2), 109-134.
32. Deci, E. L., & Ryan, R. M. (2011). Self-determination theory. *Handbook of Theories of Social Psychology*, 1(2011), 416-433.
33. Peterson, C., & Seligman, M. E. (1984). Causal explanations as a risk factor for depression: Theory and evidence. *Psychological Review*, 91(3), 347.
34. Iyengar, S. S., & Lepper, M. R. (2000). When choice is demotivating: Can one desire too much of a good thing? *Journal of Personality and Social Psychology*, 79(6), 995.
    Schwartz, B. (2004). *The Paradox of Choice: Why More is Less*(Vol. 6). New York: HarperCollins.

CAPÍTULO 4

1. Cannon, W. B. (1929). Bodily changes in pain hunger, fear and rage. New York: Appeleton; cited from O'Brien JD et al., 1987. *Gut, 28*, 960-969.
2. Gabrielsen, G. W., & Smith, E. N. (1995). Physiological responses of. *Wildlife and Recreationists: Coexistence through Management and Research*, 95.
3. Levenson, R. W. (1994). Human emotion: A functional view. *The Nature of Emotion: Fundamental Questions, 1*, 123-126.
4. Ekman, P. E., & Davidson, R. J. (1994). *The Nature of Emotion: Fundamental Questions*. Oxford University Press.
5. Baker, S. M., Bennett, P., Bland, J. S., Galland, L., Hedaya, R. J., Houston, M., ... & Vasquez, A. (2010). Textbook of functional medicine. *Gig Harbor, WA: The Institute for Functional Medicine*.
6. Arnsten, A. F. (2009). Stress signalling pathways that impair prefrontal cortex structure and function. *Nature Reviews Neuroscience, 10*(6), 410.
7. Davis, M. (1992). The role of the amygdala in fear and anxiety. *Annual Review of Neuroscience, 15*(1), 353-375.

    Ressler, K. J. (2010). Amygdala activity, fear, and anxiety: modulation by stress. *Biological Psychiatry, 67*(12), 1117-1119.
8. Rozin, P., & Royzman, E. B. (2001). Negativity bias, negativity dominance, and contagion. *Personality and Social Psychology Review, 5*(4), 296-320.
9. Ellsworth, P. C., & Smith, C. A. (1988). Shades of joy: Patterns of appraisal differentiating pleasant emotions. *Cognition & Emotion, 2*(4), 301-331.
10. Nicolson, N. A. (2008). Measurement of cortisol. *Handbook of Physiological Research Methods in Health Psychology, 1*, 37-74.
11. Ludwig, M., & Leng, G. (2006). Dendritic peptide release and peptide-dependent behaviours. *Nature Reviews Neuroscience, 7*(2), 126.

    Schneiderman, N., Ironson, G., & Siegel, S. D. (2005). Stress and health: psychological, behavioral, and biological determinants. *Annu. Rev. Clin. Psychol., 1*, 607-628.

    American Psychological Association. (2012). Stress in America: Our health at risk. *Washington DC, American Psychological Association*.

    Schoorlemmer, R. M. M., Peeters, G. M. E. E., Van Schoor, N. M., & Lips, P. T. A. M. (2009). Relationships between cortisol level, mortality and chronic diseases in older persons. *Clinical Endocrinology, 71*(6), 779-786.

    Walker, B. R. (2007). Glucocorticoids and cardiovascular disease. *European Journal of Endocrinology, 157*(5), 545-559.

    Thaker, P. H., Lutgendorf, S. K., & Sood, A. K. (2007). The neuroendocrine impact of chronic stress on cancer. *Cell Cycle, 6*(4), 430-433.

    Marcovecchio, M. L., & Chiarelli, F. (2012). The effects of acute and chronic stress on diabetes control. *Sci. Signal., 5*(247), 10-10.

12. Epel, E. S., Blackburn, E. H., Lin, J., Dhabhar, F. S., Adler, N. E., Morrow, J. D., & Cawthon, R. M. (2004). Accelerated telomere shortening in response to life stress. *Proceedings of the National Academy of Sciences of the United States of America, 101*(49), 17312-17315.
13. Cherkas, L. F., Aviv, A., Valdes, A. M., Hunkin, J. L., Gardner, J. P., Surdulescu, G. L., ... & Spector, T. D. (2006). The effects of social status on biological aging as measured by white-blood-cell telomere length. *Aging Cell, 5*(5), 361-365.
14. Arana, G. (2015). The benefits of positive news ripple far beyond the first smile. Huffington Post, Aug 19.
15. Berger, J., & Milkman, K. (2010). Social transmission, emotion, and the virality of online content. *Wharton Research Paper,106*.
16. Yi, Y. (1990). Cognitive and affective priming effects of the context for print advertisements. *Journal of Advertising, 19*(2), 40-48.
17. Przybylski, A. K., Murayama, K., DeHaan, C. R., & Gladwell, V. (2013). Motivational, emotional, and behavioral correlates of fear of missing out. *Computers in Human Behavior, 29*(4), 1841-1848.

CAPÍTULO 5

1. Barraza, J. A., & Zak, P. J. (2009). Empathy toward strangers triggers oxytocin release and subsequent generosity. *Annals of the New York Academy of Sciences, 1167*(1), 182-189.
2. Psychology Today. (2018). What is oxytocin?
3. Glaser, J. E., & Glaser, R. D. (2014). The neurochemistry of positive conversations. *Harvard Business Review.* http://blogs.hbr.org/2014/06/the-neurochemistry-of-positive-conversations.
4. Fredrickson, B. L., & Branigan, C. (2005). Positive emotions broaden the scope of attention and thought-action repertoires. *Cognition & emotion, 19*(3), 313-332.
5. Johnson, K. J., Waugh, C. E., & Fredrickson, B. L. (2010). Smile to see the forest: Facially expressed positive emotions broaden cognition. *Cognition and Emotion, 24*(2), 299-321.
6. Wadlinger, H. A., & Isaacowitz, D. M. (2006). Positive mood broadens visual attention to positive stimuli. *Motivation and Emotion, 30*(1), 87-99.
7. Rowe, G., Hirsh, J. B., & Anderson, A. K. (2007). Positive affect increases the breadth of attentional selection. *Proceedings of the National Academy of Sciences, 104*(1), 383-388.
8. Isen, A. M., Rosenzweig, A. S., & Young, M. J. (1991). The influence of positive affect on clinical problem solving. *Medical Decision Making, 11*(3), 221-227.
9. Staw, B. M., & Barsade, S. G. (1993). Affect and managerial performance: A test of the sadder-but-wiser vs. happier-and-smarter hypotheses. *Administrative Science Quarterly*, 304-331.
10. Sy, T., Côté, S., & Saavedra, R. (2005). The contagious leader: impact of the leader's mood on the mood of group members, group affective tone, and group processes. *Journal of Applied Psychology, 90*(2), 295.

11. Fredrickson, B. L., & Joiner, T. (2002). Positive emotions trigger upward spirals toward emotional well-being. *Psychological Science, 13*(2), 172-175.
12. Fredrickson, B. L., Tugade, M. M., Waugh, C. E., & Larkin, G. R. (2003). What good are positive emotions in crisis? A prospective study of resilience and emotions following the terrorist attacks on the United States on September 11th, 2001. *Journal of Personality and Social Psychology, 84*(2), 365.
13. Peterson, C., & Seligman, M. E. (1984). Causal explanations as a risk factor for depression: Theory and evidence. *Psychological Review, 91*(3), 347.
14. Cohn, M. A., Fredrickson, B. L., Brown, S. L., Mikels, J. A., & Conway, A. M. (2009). Happiness unpacked: positive emotions increase life satisfaction by building resilience. *Emotion, 9*(3), 361.

    Fredrickson, B. L., Cohn, M. A., Coffey, K. A., Pek, J., & Finkel, S. M. (2008). Open hearts build lives: positive emotions, induced through loving-kindness meditation, build consequential personal resources. *Journal of Personality and Social Psychology, 95*(5), 1045.
15. Hejmadi, A., Waugh, C. E., Otake, K., & Fredrickson, B. L. (2008). Cross-cultural evidence that positive emotions broaden views of self to include close others. *Manuscript in Preparation.*

    Aron, A., Aron, E. N., & Smollan, D. (1992). Inclusion of other in the self scale and the structure of interpersonal closeness. *Journal of Personality and Social Psychology, 63*(4), 596.
16. Csikszentmihalyi, M., Rathunde, K., & Whalen, S. (1997). *Talented Teenagers: The Roots of Success and Failure.* Cambridge University Press.
17. Lyubomirsky, S., & Ross, L. (1997). Hedonic consequences of social comparison: a contrast of happy and unhappy people. *Journal of Personality and Social Psychology, 73*(6), 1141.
18. Fredrickson, B. L., Cohn, M. A., Coffey, K. A., Pek, J., & Finkel, S. M. (2008). Open hearts build lives: positive emotions, induced through loving-kindness meditation, build consequential personal resources. *Journal of Personality and Social Psychology, 95*(5), 1045.
19. Fredrickson, B. L., Tugade, M. M., Waugh, C. E., & Larkin, G. R. (2003). What good are positive emotions in crisis? A prospective study of resilience and emotions following the terrorist attacks on the United States on September 11th, 2001. *Journal of Personality and Social Psychology, 84*(2), 365.
20. Steptoe, A., Wardle, J., & Marmot, M. (2005). Positive affect and health-related neuroendocrine, cardiovascular, and inflammatory processes. *Proceedings of the National academy of Sciences of the United States of America, 102*(18), 6508-6512.
21. Davidson, R. J., Kabat-Zinn, J., Schumacher, J., Rosenkranz, M., Muller, D., Santorelli, S. F., ... & Sheridan, J. F. (2003). Alterations in brain and immune function produced by mindfulness meditation. *Psychosomatic Medicine, 65*(4), 564-570.
22. Fredrickson, B. L., Mancuso, R. A., Branigan, C., & Tugade, M. M. (2000). The undoing effect of positive emotions. *Motivation and Emotion, 24*(4), 237-258.

23. Gil, K. M., Carson, J. W., Porter, L. S., Scipio, C., Bediako, S. M., & Orringer, E. (2004). Daily mood and stress predict pain, health care use, and work activity in African American adults with sickle-cell disease. *Health Psychology, 23*(3), 267.
24. Cohen, S., Doyle, W. J., Turner, R. B., Alper, C. M., & Skoner, D. P. (2003). Emotional style and susceptibility to the common cold. *Psychosomatic Medicine, 65*(4), 652-657.
25. Bardwell, W. A., Berry, C. C., Ancoli-Israel, S., & Dimsdale, J. E. (1999). Psychological correlates of sleep apnea. *Journal of Psychosomatic Research, 47*(6), 583-596.
26. Richman, L. S., Kubzansky, L., Maselko, J., Kawachi, I., Choo, P., & Bauer, M. (2005). Positive emotion and health: going beyond the negative. *Health Psychology, 24*(4), 422.
27. Ostir, G. V., Markides, K. S., Peek, M. K., & Goodwin, J. S. (2001). The association between emotional well-being and the incidence of stroke in older adults. *Psychosomatic Medicine, 63*(2), 210-215.
28. Danner, D. D., Snowdon, D. A., & Friesen, W. V. (2001). Positive emotions in early life and longevity: findings from the nun study. *Journal of Personality and Social Psychology, 80*(5), 804.
29. Fredrickson, B. L. (2001). The role of positive emotions in positive psychology: The broaden-and-build theory of positive emotions. *American Psychologist, 56*(3), 218.
30. Wrzesniewski, A., & Dutton, J. E. (2001). Crafting a job: Revisioning employees as active crafters of their work. *Academy of Management Review, 26*(2), 179-201.
31. Losada, M. (1999). The complex dynamics of high performance teams. *Mathematical and Computer Modelling, 30*(9-10), 179-192.
32. Achor, S. (2011). *The Happiness Advantage: The Seven Principles of Positive Psychology that Fuel Success and Performance at Work*. Random House.
33. Lorenz, E. (1972). *Predictability: Does the Flap of a Butterfly's Wing in Brazil Set off a Tornado in Texas?* na.
34. Fredrickson, B. L., & Losada, M. F. (2005). Positive affect and the complex dynamics of human flourishing. *American Psychologist, 60*(7), 678.
35. Keyes, C. L. (2002). The mental health continuum: From languishing to flourishing in life. *Journal of Health and Social Behavior*, 207-222.
36. Baumeister, R. F., Bratslavsky, E., Finkenauer, C., & Vohs, K. D. (2001). Bad is stronger than good. *Review of General Psychology, 5*(4), 323.
37. Diener, E., & Diener, C. (1996). Most people are happy. *Psychological Science, 7*(3), 181-185.
38. Fredrickson, B. L., & Losada, M. F. (2005). Positive affect and the complex dynamics of human flourishing. *American Psychologist, 60*(7), 678.
39. Gottman, J. M. (2014). *What Predicts Divorce?: The Relationship Between Marital Processes and Marital Outcomes*. Psychology Press.
40. Schwartz, R. M., Reynolds III, C. F., Thase, M. E., Frank, E., Fasiczka, A. L., & Haaga, D. A. (2002). Optimal and normal affect balance in psychotherapy of major depression: Evaluation of the balanced states of mind model. *Behavioural and Cognitive Psychotherapy, 30*(4), 439-450.
41. Elwert, F., & Christakis, N. A. (2008). The effect of widowhood on mortality by the causes of death of both spouses. *American Journal of Public Health, 98*(11), 2092-2098.

42. Christakis, N. A., & Fowler, J. H. (2013). Social contagion theory: examining dynamic social networks and human behavior. *Statistics in Medicine, 32*(4), 556-577.
43. Woolley, A. W., Chabris, C. F., Pentland, A., Hashmi, N., & Malone, T. W. (2010). Evidence for a collective intelligence factor in the performance of human groups. *Science, 330*(6004), 686-688.
44. Christakis, N. A., & Fowler, J. H. (2008). The collective dynamics of smoking in a large social network. *New England Journal of Medicine, 358*(21), 2249-2258.
45. Fowler, J. H., & Christakis, N. A. (2008). Dynamic spread of happiness in a large social network: longitudinal analysis over 20 years in the Framingham Heart Study. *Bmj, 337*, a2338.
46. Powdthavee, N. (2008). Putting a price tag on friends, relatives, and neighbours: Using surveys of life satisfaction to value social relationships. *The Journal of Socio-Economics, 37*(4), 1459-1480.
47. Diener, E., & Sandvik, E. (86). Pavot, W.(1991). Happiness is the frequency, not the intensity, of positive versus negative affect. *Subjective Well-Being: An Interdisciplinary Perspective*, 119-139.
48. Wrzesniewski, A., & Dutton, J. E. (2001). Crafting a job: Revisioning employees as active crafters of their work. *Academy of Management Review, 26*(2), 179-201.
49. Trougakos, J. P., Hideg, I., Cheng, B. H., & Beal, D. J. (2014). Lunch breaks unpacked: The role of autonomy as a moderator of recovery during lunch. *Academy of Management Journal, 57*(2), 405-421.
50. Misra, S., Cheng, L., Genevie, J., & Yuan, M. (2016). The iPhone effect: the quality of in-person social interactions in the presence of mobile devices. *Environment and Behavior, 48*(2), 275-298.
51. Nadler, R. T., Rabi, R., & Minda, J. P. (2010). Better mood and better performance: Learning rule-described categories is enhanced by positive mood. *Psychological Science, 21*(12), 1770-1776.
52. Rath, T., & Harter, J. (2010). Your friends and your social wellbeing. *The Gallup Management Journal*.
53. Gonzales, A. L., Hancock, J. T., & Pennebaker, J. W. (2010). Language style matching as a predictor of social dynamics in small groups. *Communication Research, 37*(1), 3-19.
54. Parkinson, C., Kleinbaum, A. M., & Wheatley, T. (2018). Similar neural responses predict friendship. *Nature Communications, 9*(1), 332.
55. McPherson, M., Smith-Lovin, L., & Cook, J. M. (2001). Birds of a feather: Homophily in social networks. *Annual Review of Sociology, 27*(1), 415-444.
56. Giles, L. C., Glonek, G. F., Luszcz, M. A., & Andrews, G. R. (2005). Effect of social networks on 10 year survival in very old Australians: the Australian longitudinal study of aging. *Journal of Epidemiology & Community Health, 59*(7), 574-579.
57. Holt-Lunstad, J., Smith, T. B., & Layton, J. B. (2010). Social relationships and mortality risk: a meta-analytic review. *PLoS Medicine, 7*(7), e1000316.
58. Owens, B. P., Baker, W. E., Sumpter, D. M., & Cameron, K. S. (2016). Relational energy at work: Implications for job engagement and job performance. *Journal of Applied Psychology, 101*(1), 35.

59. Gallese, V., Fadiga, L., Fogassi, L., & Rizzolatti, G. (1996). Action recognition in the premotor cortex. *Brain, 119*(2), 593-609.
60. Alibali, M. W., Heath, D. C., & Myers, H. J. (2001). Effects of visibility between speaker and listener on gesture production: Some gestures are meant to be seen. *Journal of Memory and Language, 44*(2), 169-188.
61. Whiten, A., & Brown, J. (1998). Imitation and the reading of other minds: Perspectives from the study of autism, normal children and non-human primates. *Intersubjective Communication and Emotion in Early Ontogeny*, 260-280.
62. Carr, L., Iacoboni, M., Dubeau, M. C., Mazziotta, J. C., & Lenzi, G. L. (2003). Neural mechanisms of empathy in humans: a relay from neural systems for imitation to limbic areas. *Proceedings of the National Academy of Sciences, 100*(9), 5497-5502.
63. Piper, W. T., Saslow, L. R., & Saturn, S. R. (2015). Autonomic and prefrontal events during moral elevation. *Biological Psychology, 108*, 51-55.
64. Oveis, C., Horberg, E. J., & Keltner, D. (2010). Compassion, pride, and social intuitions of self-other similarity. *Journal of Personality and Social Psychology, 98*(4), 618.
65. Bargh, J. A., Chen, M., & Burrows, L. (1996). Automaticity of social behavior: Direct effects of trait construct and stereotype activation on action. *Journal of Personality and Social Psychology, 71*(2), 230.
66. Friedman, H. S., & Riggio, R. E. (1981). Effect of individual differences in nonverbal expressiveness on transmission of emotion. *Journal of Nonverbal Behavior, 6*(2), 96-104.

CAPÍTULO 6

1. Lepper, M. R., Greene, D., & Nisbett, R. E. (1973). Undermining children's intrinsic interest with extrinsic reward: A test of the "overjustification" hypothesis. *Journal of Personality and social Psychology, 28*(1), 129.
2. Ariely, D., Gneezy, U., Loewenstein, G. & Mazar, N. (2009). Large stakes and big mistakes. *The Review of Economic Studies, 76*(2), 451-469.
3. Grant, A. M., & Gino, F. (2010). A little thanks goes a long way: Explaining why gratitude expressions motivate prosocial behavior. *Journal of Personality and Social Psychology, 98*(6), 946.
4. Deci, E. L. (1971). Effects of externally mediated rewards on intrinsic motivation. *Journal of Personality and Social Psychology, 18*(1), 105.
5. Amabile, T., & Kramer, S. (2012). How leaders kill meaning at work. *McKinsey Quarterly, 1*(2012), 124-131.
6. Wong, Y. J., Owen, J., Gabana, N. T., Brown, J. W., McInnis, S., Toth, P., & Gilman, L. (2018). Does gratitude writing improve the mental health of psychotherapy clients? Evidence from a randomized controlled trial. *Psychotherapy Research, 28*(2), 192-202.

7. Henning, M., Fox, G. R., Kaplan, J., Damasio, H., & Damasio, A. (2017). A potential role for mu-opioids in mediating the positive effects of gratitude. *Frontiers in Psychology, 8,* 868.
8. DeWall, C. N., Lambert, N. M., Pond Jr, R. S., Kashdan, T. B., & Fincham, F. D. (2012). A grateful heart is a nonviolent heart: Cross-sectional, experience sampling, longitudinal, and experimental evidence. *Social Psychological and Personality Science, 3*(2), 232-240.
9. Vozza, S. (2016). The science of gratitude and why it's important in your workplace. Fast Company, Nov. 24.
10. Algoe, S. B., Kurtz, L. E., & Hilaire, N. M. (2016). Putting the "You" in "Thank You" examining other-praising behavior as the active relational ingredient in expressed gratitude. *Social Psychological and Personality Science, 7*(7), 658-666.
11. Tamir, D. I., & Mitchell, J. P. (2012). Disclosing information about the self is intrinsically rewarding. *Proceedings of the National Academy of Sciences, 109*(21), 8038-8043.
12. Chancellor, J., Margolis, S., Jacobs Bao, K., & Lyubomirsky, S. (2017). Everyday prosociality in the workplace: The reinforcing benefits of giving, getting, and glimpsing.
13. Brown, S. L., Nesse, R. M., Vinokur, A. D., & Smith, D. M. (2003). Providing social support may be more beneficial than receiving it: Results from a prospective study of mortality. *Psychological Science, 14*(4), 320-327.
14. Carter, S.B. (2014). Helper's high: the benefits (and risks) of altruism. *Psychology Today*, Sep. 4.
15. Fowler, J. H., & Christakis, N. A. (2010). Cooperative behavior cascades in human social networks. *Proceedings of the National Academy of Sciences, 107*(12), 5334-5338.
16. Smith, K. M., Larroucau, T., Mabulla, I. A., & Apicella, C. L. Hunter-gatherers maintain assortativity in cooperation despite high-levels of residential change and mixing. *Current Biology, 28*(19), 3152-3157.
17. Grant, A., & Dutton, J. (2012). Beneficiary or benefactor: Are people more prosocial when they reflect on receiving or giving? *Psychological Science, 23*(9), 1033-1039.
18. Lyubomirsky, S., Sheldon, K. M., & Schkade, D. (2005). Pursuing happiness: The architecture of sustainable change. *Review of General Psychology, 9*(2), 111.

CAPÍTULO 7

1. Chartrand, T. L., & Van Baaren, R. (2009). Human mimicry. *Advances in Experimental Social Psychology, 41,* 219-274.

Prochazkova, E., & Kret, M. E. (2017). Connecting minds and sharing emotions through mimicry: A neurocognitive model of emotional contagion. *Neuroscience & Biobehavioral Reviews, 80,* 99-114.
2. Simner, M. L. (1971). Newborn's response to the cry of another infant. *Developmental Psychology, 5*(1), 136.

3. Lakin, J. L., Jefferis, V. E., Cheng, C. M., & Chartrand, T. L. (2003). The chameleon effect as social glue: Evidence for the evolutionary significance of nonconscious mimicry. *Journal of Nonverbal Behavior, 27*(3), 145-162.

   Gueguen, N., Jacob, C., & Martin, A. (2009). Mimicry in social interaction: Its effect on human judgment and behavior. *European Journal of Social Sciences, 8*(2), 253-259.

4. Rizzolatti, G., & Arbib, M. A. (1998). Language within our grasp. *Trends in Neurosciences, 21*(5), 188-194.
5. Mehrabian, A. (1971). *Silent Messages* (Vol. 8). Belmont, CA: Wadsworth.
6. Chartrand, T. L., & Bargh, J. A. (1999). The chameleon effect: the perception-behavior link and social interaction. *Journal of Personality and Social Psychology, 76*(6), 893.
7. Bailenson, J. N., & Yee, N. (2005). Digital chameleons: Automatic assimilation of nonverbal gestures in immersive virtual environments. *Psychological Science, 16*(10), 814-819.
8. Cheng, C. M., & Chartrand, T. L. (2003). Self-monitoring without awareness: using mimicry as a nonconscious affiliation strategy. *Journal of Personality and Social Psychology, 85*(6), 1170.
9. Zajonc, R. B., Adelmann, P. K., Murphy, S. T., & Niedenthal, P. M. (1987). Convergence in the physical appearance of spouses. *Motivation and Emotion, 11*(4), 335-346.
10. Van Leeuwen, P., Geue, D., Thiel, M., Cysarz, D., Lange, S., Romano, M. C., ... & Grönemeyer, D. H. (2009). Influence of paced maternal breathing on fetal-maternal heart rate coordination. *Proceedings of the National Academy of Sciences, 106*(33), 13661-13666.
11. Radtke, K. M., Ruf, M., Gunter, H. M., Dohrmann, K., Schauer, M., Meyer, A., & Elbert, T. (2011). Transgenerational impact of intimate partner violence on methylation in the promoter of the glucocorticoid receptor. *Translational Psychiatry, 1*(7), e21.
12. Bavelas, J. B., Black, A., Lemery, C. R., & Mullett, J. (1990). 14 Motor mimicry as primitive empathy. *Empathy and its Development*, 317.
13. Jacob, C., Guéguen, N., Martin, A., & Boulbry, G. (2011). Retail salespeople's mimicry of customers: Effects on consumer behavior. *Journal of Retailing and Consumer Services, 18*(5), 381-388.

    Kulesza, W., Szypowska, Z., Jarman, M. S., & Dolinski, D. (2014). Attractive cameleons sell: The mimicry-attractiveness link. *Psychology & Marketing, 31*(7), 549-561.

14. Hertenstein, M. J., Verkamp, J. M., Kerestes, A. M., & Holmes, R. M. (2006). The communicative functions of touch in humans, nonhuman primates, and rats: a review and synthesis of the empirical research. *Genetic, Social, and General Psychology Monographs, 132*(1), 5-94.
15. Kraus, M. W., Huang, C., & Keltner, D. (2010). Tactile communication, cooperation, and performance: An ethological study of the NBA. *Emotion, 10*(5), 745.
16. Walker, D. N. (1970). *Openness to Touching: A Study of Strangers in Nonverbal Interaction* (Doctoral dissertation, University of Connecticut).
17. Keltner, D. (2009). *Born to be Good: The Science of a Meaningful Life*. WW Norton & Company.
18. Fisher, J. D., Rytting, M., & Heslin, R. (1976). Hands touching hands: Affective and evaluative effects of an interpersonal touch. *Sociometry*, 416-421.

19. Aguilera, D. C. (1967). Relationship between physical contact and verbal interaction between nurses and patients. *Journal of Psychiatric Nursing and Mental Health Services*, 5(1), 5.
20. Willis, F. N., & Hamm, H. K. (1980). The use of interpersonal touch in securing compliance. *Journal of Nonverbal Behavior*, 5(1), 49-55.
21. Crusco, A. H., & Wetzel, C. G. (1984). The Midas touch: The effects of interpersonal touch on restaurant tipping. *Personality and Social Psychology Bulletin*, 10(4), 512-517.
22. Coan, J. A., Schaefer, H. S., & Davidson, R. J. (2006). Lending a hand: Social regulation of the neural response to threat. *Psychological Science*, 17(12), 1032-1039.
23. Rolls, E. T. (2000). The orbitofrontal cortex and reward. *Cerebral Cortex*, 10(3), 284-294.
24. Keltner, D. (2009). *Born to be Good: The Science of a Meaningful Life*. WW Norton & Company.
25. Ibid.
26. Roghanizad, M. M., & Bohns, V. K. (2017). Ask in person: You're less persuasive than you think over email. *Journal of Experimental Social Psychology*, 69, 223-226.
27. Grant, A. M., Campbell, E. M., Chen, G., Cottone, K., Lapedis, D., & Lee, K. (2007). Impact and the art of motivation maintenance: The effects of contact with beneficiaries on persistence behavior. *Organizational Behavior and Human Decision Processes*, 103(1), 53-67.
28. Seligman, M. E., Steen, T. A., Park, N., & Peterson, C. (2005). Positive psychology progress: empirical validation of interventions. *American Psychologist*, 60(5), 410.
29. Kavanagh, L. C., Suhler, C. L., Churchland, P. S., & Winkielman, P. (2011). When it's an error to mirror: The surprising reputational costs of mimicry. *Psychological Science*, 22(10), 1274-1276.
30. Strack, F., Martin, L. L., & Stepper, S. (1988). Inhibiting and facilitating conditions of the human smile: a nonobtrusive test of the facial feedback hypothesis. *Journal of Personality and Social Psychology*, 54(5), 768.
31. Darwin, C., & Prodger, P. (1998). *The expression of the emotions in man and animals*. Oxford University Press, USA.
32. Ekman, P. (2007). *Emotions Revealed: Recognizing Faces and Feelings to Improve Communication and Emotional Life*. Macmillan.
33. Dimberg, U., & Söderkvist, S. (2011). The voluntary facial action technique: A method to test the facial feedback hypothesis. *Journal of Nonverbal Behavior*, 35(1), 17-33.
34. Peper, E., & Lin, I. M. (2012). Increase or decrease depression: How body postures influence your energy level. *Biofeedback*, 40(3), 125-130.
35. Korb, A. (2015). *The Upward Spiral: Using Neuroscience to Reverse the Course of Depression, one Small Change at a Time*. New Harbinger Publications.
36. Bar, M., Neta, M., & Linz, H. (2006). Very first impressions. *Emotion*, 6(2), 269.
37. Johnson, K. J., Waugh, C. E., & Fredrickson, B. L. (2010). Smile to see the forest: Facially expressed positive emotions broaden cognition. *Cognition and Emotion*, 24(2), 299-321.
38. Davis, J. I., Senghas, A., Brandt, F., & Ochsner, K. N. (2010). The effects of BOTOX injections on emotional experience. *Emotion*, 10(3), 433.

39. Rosenberg, E. L., Ekman, P., Jiang, W., Babyak, M., Coleman, R. E., Hanson, M., ... & Blumenthal, J. A. (2001). Linkages between facial expressions of anger and transient myocardial ischemia in men with coronary artery disease. *Emotion*, *1*(2), 107.
40. Tracy, J. L., & Matsumoto, D. (2008). The spontaneous expression of pride and shame: Evidence for biologically innate nonverbal displays. *Proceedings of the National Academy of Sciences*, *105*(33), 11655-11660.
41. Hamilton, L. D., Carré, J. M., Mehta, P. H., Olmstead, N., & Whitaker, J. D. (2015). Social neuroendocrinology of status: a review and future directions. *Adaptive Human Behavior and Physiology*, *1*(2), 202-230.
42. Mehta, P. H., & Josephs, R. A. (2010). Testosterone and cortisol jointly regulate dominance: Evidence for a dual-hormone hypothesis. *Hormones and Behavior*, *58*(5), 898-906.
43. Sapolsky, R. M. (1991). Testicular function, social rank and personality among wild baboons. *Psychoneuroendocrinology*, *16*(4), 281-293.
   De Waal, F., & Waal, F. B. (2007). *Chimpanzee Politics: Power and Sex among Apes*. JHU Press.
44. Carney, D. R., Cuddy, A. J., & Yap, A. J. (2010). Power posing: Brief nonverbal displays affect neuroendocrine levels and risk tolerance. *Psychological Science*, *21*(10), 1363-1368.
45. Gustafsson, E., Thomée, S., Grimby-Ekman, A., & Hagberg, M. (2017). Texting on mobile phones and musculoskeletal disorders in young adults: a five-year cohort study. *Applied Ergonomics*, *58*, 208-214.
46. Evans, S., Tsao, J. C., Sternlieb, B., & Zeltzer, L. K. (2009). Using the biopsychosocial model to understand the health benefits of yoga. *Journal of Complementary and Integrative Medicine*, *6*(1).
   Reddy, S., Dick, A. M., Gerber, M. R., & Mitchell, K. (2014). The effect of a yoga intervention on alcohol and drug abuse risk in veteran and civilian women with posttraumatic stress disorder. *The Journal of Alternative and Complementary Medicine*, *20*(10), 750-756.
   Seppälä, E. M., Nitschke, J. B., Tudorascu, D. L., Hayes, A., Goldstein, M. R., Nguyen, D. T., ... & Davidson, R. J. (2014). Breathing-based meditation decreases posttraumatic stress disorder symptoms in US Military veterans: A randomized controlled longitudinal study. *Journal of Traumatic Stress*, *27*(4), 397-405.
47. Luders, E., Cherbuin, N., & Gaser, C. (2016). Estimating brain age using high-resolution pattern recognition: younger brains in long-term meditation practitioners. *Neuroimage*, *134*, 508-513.
48. Cuddy, A. J., Wilmuth, C. A., Yap, A. J., & Carney, D. R. (2015). Preparatory power posing affects nonverbal presence and job interview performance. *Journal of Applied Psychology*, *100*(4), 1286.
49. Arnette, S. L., & Ii, T. F. P. (2012). The effects of posture on self-perceived leadership. *International Journal of Business and Social Science*, *3*(14).
50. Galinsky, A. D., Magee, J. C., Gruenfeld, D. H., Whitson, J. A., & Liljenquist, K. A. (2008). Power reduces the press of the situation: implications for creativity, conformity, and dissonance. *Journal of Personality and Social Psychology*, *95*(6), 1450.

51. Kwon, J., & Kim, S. Y. (2015, September). The Effect of Posture on Stress and Self-Esteem: Comparing Contractive and Neutral Postures. In *Proceedings of International Academic Conferences* (No. 2705176). International Institute of Social and Economic Sciences.
52. Wilson, V. E., & Peper, E. (2004). The effects of upright and slumped postures on the recall of positive and negative thoughts. *Applied Psychophysiology and Biofeedback, 29*(3), 189-195.

CAPÍTULO 8

1. Seligman, M. E., & Maier, S. F. (1967). Failure to escape traumatic shock. *Journal of Experimental Psychology, 74*(1), 1.
2. Ryals, L. J., & Davies, I. A. (2010). Do you really know who your best sales people are?
3. Seligman, M. E., & Schulman, P. (1986). Explanatory style as a predictor of productivity and quitting among life insurance sales agents. *Journal of Personality and Social Psychology, 50*(4), 832.
4. Peterson, C., & Seligman, M. E. (1984). Causal explanations as a risk factor for depression: Theory and evidence. *Psychological Review, 91*(3), 347.
5. Seligman, M. E. (2006). *Learned Optimism: How to Change Your Mind and Your Life*. Vintage.
6. Ben-Shahar, T. (2010). *Even Happier: A Gratitude Journal for Daily Joy and Lasting Fulfillment*. McGraw-Hill.
7. Garrett, N., González-Garzón, A., Foulkes, L., Levita, L., & Sharot, T. (2018). Updating Beliefs Under Perceived Threat.
    Ortiz de Gortari, A. B., & Griffiths, M. D. (2014). Altered visual perception in Game Transfer Phenomena: An empirical self-report study. *International Journal of Human-Computer Interaction, 30*(2), 95-105.

CAPÍTULO 9

1. Theodorakis, Y., Weinberg, R., Natsis, P., Douma, I., & Kazakas, P. (2000). The effects of motivational versus instructional self-talk on improving motor performance. *The Sport Psychologist, 14*(3), 253-271.
2. Senay, I., Albarracín, D., & Noguchi, K. (2010). Motivating goal-directed behavior through introspective self-talk: The role of the interrogative form of simple future tense. *Psychological Science, 21*(4), 499-504.
3. Oettingen, G., & Mayer, D. (2002). The motivating function of thinking about the future: expectations versus fantasies. *Journal of Personality and Social Psychology, 83*(5), 1198.
4. Kappes, H. B., & Oettingen, G. (2011). Positive fantasies about idealized futures sap energy. *Journal of Experimental Social Psychology, 47*(4), 719-729.

5. Sevincer, A. T., Wagner, G., Kalvelage, J., & Oettingen, G. (2014). Positive thinking about the future in newspaper reports and presidential addresses predicts economic downturn. *Psychological Science, 25*(4), 1010-1017.
6. Kappes, H. B., & Oettingen, G. (2011). Positive fantasies about idealized futures sap energy. *Journal of Experimental Social Psychology, 47*(4), 719-729.
7. Wright, R. A., & Kirby, L. D. (2001). Effort determination of cardiovascular response: An integrative analysis with applications in social psychology. *Advances in Experimental Social Psychology, 33*, 255-307.
8. Oettingen, G., Pak, H., & Schnetter, K. (2001). Self-regulation of goal-setting: Turning free fantasies about the future into binding goals. *Journal of Personality and Social Psychology, 80*(5), 736.
9. Correa, C. (2013). *Sonho Grande*. Rio de Janeiro: Sextante.
10. Sevincer, A. T., & Oettingen, G. (2013). Spontaneous mental contrasting and selective goal pursuit. *Personality and Social Psychology Bulletin, 39*(9), 1240-1254.
11. Oettingen, G., Pak, H., & Schnetter, K. (2001). Self-regulation of goal-setting: Turning free fantasies about the future into binding goals. *Journal of Personality and Social Psychology, 80*(5), 736.
12. Seligman, M. E., & Maier, S. F. (1967). Failure to escape traumatic shock. *Journal of Experimental Psychology, 74*(1), 1.
13. Csikszentmihalyi, M. (1990). Flow: The psychology of optimal performance. *NY: Cambridge UniversityPress, 40*.
14. Baumeister, R. F. (1984). Choking under pressure: self-consciousness and paradoxical effects of incentives on skillful performance. *Journal of Personality and Social Psychology, 46*(3), 610.
15. Drevitch, G. (2017). The mystery of motivation. *Psychology Today*, Jan 3.
16. Gollwitzer, P. M., & Brandstätter, V. (1997). Implementation intentions and effective goal pursuit. *Journal of Personality and Social Psychology, 73*(1), 186.
17. Flavell, J. H. (1979). Metacognition and cognitive monitoring: A new area of cognitive-developmental inquiry. *American Psychologist, 34*(10), 906.
18. Adriaanse, M. A., Oettingen, G., Gollwitzer, P. M., Hennes, E. P., De Ridder, D. T., & De Wit, J. B. (2010). When planning is not enough: Fighting unhealthy snacking habits by mental contrasting with implementation intentions (MCII). *European Journal of Social Psychology, 40*(7), 1277-1293.
19. Sevincer, A. T., & Oettingen, G. (2013). Spontaneous mental contrasting and selective goal pursuit. *Personality and Social Psychology Bulletin, 39*(9), 1240-1254.
20. Stadler, G., Oettingen, G., & Gollwitzer, P. M. (2009). Physical activity in women: Effects of a self-regulation intervention. *American Journal of Preventive Medicine, 36*(1), 29-34.
21. Stadler, G., Oettingen, G., & Gollwitzer, P. M. (2010). Intervention effects of information and self-regulation on eating fruits and vegetables over two years. *Health Psychology, 29*(3), 274.
22. Christiansen, S., Oettingen, G., Dahme, B., & Klinger, R. (2010). A short goal-pursuit intervention to improve physical capacity: A randomized clinical trial in chronic back pain patients. *Pain, 149*(3), 444-452.

23. Marquardt, M. K., Oettingen, G., Gollwitzer, P. M., Sheeran, P., & Liepert, J. (2017). Mental contrasting with implementation intentions (MCII) improves physical activity and weight loss among stroke survivors over one year. *Rehabilitation Psychology*, *62*(4), 580.
24. Houssais, S., Oettingen, G., & Mayer, D. (2013). Using mental contrasting with implementation intentions to self-regulate insecurity-based behaviors in relationships. *Motivation and Emotion*, *37*(2), 224-233.
25. Duckworth, A. L., Grant, H., Loew, B., Oettingen, G., & Gollwitzer, P. M. (2011). Self-regulation strategies improve self-discipline in adolescents: Benefits of mental contrasting and implementation intentions. *Educational Psychology*, *31*(1), 17-26.
26. Ouellette, J. A., & Wood, W. (1998). Habit and intention in everyday life: The multiple processes by which past behavior predicts future behavior. *Psychological Bulletin*, *124*(1), 54.

CAPÍTULO 10

1. Deutsch, D., Henthorn, T., & Dolson, M. (2004). Absolute pitch, speech, and tone language: Some experiments and a proposed framework. *Music Perception: An Interdisciplinary Journal*, *21*(3), 339-356.
2. Sakakibara, A. (2014). A longitudinal study of the process of acquiring absolute pitch: A practical report of training with the 'chord identification method'. *Psychology of Music*, *42*(1), 86-111.
3. Witelson, S. F., Kigar, D. L., & Harvey, T. (1999). The exceptional brain of Albert Einstein. *The Lancet*, *353*(9170), 2149-2153.
4. Aydin, K., Ucar, A., Oguz, K. K., Okur, O. O., Agayev, A., Unal, Z., ... & Ozturk, C. (2007). Increased gray matter density in the parietal cortex of mathematicians: a voxel-based morphometry study. *American Journal of Neuroradiology*, *28*(10), 1859-1864.
5. Elbert, T., Pantev, C., Wienbruch, C., Rockstroh, B., & Taub, E. (1995). Increased cortical representation of the fingers of the left hand in string players. *Science*, *270*(5234), 305-307.
6. Bilalić, M., McLeod, P., & Gobet, F. (2007). Does chess need intelligence? — A study with young chess players. *Intelligence*, *35*(5), 457-470.
7. Choudhry, N. K., Fletcher, R. H., & Soumerai, S. B. (2005). Systematic review: the relationship between clinical experience and quality of health care. *Annals of Internal Medicine*, *142*(4), 260-273.
8. Ericcson, K. A., Chase, W. G., & Faloon, S. (1980). Acquisition of a memory skill. *Science*, *208*(4448), 1181-1182.
9. Chase, W. G., & Ericsson, K. A. (1982). Skill and working memory. In *Psychology of Learning and Motivation* (vol. 16, pp. 1-58). Academic Press.
10. Ericsson, K. A., & Kintsch, W. (1995). Long-term working memory. *Psychological Review*, *102*(2), 211.

11. Hearst, E. (2011). After 64 years: new world blindfold record set by Marc Lang playing 46 games at once. Blindfoldchess, Dec 16.
12. Chase, W. G., & Simon, H. A. (1973). Perception in chess. *Cognitive Psychology, 4*(1), 55-81.
13. Ward, P., Ericsson, K. A., & Williams, A. M. (2013). Complex perceptual-cognitive expertise in a simulated task environment. *Journal of Cognitive Engineering and Decision Making, 7*(3), 231-254.
14. Gladwell, M. (2008). *Outliers: The story of success.* Hachette UK.
15. Amabile, T., & Kramer, S. (2011). *The Progress Principle: Using Small Wins to Ignite Joy, Engagement, and Creativity at Work.* Harvard Business Press.
16. Maslow, A. (1965). Self-actualization and beyond.
17. Diener, C. I., & Dweck, C. S. (1980). An analysis of learned helplessness: II. The processing of success. *Journal of Personality and Social Psychology, 39*(5), 940.
18. Dweck, C. S., & Leggett, E. L. (1988). A social-cognitive approach to motivation and personality. *Psychological Review, 95*(2), 256.
19. Clance, P. R. (1985). *The Impostor Phenomenon: Overcoming the Fear that Haunts Your Success.* Peachtree Pub Ltd.
20. Diener, C. I., & Dweck, C. S. (1980). An analysis of learned helplessness: II. The processing of success. *Journal of Personality and Social Psychology, 39*(5), 940.
21. Mueller, C. M., & Dweck, C. S. (1998). Praise for intelligence can undermine children's motivation and performance. *Journal of Personality and Social Psychology, 75*(1), 33.
22. Bilalić, M., McLeod, P., & Gobet, F. (2007). Does chess need intelligence? — A study with young chess players. *Intelligence, 35*(5), 457-470.
23. Elert, G. (1992). The SAT: Aptitude or demographics. *E-World.* Retrieved. Stanley, T. J. (2000). *The Millionaire Mind.* Andrews McMeel Publishing.

PARA PALESTRAS, WORKSHOPS E CONSULTORIAS, ACESSE:

LUIZGAZIRI.COM

ASSINE NOSSA NEWSLETTER E RECEBA INFORMAÇÕES DE TODOS OS LANÇAMENTOS

www.faroeditorial.com.br

Há um grande número de portadores do vírus HIV e de hepatite que não se trata. Gratuito e sigiloso, fazer o teste de HIV e hepatite é mais rápido do que ler um livro.

FAÇA O TESTE. NÃO FIQUE NA DÚVIDA!

ESTE LIVRO FOI IMPRESSO EM MAIO DE 2021